和布のやさしい小物

藍、更紗、絣、銘仙

普段使いをちくちく手作り

この本について

木綿を中心に、和布で作ったポーチやミニバッグ、インテリア小物を掲載しています。藍布の無地や型染め、更紗、会津木綿や久留米絣など各地の伝統的な織物、絹なら銘仙に大島紬。どの布も、ちりめんがハレの日の布ならば、毎日の生活の中で使われてきた普段使いの布と言えます。派手さはないかもしれませんが、味わい深い表情があり、使えば使うほど手に馴染みます。ポーチやバッグ、お針箱は毎日使う相棒となり、キルトやコースターは生活の風景の一部となってくれます。

　古布を使う場合は、布が弱くなっているものもあるので、裏に接着芯をはってから使うとよいでしょう。布タイプ、ニットタイプ、不織布タイプがあるので、用途や好みで使い分けてください。また、キルト綿を重ねている作品もたくさんあります。はりと厚みが出て、しっかりとしていながらやわらかさのある仕上がりになります。接着キルト綿は接着樹脂が片面に、両面接着キルト綿は両面に付いたタイプです。

　写真の作り方解説の中に、赤い糸など本体の色とは違う色の糸で縫っている部分があります。これは見やすくするために違う色を使っています。皆さんが縫うときは、なるべく本体の色と近い色の糸を使ってください。縫い目が目立たず、きれいに見えます。

　65ページから作り方を掲載しています。和布の色と手触り、ちくちく縫う時間を楽しんでください。

目次

この本について……3

封筒のようなふた付き小物入れ……6

ずっと変わらない藍のミニポーチ……7

四角つなぎでまるいポーチ……8

まんまるお手玉きんちゃく……9

個性的 トライアングルポーチ……10

波形ポケットティッシュケース……12

■波形ポケットティッシュケースの作り方……13

松阪木綿のめがねケース……14

松阪木綿のペンケース……15

残りぎれで作るお財布と小銭入れ……16

三角形のふた付き小物入れ……18

■三角形のふた付き小物入れの作り方……20

■パーツの付け方①……21

マグネットボタン／コインケース用口金

更紗の3色ミニがま口……22

■ミニがま口の作り方……23

ドレスデンプレートの花のミニバッグ……26

六角つなぎのポーチ……27

ひとつは欲しいマルチケース……28

ふっくらやさしいお針箱……30

まるいバニティケース……32

藍づくしのきんちゃくショルダー……34

藍のいろいろコースター……36

会津木綿のタンブラーバッグ……38

会津木綿の6枚つなぎのコインケース……39

■6枚つなぎのコインケースの作り方……40

■ファスナーポケットの作り方……42

■六角形のペーパーライナーのしかた……43

■パーツの付け方②……43

ワイヤー口金／ベンリー口金

銘仙のがま口バッグ……44

銘仙のおしゃれポーチ……46

銘仙のクラシカルな2ウェイポーチ……48

しじらのカレイドスコープのキルト……50

しじらのベビーブロックのキルト……51

藍のパッチワークミニバッグ……52

シンプルな藍のミニバッグ……53

久留米絣の18枚つなぎのポーチ……54

■ループの作り方……54

久留米絣の10枚つなぎのバッグ……56

小さな布の楽しみ方……57

絣でログキャビン　おそろいクッションとコースター……58

katasode バッグ……60

伊勢木綿の乙女のがま口バッグとがま口ポーチ……62

伊勢木綿の花かご風バッグ……63

作品の作り方……65

封筒のような
ふた付き小物入れ

通帳にお薬手帳、必要なものはたいてい入れることができる小物入れ。マチのないシンプルなぺたんこ形は、手帳やペン、ポケットティッシュケースなどの平らなものを入れておくのに使いやすい形です。ふたとまるいアップリケでかわいらしさをプラスします。

11.5×20 cm　豊重ゆかり
作り方▼66ページ

ずっと変わらない
藍のミニポーチ

定番のミニポーチです。好みで藍布を接ぎ合わせてステッチをしたり、刺しゅうをしたり。こぶりながらしっかりとした厚みと仕立てのよさが光る、永遠の定番のひとつです。

6×9.5cm　岸英子

作り方▼67ページ

四角つなぎでまるいポーチ

まるの中に小さな四角が規則正しく並んでいます。小さな四角をこつこつ縫いつなぐのが楽しいポーチです。周囲のパイピングは縞柄をバイヤスに使うことで、斜めの模様に見えて変化が出ます。

16×16cm　岡崎光子

作り方▼68ページ

底は４枚の布を十字に縫い合わせます。

まんまる お手玉きんちゃく

お手玉のように4枚の長方形から作るきんちゃくです。左はうずまきに、右は長方形に沿ってステッチを入れます。素朴なかわいらしさがいっぱい詰まっています。

8×8cm　吉浦和子

作り方▼69ページ

個性的
トライアングルポーチ

口布に口金を通してたためば、三角形にふたがしまるという、おもしろい形のポーチです。和とも洋とも言えない、ミックス感がすてき。小さいサイズはコインケースにぴったりです。

大16×22cm　小12×16cm
津田広子
作り方▼70ページ

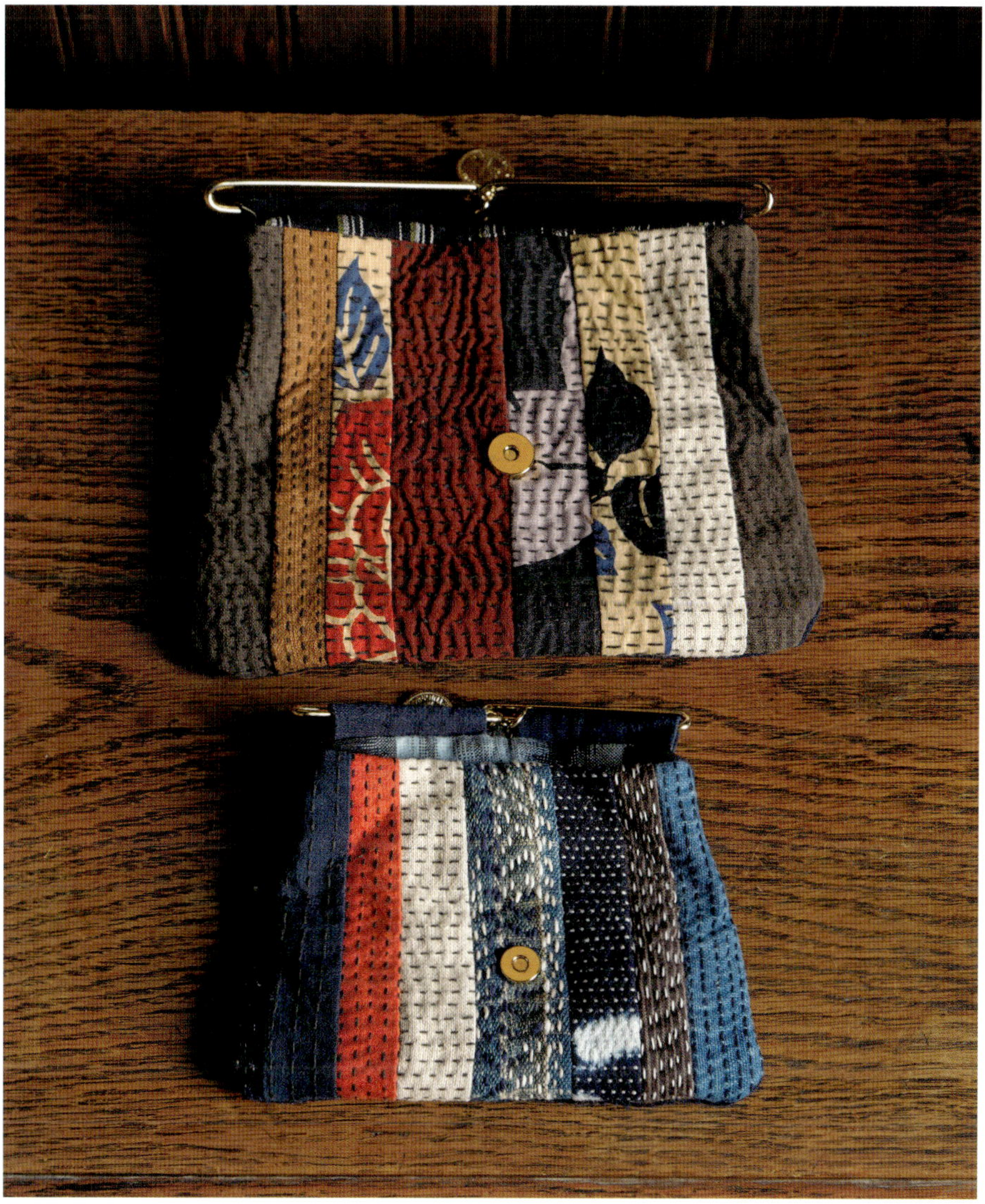

口をあけると、台形の袋状。後ろ側にだけ口布が付いていて、そこに口金を通します。口を三角に折りたたみ、口金に付いているマグネットボタンで止めるだけでユニークなポーチになります。

波形ポケットティッシュケース

形は普通のポケットティッシュケースの長方形ですが、取り出し口がカーブになっています。中央の口のあき具合はお好みで調整してください。こんなちょっとした遊びで定番の形に個性が出ます。

12.5×8.5cm　渡部陽子

作り方▼13ページ

波形ポケットティッシュケースの作り方

実物大型紙111ページ

材料

本体用布、裏布各30×15cm

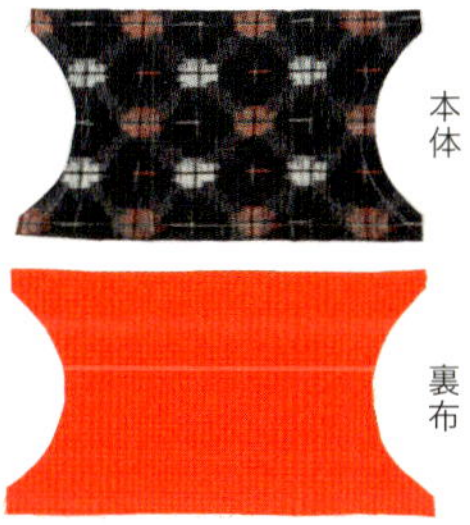

1　本体と裏布を各1枚ずつ用意します。本体よりも裏布の横幅を0.2cmほど大きくカット。中心、折り線の印を付けます。

2　本体と裏布を中表に合わせてカーブ部分を縫います。カーブの縫い代に切り込みを入れます。

3　表に返します。本体から裏布を0.1cmほどはみ出させて口から0.2cmの位置をステッチし、縫い代を押さえます。

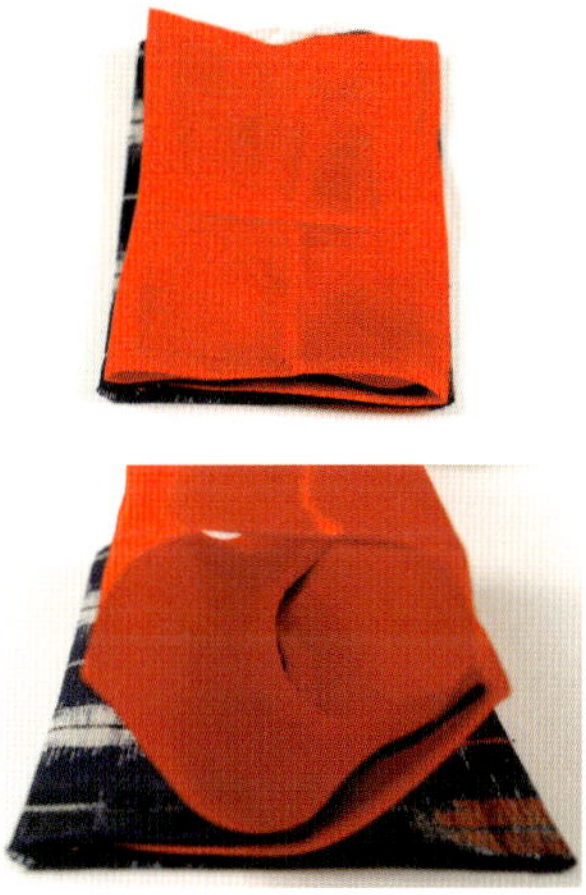

4　裏返して、折り線からカーブ部分を内側に折り込みます。カーブのへこみが中心で突き合わさる状態です。

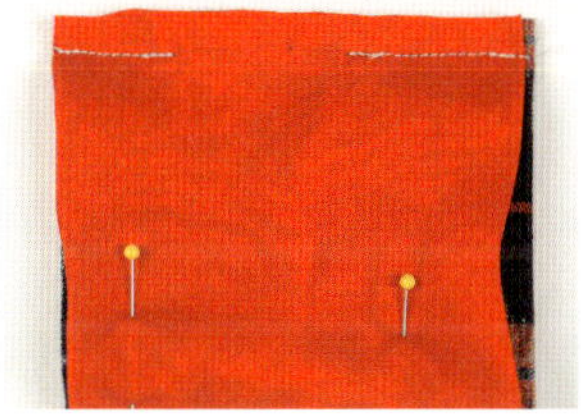

5　上下の辺を縫います。1辺は返し口を残します。

6　残した返し口を縫います。本体のいちばん外側の1枚をよけて、残りの本体と裏布をまとめて縫います。

7　裏布側から見るとすべて縫っていますが、本体側から見ると返し口があります。

8　返し口から表に返し、返し口の縫い代を折り込んでコの字とじで縫います。

9　完成です。片方のカーブが上になる取り出し口の形です。

4で中心を突き合わせるときに、カーブの端を互い違いに重ねると12ページの右側のような取り出し口になります。

松阪木綿のめがねケース

松阪木綿を生かしてシンプルに作るめがねケースです。かっちりとしたハードタイプではなく、キルト綿だけでやわらかく仕上げました。中袋は藍と相性のいい黄色を合わせて明るく。

7×17.5cm　北川明美

作り方▼72ページ

松阪木綿のペンケース

こぶりでスマートなペンケースです。あれもこれもたくさん入れるのではなく、必要なものを数本だけ。松阪木綿の縞を右側だけに入れ、和のすっきりとした美しさが表現されています。

5×19.5cm　北川明美

作り方▼73ページ

松阪木綿

三重県松阪市で作られている、目の詰まった木綿にきりっとした印象の藍染めの縦縞模様が特徴の織物です。縞柄のほかにも、格子や無地もあります。16世紀初頭に生まれ、江戸時代には松阪商人によって江戸に運ばれると、粋の文化とマッチして大人気になったと言われています。

残りぎれで作るお財布と小銭入れ

どちらもピーシングしたあとの裁ち落としや残り布を使って作りました。布幅は統一されておらずまちまちですが、そこがいい味になります。ちょっとの布も無駄にせずに使い切る、和布好きの見本のようなお財布と小銭入れです。

お財布10×11cm
小銭入れ8×8.5cm　岸英子
作り方▼74、75ページ

小銭入れにも内ポケットが付いています。小さな小さなポケットですが、あると便利です。

お財布はＬ字形に口があきます。中の二つ折りしたポケットは小銭を入れる部分。どんなに揺れてもこのポケットから小銭が飛び出さないように、大きさを考えて作っています。カード入れにしても便利です。

本体の仕立てはとても簡単。パイピングした本体を二つ折りして巻きかがりするだけです。内側にファスナーと中袋を付ければ完成です。

三角形の ふた付き小物入れ

三角形だからできる、布を折って袋状にした小物入れです。両面にふたができるので、どちらからもあけられる仕組みです。小銭、薬、アクセサリーなど小さなものを入れておくのにお勧めです。

8.5×9.5cm　渡部陽子

作り方▼20ページ

たたみ方

1　三角形の辺と平行に、中心で斜めに二つ折り。

2　折った辺に沿ってたためば、片面のふたになります。

3　反対返すと、ふたがあいた状態の形。

4　辺に沿って折ると完成です。

マグネットボタンをはずすと平らな 1 枚になります。

両側にふたがあります。どちらのふたをあけても OK。

三角形のふた付き小物入れの作り方

実物大型紙110ページ

材料
本体用布（つつみボタン分含む）、裏布（当て布分含む）各30×15cm
直径1.2cmつつみボタン2個　直径1.2cmプラスチック（または厚紙）円2個　直径1cmマグネットボタン2個

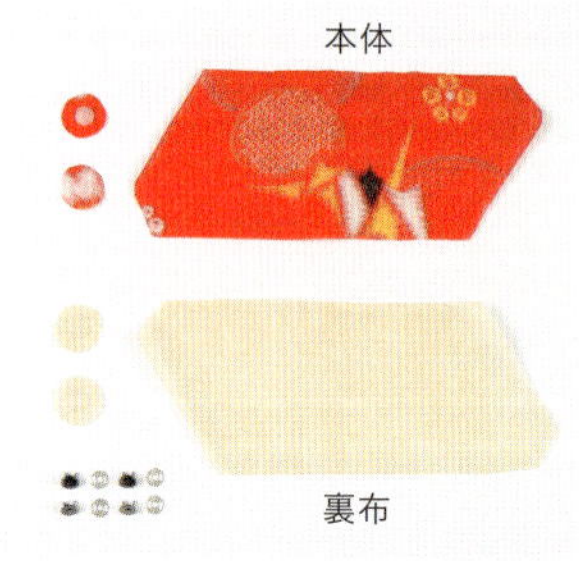

1　本体と裏布を各1枚、つつみボタンと布、プラスチック円と布、マグネットボタンを用意します。

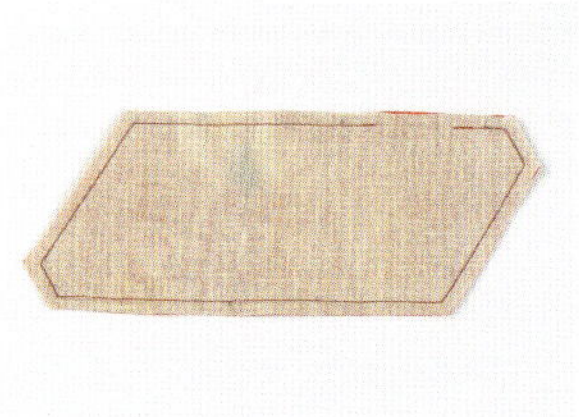

2　本体と裏布を中表に合わせ、返し口を残して周囲を縫います。

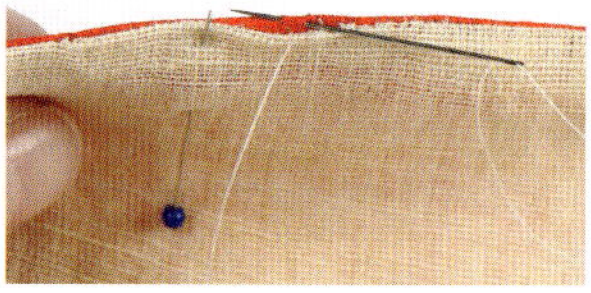

3　表に返して返し口をコの字とじでとじます。角をきれいに出すようにしましょう。

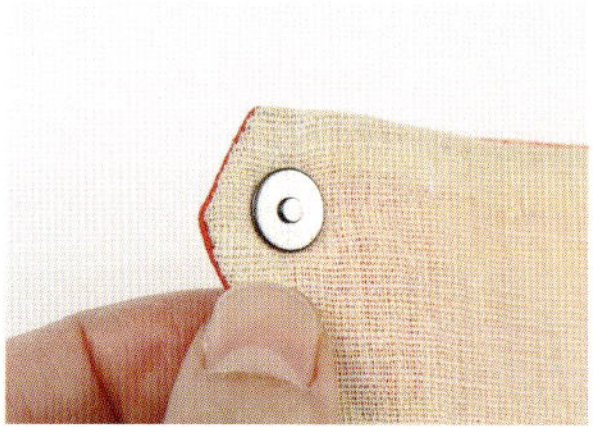

4　21ページを参照してマグネットボタンを付けます。ふたの先に凸パーツを裏布側から差し込みます。

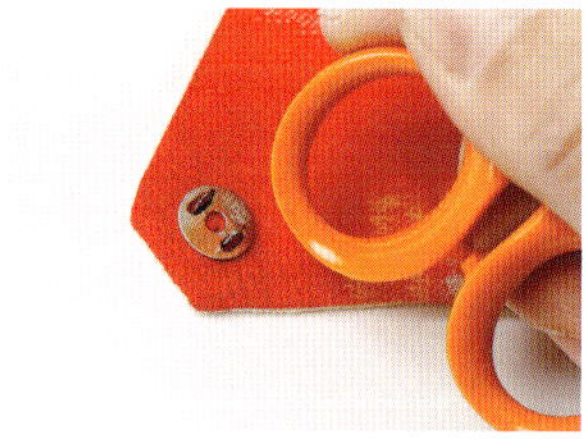

5　本体側に出した爪に座金を通し、はさみの柄などで爪を内側に倒します。

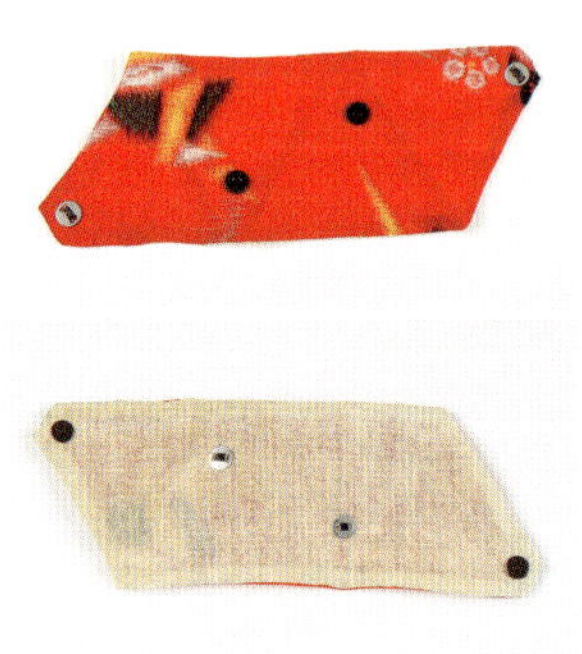

6　本体を折り線でたたんでふたの凸パーツを合わせ、もう片方の凹パーツを付ける位置を決めます。本体側から凹パーツを同様に付けます。

7　つつみボタンを作ります。直径2.4cmの布の周囲をぐし縫いし、つつみボタンを入れて引き絞ります。

8　プラスチック円も、つつみボタンと同様に作ります。

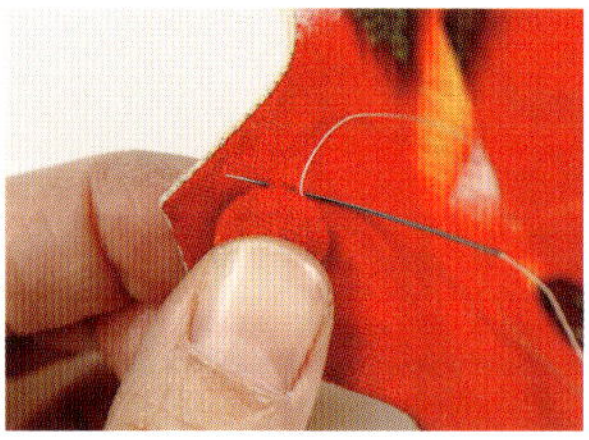

9　本体側につつみボタンを付けます。マグネットボタンの上に重ねてまつります。

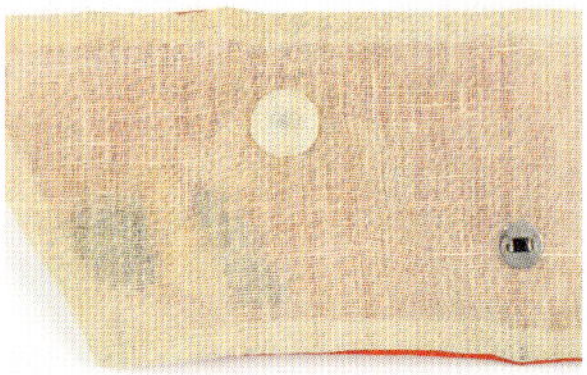

10　裏布側からプラスチック円を同様にまつります。

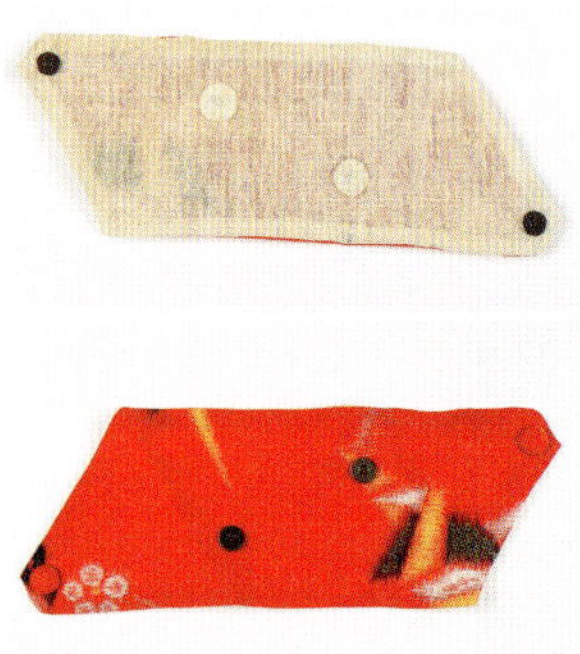

11　完成です。19ページのようにたたんで三角形にします。

パーツの付け方①

マグネットボタン

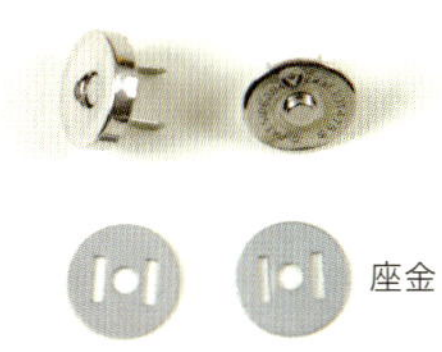

1　写真は差し込みタイプ。ほかにも縫い付けタイプなどいくつか種類があります。足の付いた凸と凹のパーツ、座金2つで1セットです。

2　付けたい位置の裏側に接着芯や当て布をはって補強します。

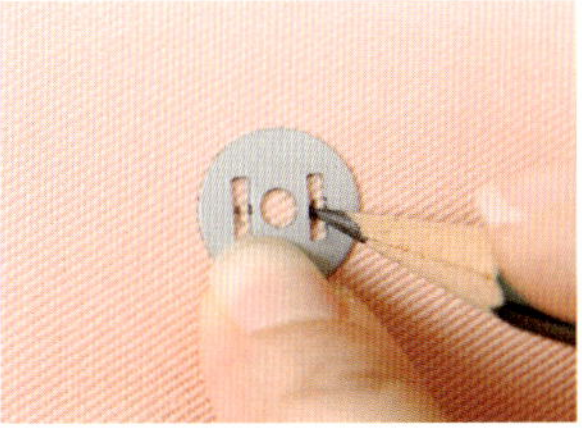

3　表の切り込みの位置を印します。座金を付け位置の中心に合わせて印を付けます。

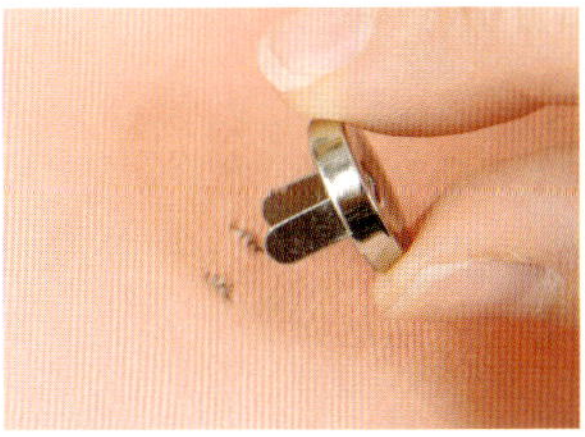

4　印にカッターや目打ちなどで穴をあけ、マグネットボタンを通します。

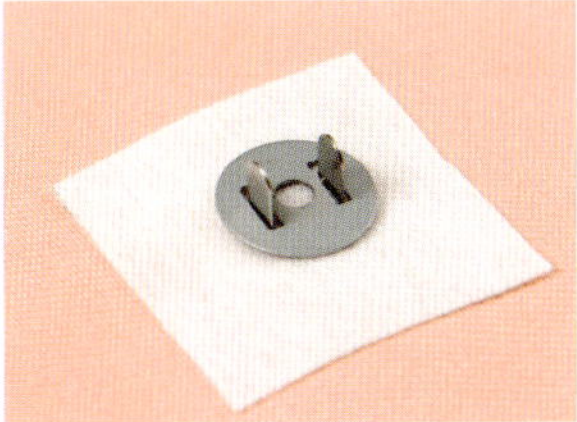

5　裏から爪に座金を通します。

6　爪を目打ちのおしり部分などで根元からしっかり倒します。倒す方向は内側でも外側でもかまいません。もう片方も同様に付ければ完成です。

コインケース用口金

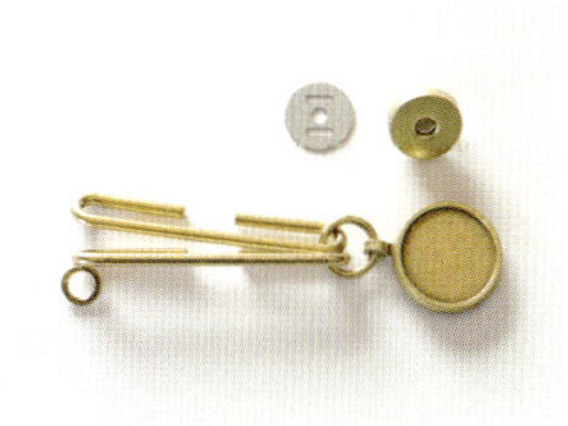

1　10ページのトライアングルポーチに使用した口金。口布に通す部分とマグネットボタンがセットになっています。

2　口布がやわらかい布の場合は、仕立ててから差し込むことができます。切れ目から口布に刺し込みます。

3　反対側にも通します。これで片方の口布に通りました。

4　もう1本も同様に通します。

5　本体に上記のようにマグネットボタンのパーツを付ければ完成です。口金を差し込むことができない布を使用する場合は、先に口金に口布を通しておいてから本体を仕立てます。

更紗の3色ミニがま口

更紗と無地を組み合わせたがま口。小さいサイズなので、更紗の柄も小紋を選びました。マチがたっぷりあるので、小さくてもものがゆったり入る形です。

6×7.5cm　山本さくら

作り方▼23ページ

ミニがま口の作り方

実物大型紙111ページ

材料

本体用布20×10cm　マチ用布15×15cm　中袋用布25×10cm　接着芯25×10cm　幅6cm高さ3.5cm　がま口金1個

1　本体とマチ、中袋を各2枚、口金と紙ひもを用意します。本体とマチの裏には裁ち切りの接着芯をはります。

2　中袋2枚を中表に合わせ、口と底の返し口を残して周囲を縫います。

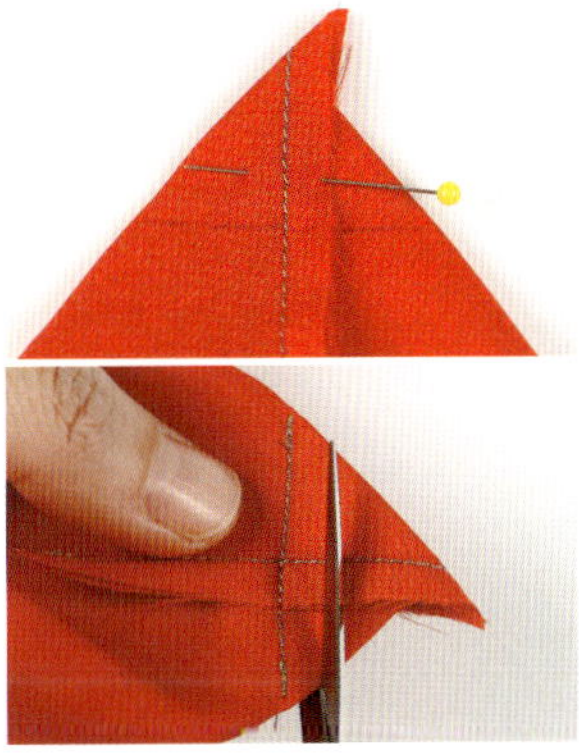

3　脇と底の縫い目を合わせてまち針で留め、マチを4cm縫います。余分な縫い代をカットします。

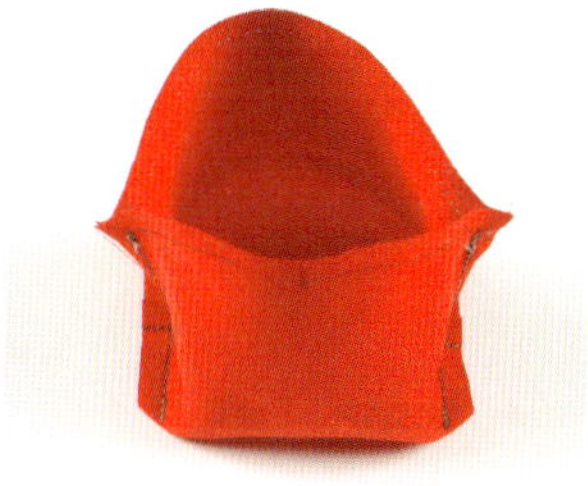

4　中袋ができました。

5　本体を作ります。本体とマチを中表に合わせて片側の1辺のみを縫います。

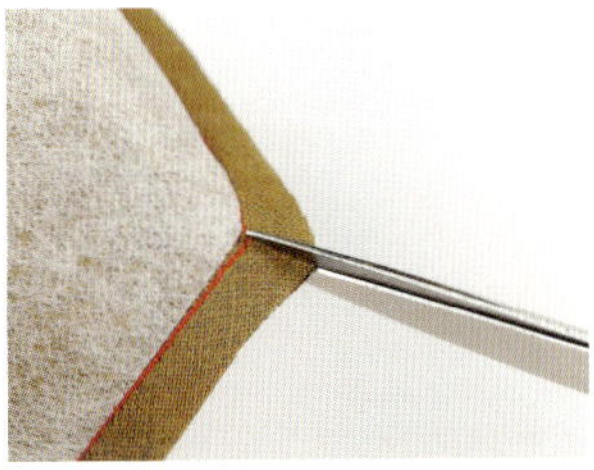

6　角の縫い代に切り込みを入れます。

7　これを2枚作ります。2枚とも同じ側の1辺を縫っています。

8　7の2枚を中表に合わせて、1辺ずつ順に縫います。これで本体が袋状になりました。

9　本体に型紙を合わせ、中心の印を付けておきます。最初に付けておいてもかまいません。

10　表に返して形を確認します。

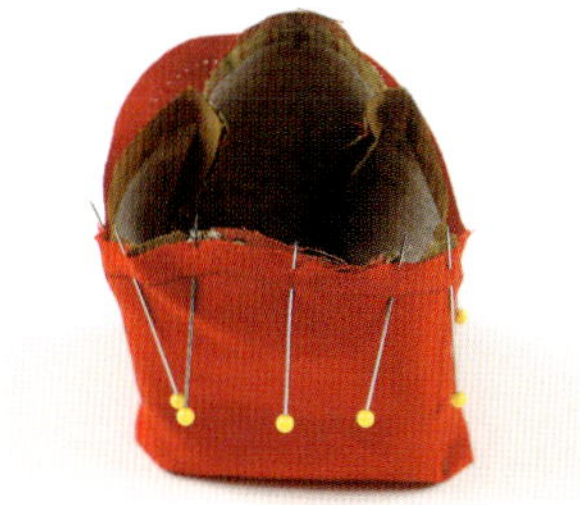

11　本体に中袋を中表に合わせて口をまち針で留めます。中心、脇をきちんと合わせましょう。口をぐるりと縫います。

12　口のカーブの縫い代に切り込みを入れます。

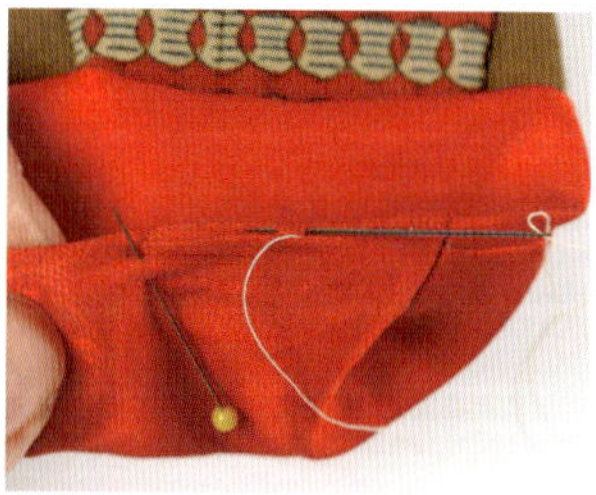

13　中袋の返し口から表に返し、返し口をコの字とじでとじます。

14　中袋を本体の中に入れます。口のカーブをきれいに整えます。

15　口の端から0.2cmほどの位置に、ミシンステッチをかけて押さえます。

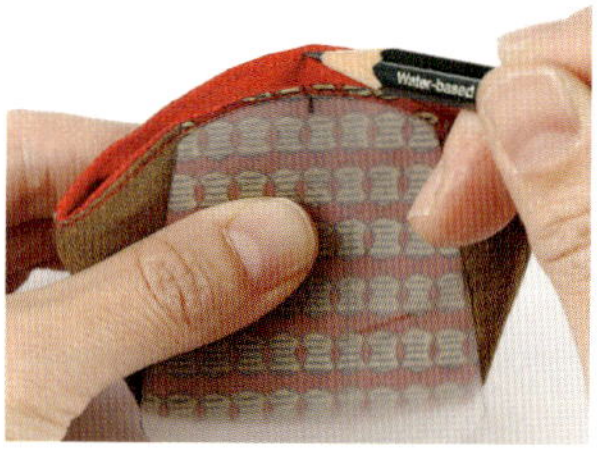

16　本体の型紙を合わせて中袋に中心の印を付けます。これは、口金と合わせるときの目印です。

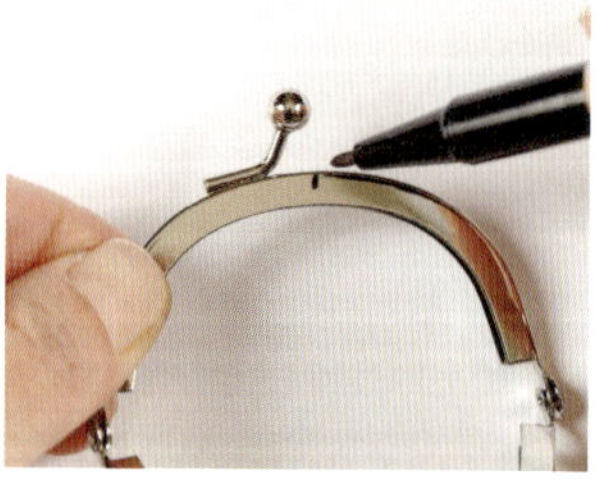

17　口金の中心にもマジックなどで印を付けます。印は後から拭けば消えます。

18　口金の溝につまようじでボンドを少しずつ付けます。付け残しがないように奥まで付けますが、付けすぎには注意を。

19　口金と本体の中心を合わせて溝に差し込みます。口金をひらき、内側に本体を入れて固定すると差し込みやすくなります。

20　紙ひもを中心で半分に折ります。

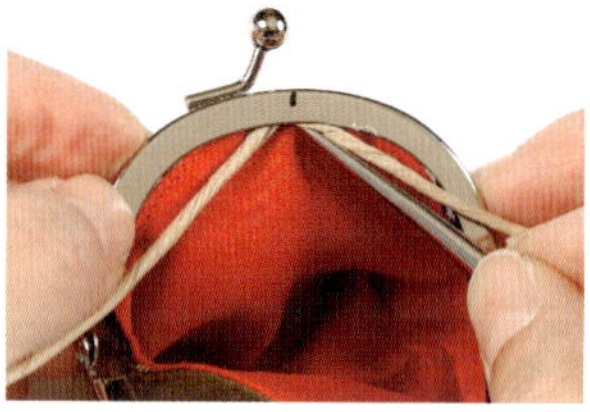

21　紙ひもの中心を合わせ、目打ちなどで差し込みます。目打ちは紙ひもに沿わせて斜めに押し込むようにします。

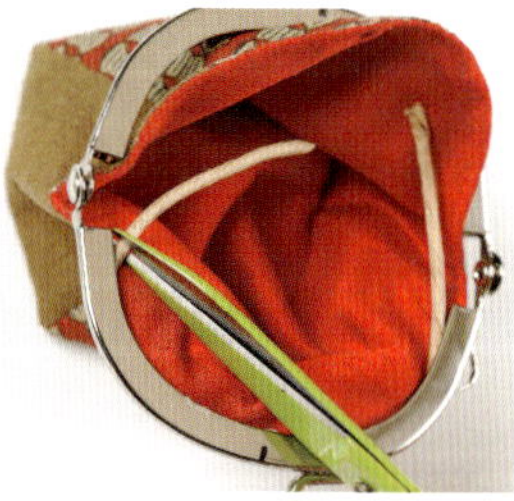

22　余分な紙ひもを口金に合わせてカットします。

23　紙ひもをしっかりと入れ込みます。紙ひもが本体よりも奥に入ってしまわないように注意してください。

底は角がきれいに
合うことを意識して。

中袋は本体に合わせた色に。まんまるに口があきます。

更紗

更紗の起源はインドと言われています。世界中に広まり、その国々で独自の発展をしたことで柄ゆきが変化しました。チンツ、バティック、ジュイ布も更紗の1種です。日本独自のものは、和更紗と呼ばれています。「名物裂」のひとつとして、特にお茶の世界で愛されました。草花や人物、幾何学模様などの異国情緒にあふれた柄が多く、多色で手染めされた趣のある布です。

24　もう片方の溝にも同様に差し込みます。

25　口金の端をペンチではさんで締めます。金属のペンチを使うときは、口金が傷付かないように布でカバーしてはさみます。

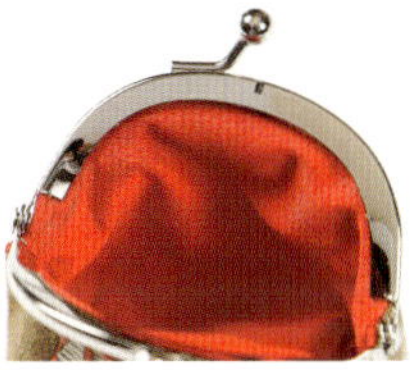

26　口金に対して45度くらいの角度で、内側だけを曲げるようにします。

27　完成です。

ドレスデンプレートの花のミニバッグ

花のようなドレスデンプレートのパターンをアップリケするので、和布なのに洋風。しぶいけれどかわいい雰囲気があるミニバッグ。ワイヤー口金を通して口が大きくあくつくりです。反対側はドレスデンプレートを半分ずつのぞかせたデザインで変化を付けています。

18×22cm　岡崎光子

作り方▼76ページ

六角つなぎのポーチ

芭蕉布風の布だけでまとめたポーチ。六角形部分はピーシングでもかまいませんが、型紙をくるんで巻きかがりするペーパーライナー方式（43ページ参照）で縫っています。小さな六角形でもきれいな形に縫えます。

14×20cm　岡崎光子

作り方▼78ページ

内側はカード入れにファスナーポケット大小、大きめのポケットにペン用のベルトと、便利さを考えたつくり。必要なものをまとめておけるので安心です。大島紬バージョンは、内側も大島紬を使っていますが、おもしろ柄バージョンはインパクトのある柄で遊びました。

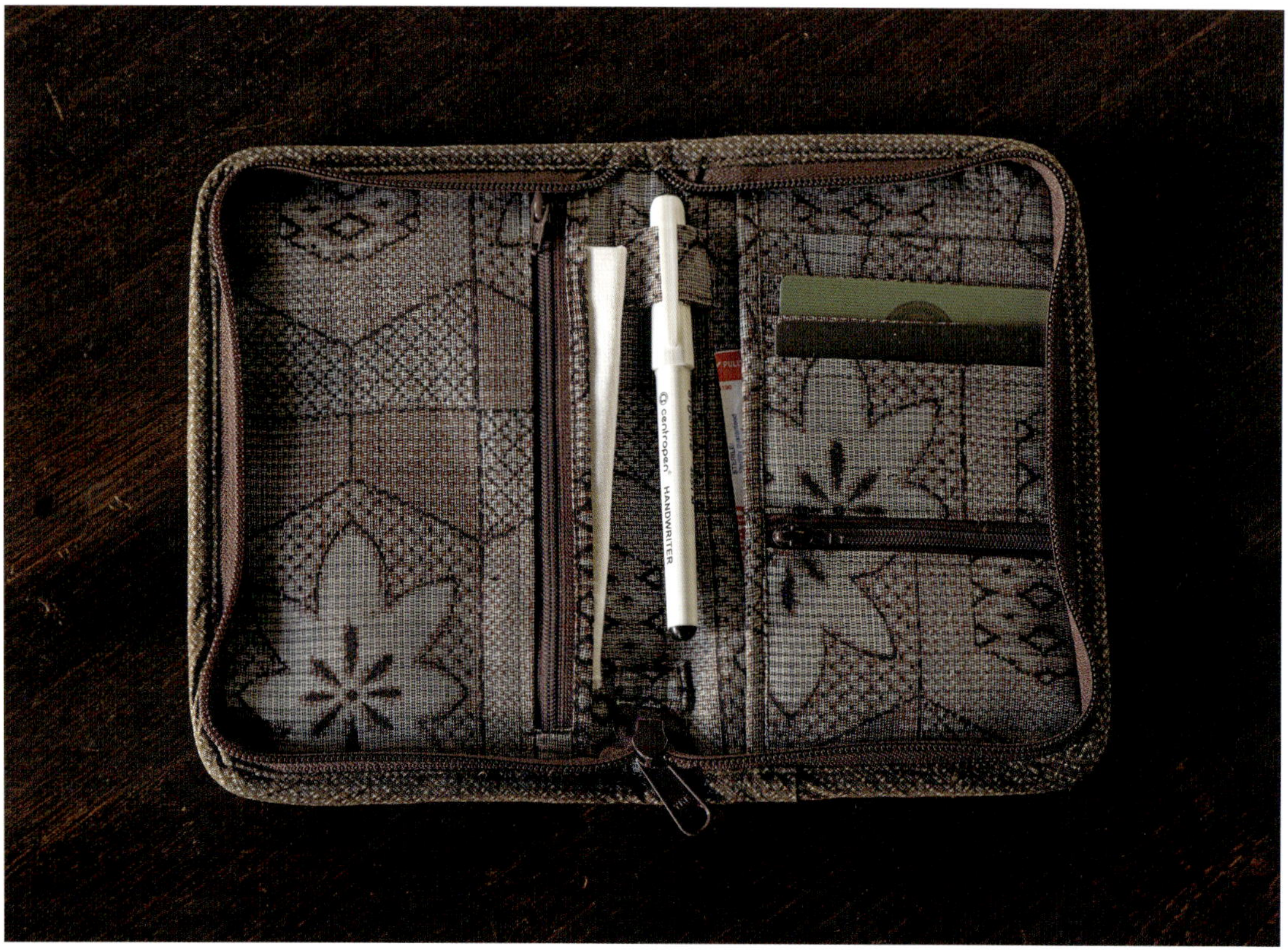

大島紬

大島紬は、奄美大島が発祥の絣柄の絹織物です。同系色で織り込んだ柄と渋い光沢が特徴の、落ち着いた美しさのある布です。小紋から大柄まで幅広い柄が織られているので、大島紬だけを使った布合わせも好まれます。古布を使う場合は、布が弱くなっているものもあるので裏に黒い接着芯をはることをお勧めします。

ひとつは欲しい
マルチケース

大島紬と絣の柄を生かして使いました。中央の大島紬は、大柄に沿ってキルティングを入れて柄を浮き出させています。素朴で味わい深いケースです。

20×14cm　菅野アイ子

作り方▼80ページ

ふっくらやさしい
お針箱

ふたも側面も、すべての面が綿でふっくらとして触り心地のいいお針箱です。見た目のかわいらしさもさることながら、全面がピンクッションを兼ねています。別にピンクッションを用意する必要がなく、使い勝手のよさと手触りは格別です。

大10×15×8cm　小7×10×5cm
岸英子
作り方▼82ページ

ふたの内側がピンクッション。糸入れにしたり、携帯用にしたり、用途に合わせて自分の好みのサイズに作れるのがうれしいところ。作り方は大のサイズを掲載しています。

前から見たときに、ふたと側面の布を縦のラインでそろえておくとすっきりときれいに見えます。

まるい
バニティケース

化粧道具だけでなく、お裁縫道具を入れるのにもぴったりなバニティケース。ぐるりとファスナーでふたがあき、中のものが取り出しやすいので重宝します。

13×16cm　くらふと藍

作り方▼84ページ

形がつぶれないように、中袋にも接着芯をはってかっちりと仕立てます。

藍布

藍布とは、藍の葉を発酵させた染料で染めた布のことです。黒のような濃い藍から白のような淡い水色まで、何種類もの藍色があります。無地だけでなく、柄を描いた藍布も多く、型染めや絣などは誰もが知る藍布です。型染め、筒描き、絞り染めなどは、織った布に糊を付けたり糸でしばったりすることで染まらない部分を作ってから染めて模様を描きます。絣は糸の段階で模様の出る部分を染め分け、その染め分けた糸で織ることで模様を描き出します。

藍づくしの きんちゃくショルダー

中心の帯状につないだ四角つなぎに、無地に型染めなどのいろいろな柄や色の藍布を使いました。まるで布見本のようですてきなアイディアです。肩ひもは、肩に当たる部分に布を巻き、やわらかくしています。

18×24cm　岸英子

作り方▼86ページ

肩ひもをはずせば、シンプルなきんちゃくとして使えます。裏側は、細いラインで表側とは違うデザインに。

濃く深い藍は
冬用として。

藍のいろいろコースター

白から水色でさわやかにまとめた夏の3枚と、しっかり濃い藍と更紗を組み合わせた冬の5枚。大きめサイズは急須用です。同じ藍でもこんなに印象が変わります。

9×9cm、10×10cm、12×12cm

吉岡美代子

作り方▼88ページ

淡く涼しげな藍は
夏用にぴったり。

会津木綿のタンブラーバッグ

タンブラーのパターンを会津木綿で作ると、かわいいけれどシックな印象のバッグに。ポイントとなる黄色も、和布ならではの落ち着いたいい色合いです。下にタックをとってふんわりとした形に仕上げます。内側にはすっきり見えて便利なファスナーポケットを付けています（42ページ参照）。

17×27cm　佐々木文子

作り方▼83ページ

会津木綿の
6枚つなぎのコインケース

ラグビーボールのような、瓜のような形がかわいいコインケースです。しっかりとした生地の会津木綿を、ひとつひとつのパーツを仕上げてから巻きかがりでつなぐのでかっちりとしたケースになります。いくつも作りたくなるかわいらしさです。

7.5×12cm　佐々木文子

作り方▼40ページ

6枚つなぎのコインケースの作り方

実物大型紙111ページ

材料

本体用布2種 各20×20cm（バイヤスに使うときは25×15cm） 裏布35×20cm 接着キルト綿30×15cm 長さ10cmファスナー1本 直径0.6cmボタン4個

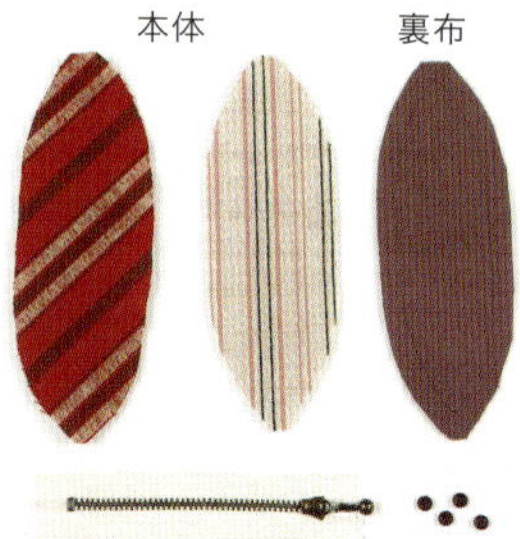

1 本体2種各3枚、裏布6枚をカットします。本体は縞柄を斜めに使いたいときはバイヤスにカットします。

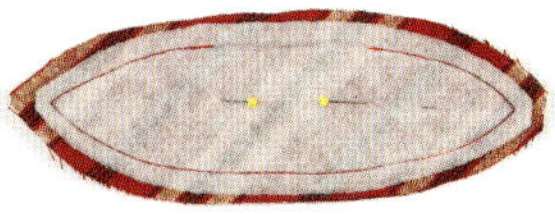

2 接着キルト綿を出来上がりより0.5cm大きくカットし、本体の裏にはります。本体と裏布を中表に合わせ、返し口を残して周囲を縫います。

3 縫い代の接着キルト綿をはがし、縫い目のきわでカットします。

4 カーブの縫い代に切り込みを入れ、返し口から表に返します。

5 返し口の縫い代を折り込み、コの字とじで縫います。

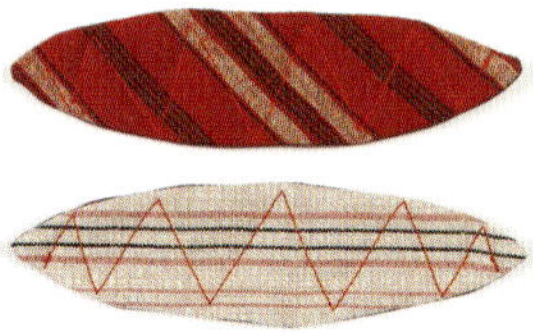

6 自由にキルティングをします。本体2種を同様に3枚ずつ作ります。

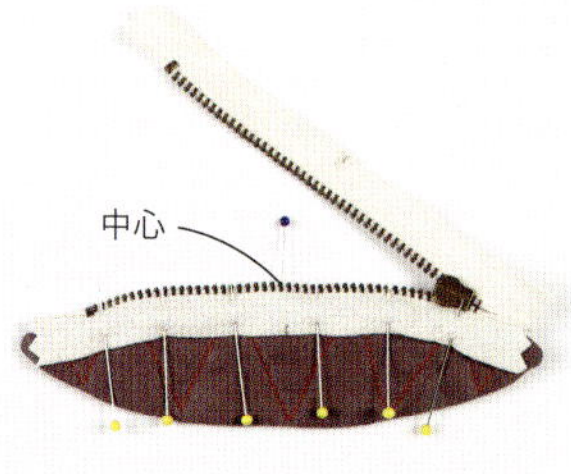

7 本体にファスナーを付けます。本体のカーブに沿わせて中心を合わせてファスナーを重ね、まち針で留めます。

8 ファスナーの端は三角に折っておきます。ファスナーの歯は本体から少し出るくらいの位置です。

9 ファスナーテープの織りの変わるあたりを星止めで縫います。表に針目が出ないように、裏布とキルト綿だけをすくいます。

10 ファスナーテープの端を千鳥がけで押さえます。

11 もう片方のファスナーテープも、本体に合わせて同様に縫います。このときの本体は最初に付けた柄とは違う柄を合わせます。

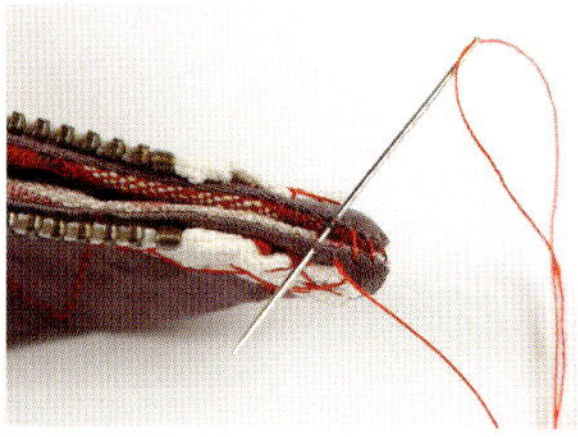

12 本体を中表に合わせ、ファスナーの両端を巻きかがりで縫います。

13　ファスナーが付き、口ができました。

14　本体の残り4枚も巻きかがりで縫い合わせます。柄が交互になるように合わせます。

15　2枚と4枚のパーツを巻きかがりで縫い合わせます。表布をすくい、しっかりと糸を引きましょう。このとき、ファスナーはあけたままにしておきます。

16　本体がまとまり、袋状になりました。

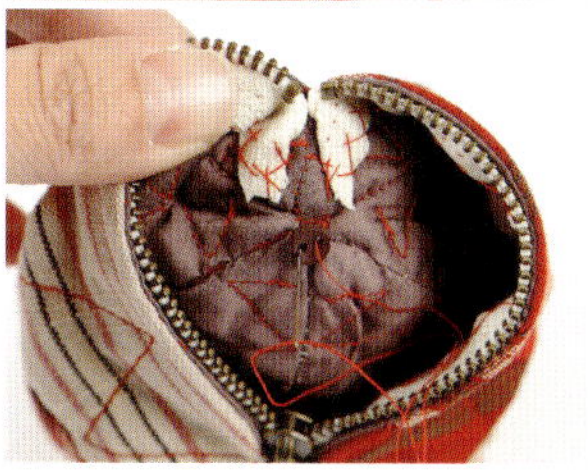

17　両端にボタンを付けます。表と裏からボタンではさみ、縫い付けます。

18　ボタンが付きました。もう片方も同様に付けます。

19　完成です。

会津木綿

福島県会津地方の伝統工芸品。もともとは藍の縞柄が主でしたが、今ではいろいろな色の縞柄が作られています。しっかりとしていながらふっくら感のある布で、ところどころに緯糸の筋が見えます。これは太さの違う手つむぎの糸だった頃の名残で、今でも風合いを残すために節のある糸が使われています。

ファスナーポケットの作り方

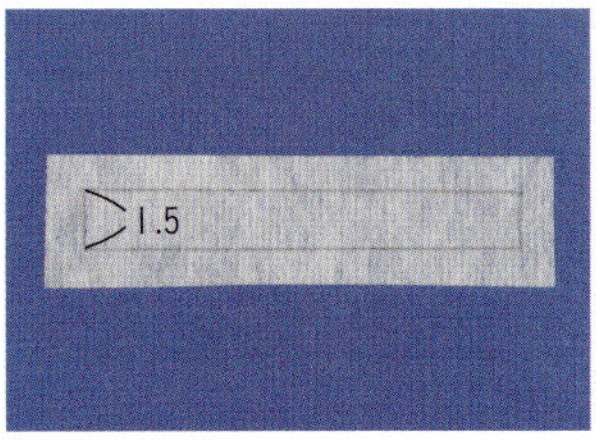

1　中袋のポケットを付けたい部分に口を作ります。ファスナーの長さ×1.5cmに縫い代1cmを付けて接着芯をカットし、中袋の裏にはります。ここがファスナー口になります。

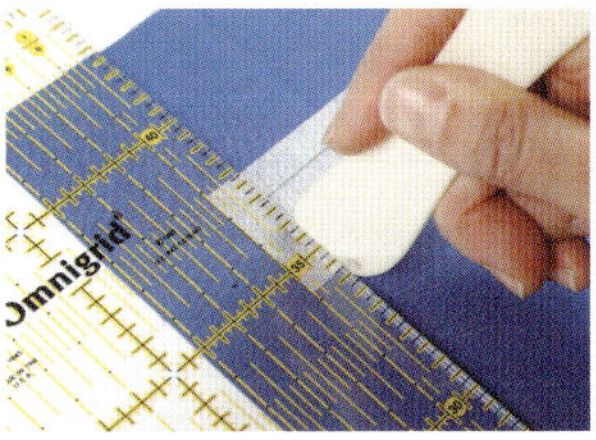

2　口の線をへらでなぞって折り目を付けます。

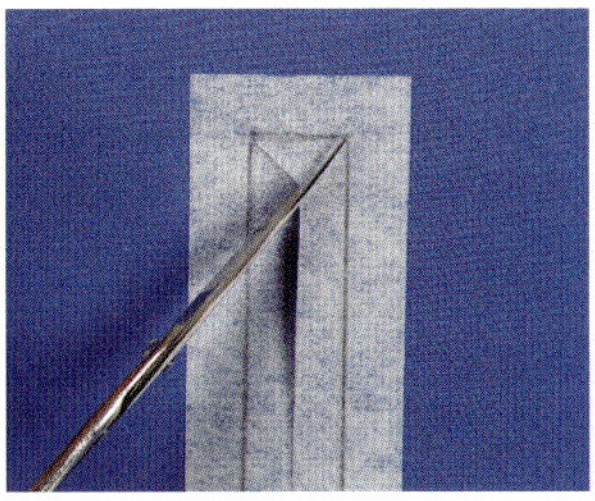

3　両端1cmを残して中心に切り込みを入れます。両端は角に向かって斜めに切り込みを入れます。

4　切り込みを口の線で折り返します。熱接着テープや両面テープなどで折り返し部分をはります。

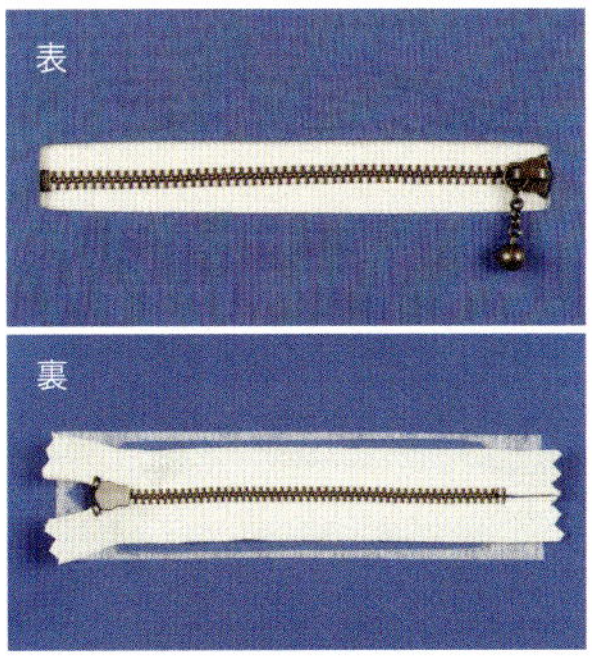

5　ファスナーを重ねます。ファスナーも熱接着テープなどではっておくと作業がしやすくなります。

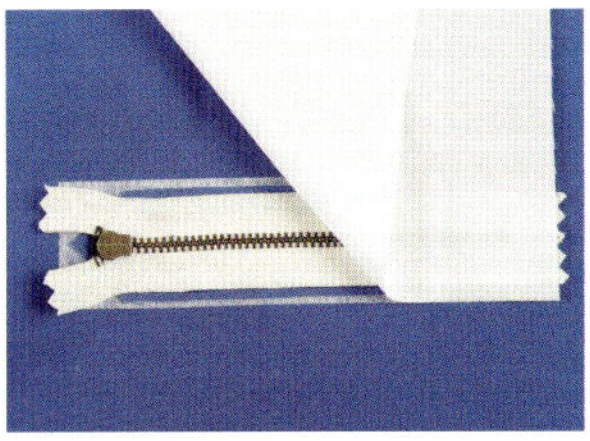

6　ファスナーの下辺にポケット布の端を中表に合わせます。ポケット布はまち針で留めるか、熱接着テープではっておきます。

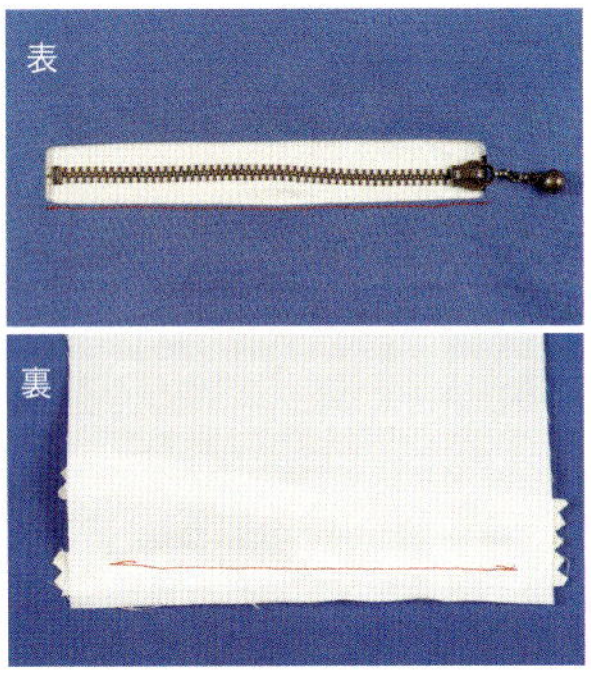

7　表側を見ながら下辺のみを縫います。

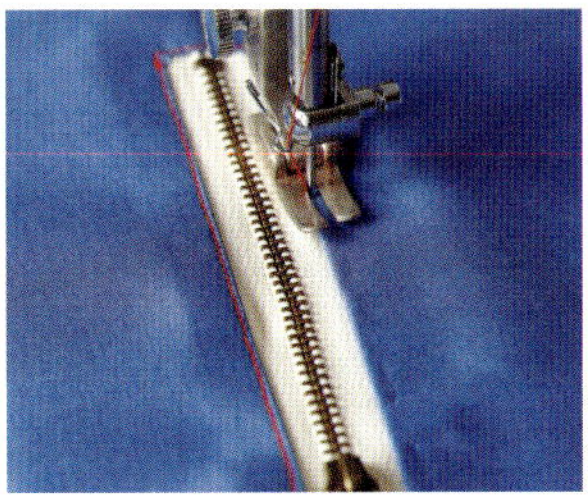

8　ポケット布を表に返し、もう片方の端をファスナーの上辺に中表に合わせます。表側から両端と上辺を縫います。

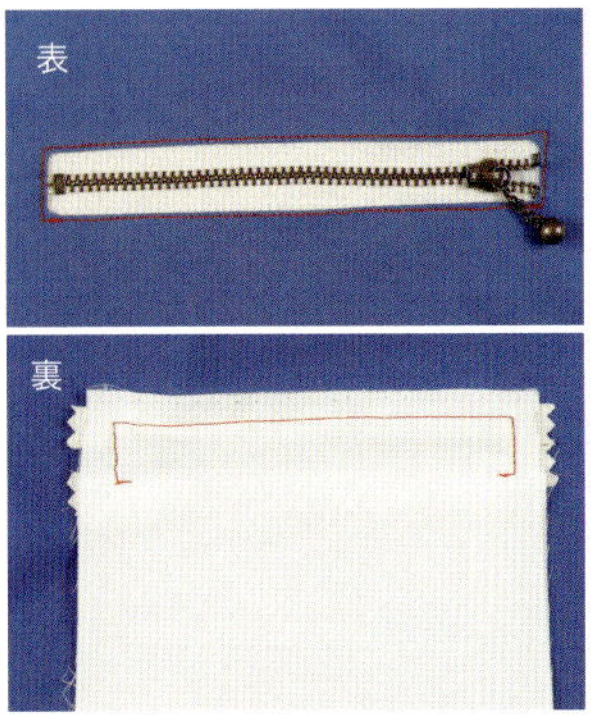

9　ポケットが付きました。この段階ではポケット布の両端が縫われていない状態です。

10　本体をよけてポケット布の両端を上から下まで縫います。

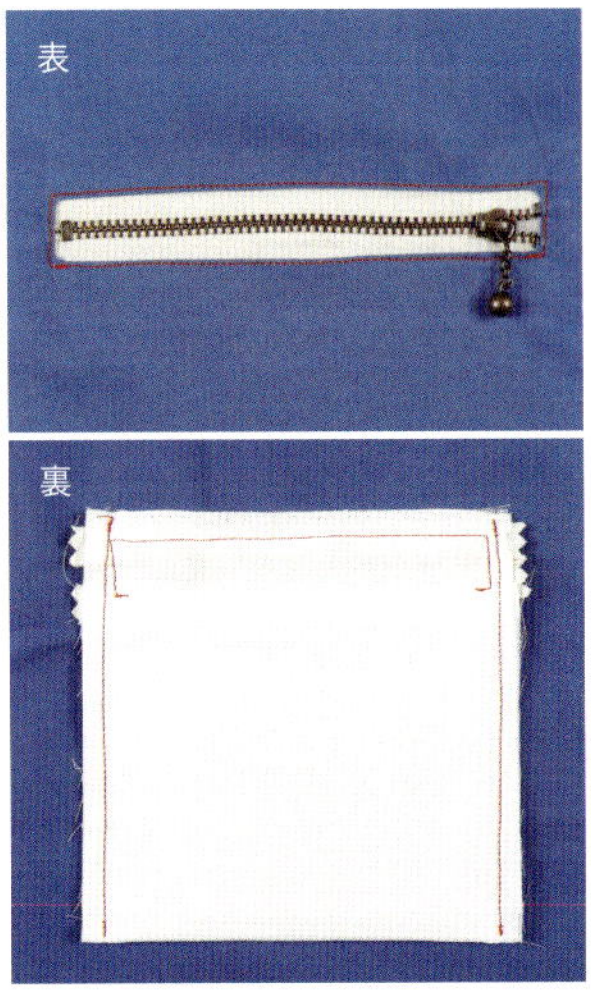

11　ファスナーポケットの完成です。

六角形のペーパーライナーのしかた

1　市販のペーパーライナー用セットを使います。自分で型紙を作ってもかまいません。

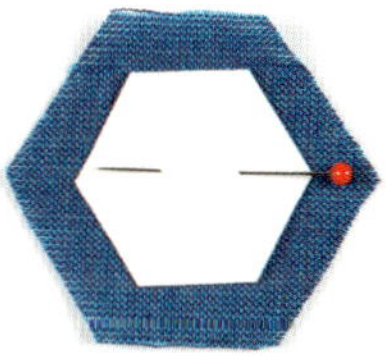

2　縫い代を付けて布をカットし、型紙を中央に重ねてまち針で留めます。

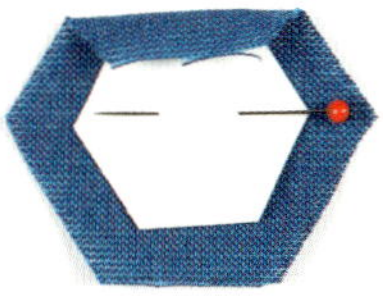

3　アイロンで押さえて縫い代を倒します。しっかりと折りましょう。

4　縫い代にしつけをかけます。型紙は縫わずに、布だけをすくいます。

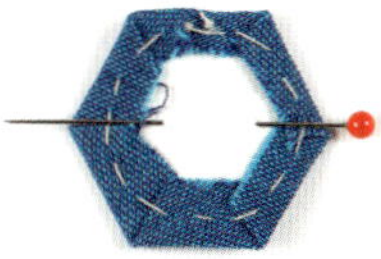

5　しつけができました。これを必要枚数作ります。

6　2枚を中表に合わせて細かく巻きかがりをします。必要枚数をつないだら、最後に型紙を抜きます。

パーツの付け方②

ワイヤー口金

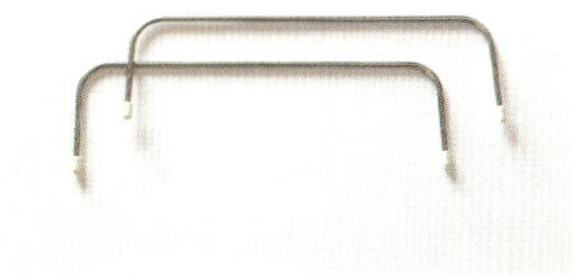

1　26ページのミニバッグに使用。コの字形の細い針金です。長さと深さがいろいろあるので、作りたいサイズに合わせて選びます。

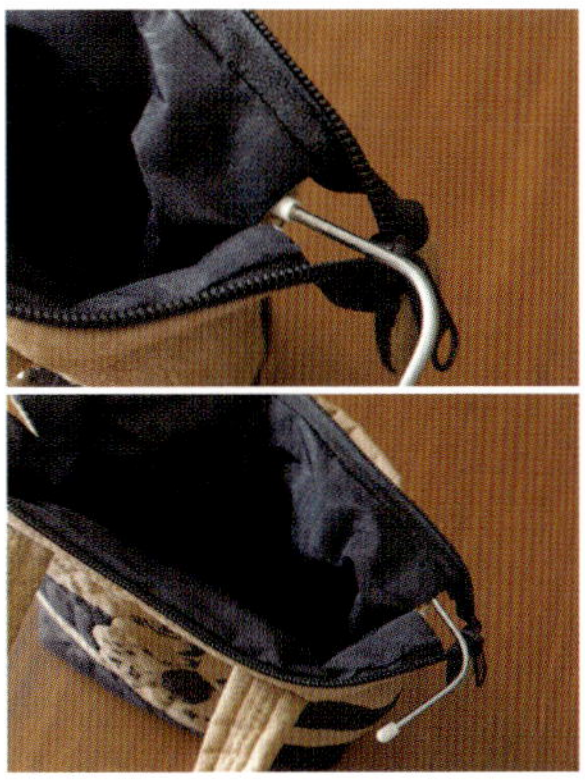

2　本体の口のあきから口金を通します。それだけで口がしっかりとして独特の形が生まれます。

ベンリー口金

1　62ページのがま口バッグに使用。口金の溝に本体を付けるのではなく、口布に付属の横棒を通して付けます。

2　口金に横棒を通し、本体の口布に端から端まで通します。

3　端まで通したら、横棒のネジをかぶせて止めます。

4　もう片方も同様に通します。本体の内側に口金がおさまるような形です。

銘仙のがま口バッグ

黒、白、赤の銘仙でまとめたおしゃれなバッグです。レトロモダンな銘仙は、がま口金との相性がぴったり。着物にも洋服にも似合います。おもしろい柄の多い銘仙は大きなピースで柄をしっかり見せるのがお勧めです。

15×24cm　福田浩子

作り方▼92ページ

口をあけると中袋にも、黒、白、赤の
銘仙を使っています。

後ろ側は黒が多めのシックな柄合わせ。

銘仙

銘仙は大正から昭和にかけて流行した絹織物です。主に女性の普段着、おしゃれ着として人気がありました。輪郭がにじんだように織られた柄が特徴で、斬新で鮮やか。足利、伊勢崎、桐生、秩父、八王子などが産地で、それぞれに特徴のある模様がありました。現代でもレトロモダンでおしゃれな着物として人気があります。

銘仙のおしゃれポーチ

銘仙の明るいピンクとターコイズのようなブルーがきれいなポーチです。大柄をうまく生かして柄取りをしています。口を折ってポケットのふたにしたり、脇のマチを折り返して裏布の柄を見せたりと工夫がたくさんあるので、柄の見え方を考えて布合わせをしてください。

12×17cm　福田浩子

作り方▼94ページ

裏布にも銘仙を使っています。
裏布の銘仙が、脇からちらり
と見えるのもかわいい。

ひらくと中にもポーチが。シンプルなぺたんことファスナー付きの内ポケットもあります。

内側の四角のポーチは、マグネットボタンで外側に付けられる仕組みです。こうすることで落ちる心配もなく、取り外せば四角ポーチだけで使うこともできます。

銘仙のクラシカルな2ウェイポーチ

いろいろな使い方ができるポーチです。持ち手が付いているのでちょっとおめかししたときのミニバッグとして。たくさん収納できるおしゃれな化粧ポーチとして。内と外を別々に使ってもＯＫです。フリルの部分が無地なので、派手すぎず品がよい印象です。

14×25cm　岡崎光子

作り方▼89ページ

しじらの
カレイドスコープのキルト

カレイドスコープ（万華鏡）というパターンのキルトです。雪の結晶のようにも光の輪のようにも見えます。大きな壁の少ない日本の家でも、場所を選ばずに飾ることができるサイズです。日本の白壁に似合う藍。しじらは重くならずに空気のように軽い雰囲気があるので、和室にも洋室にも合います。

42×42 cm　鴨川美佐子

作り方▼96ページ

しじらのベビーブロックのキルト

小さな箱が積み重なったようなデザインは、ベビーブロックというパターン。小さいキルトにはぴったりです。ひとつの箱を明暗で表現し、上が明るい、左が中間、右が暗い布の配置です。壁に飾るだけでなく、机やかごにかけてもすてきです。

34×34cm　鴨川美佐子

作り方▼97ページ

阿波しじら織

徳島県徳島市で作られている織物です。質感がほかの木綿とは大きく違い、糸の張力差を利用したでこぼことした「ちぢみ」が特徴です。さらっとした肌触りの軽い布です。藍色が多いですが、赤や黄色などの鮮やかな色や、グラデーションなどもあります。

藍のパッチワークミニバッグ

ふっくらとしたボリューム感がかわいいミニバッグです。小さめの本体にしっかり幅のあるマチと大きめの持ち手のバランスが絶妙。口が広がりすぎないように、脇をリボンで結ぶのもかわいいポイントです。

18×27cm　デザイン：津田広子

製作：神尾真砂子

作り方▼98ページ

シンプルな藍のミニバッグ

52ページのミニバッグと似た形ですが、こちらはもっとすっきりシンプル。口はファスナー、マチの上側にタックをとって広がりすぎない工夫をしています。正面から見たときに、マチの藍が見えてちょうどいいバランスです。刺し子をした布を使っていますが、もちろん自分で刺してもかまいません。

16×30 cm　デザイン：津田広子
製作：氏家栄子
作り方▼100ページ

久留米絣

福岡県八女郡広川町で作られている久留米絣。広川町が江戸時代に久留米藩の一部だったことから久留米の名前が付いています。絣は糸の段階から模様となる部分を決めて染め、その糸で織ることで模様を描き出します。矢絣、あられ、書生絣などの定番柄のほか、新しい柄も考案されています。

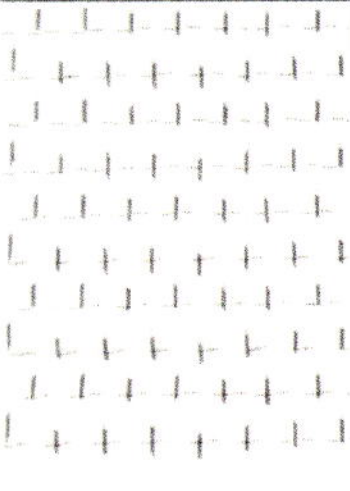

ループの作り方

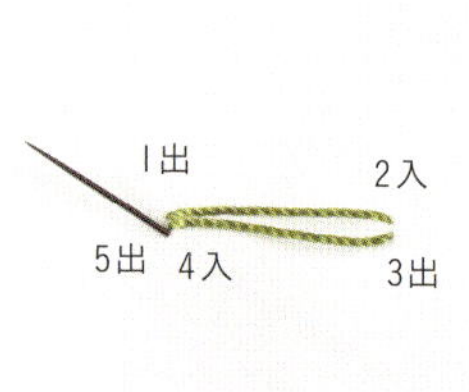

1　布に糸を往復して渡します。すぐ隣に針を出します。

2　渡した糸の下に針をくぐらせて、糸をかけます。そのまま針を引き抜き、糸を引きます。

3　糸を引くと結び目ができます。

4　これを渡した糸の端から端まで繰り返します。端からきっちりとつめて結び目を作りましょう。

久留米絣の18枚つなぎのポーチ

底が広く不思議な形をしたポーチです。四角つなぎの脇をとじれば、三角形のような六角形のような立体になります。一種類の縞柄でも縦横組み合わせれば複雑な表情に。ふたはこはぜをループにひっかけて止める仕組みです。

11×28cm　斎藤八穂子

作り方▼102ページ

久留米絣の10枚つなぎのバッグ

10種類の久留米絣を楽しむバッグです。絣の柄のおもしろさをぞんぶんに味わえます。布幅を5等分して使うと無駄がなくてお勧めです。本体はグレーで統一し、持ち手にシックな赤を合わせた、モダンでかっこいい組み合わせ。

24×30cm　斎藤八穂子

作り方▼103ページ

小さな布の楽しみ方

和布を知れば知るほど、小さく残った布も、大事に使いたいもの。布が5 cmあればじゅうぶん。ブローチにしてみませんか。洋服やバッグに付けて、コーディネートのポイントにもなります。

三角を2個、三角とまるといった組み合わせを考えて重ね付けしてもすてきです。具象的なモチーフは、遊び心あるワンポイントに。プレゼントにも喜ばれそうです。

斎藤八穂子
参考作品

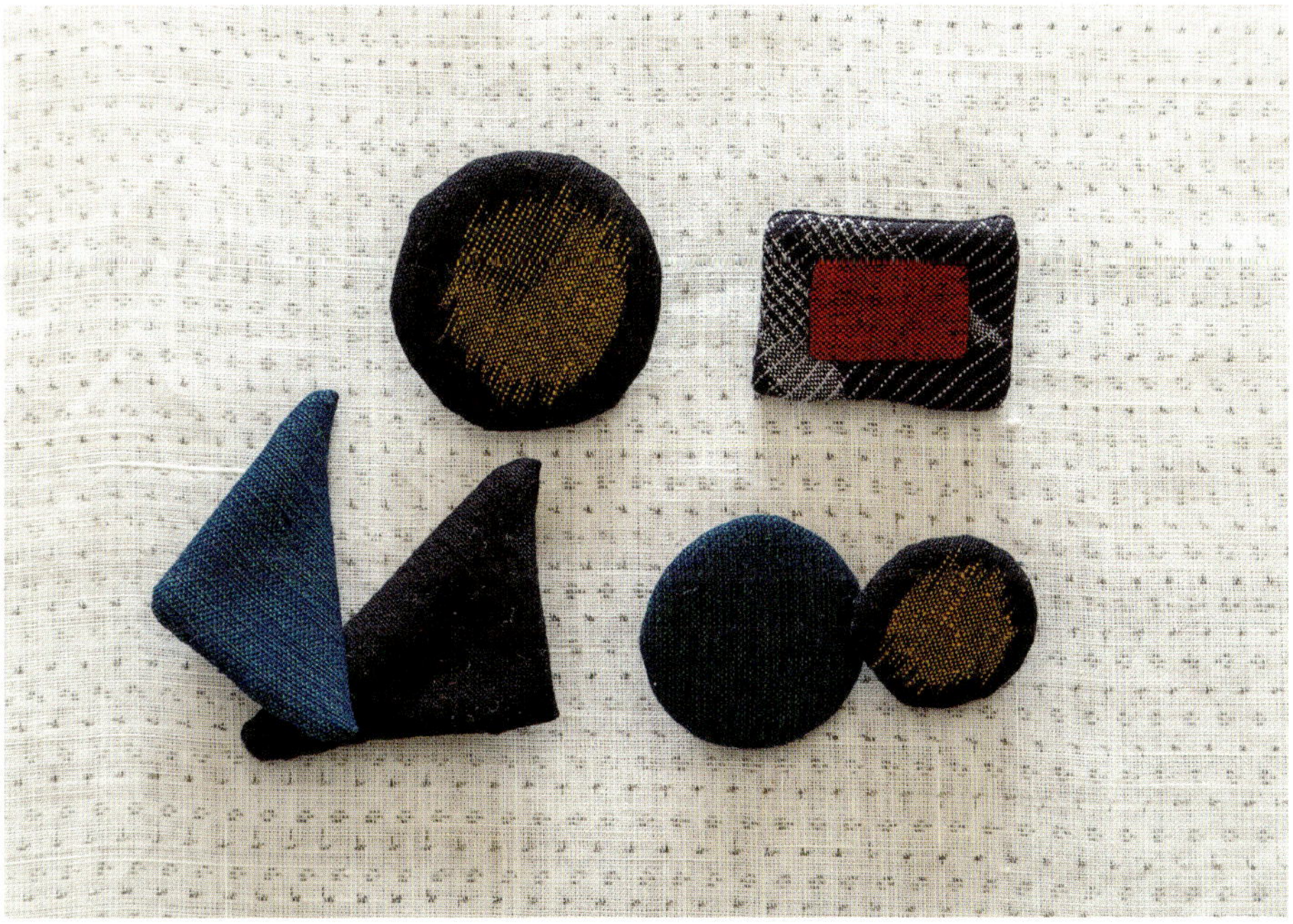

絣でログキャビン おそろいクッションとコースター

ログキャビンは、帯状の布を中心から順に縫い合わせていくシンプルなパターン。帯の幅を変えると、写真のようにカーブの模様が描けます。使っているのはほとんどが絣です。美しい白と藍の絣で、凛とした表情に。

クッション36×36cm
コースター10×10cm　正能和代
作り方▼104ページ

コースターは白と藍の配置を逆にしています。クッションはログキャビン
4 枚を菱形の帯でつないでいます。どちらも端正な美しさがあります。

katasode バッグ

軽くてやわらかな1本持ち手のバッグです。着物の片袖分の幅をそのまま生かして作るので無駄がなく、布をじょうずに使えます。キルト綿や芯を使っていませんが、道行コートなどの着物地を使うとぱりっときれいに仕上がります。サブバッグのように、小さくたためてかさばらないのも嬉しいところ。

26.5×33cm　豊重ゆかり
作り方▼105ページ

伊勢木綿の乙女のがま口バッグとがま口ポーチ

伊勢木綿を中心に、松阪木綿、大島紬、安曇野木綿などを使いました。渋さのある和布と、花モチーフとがま口のかわいらしさを合わせることで、ほどよいかわいらしさのある小物になりました。

バッグ 13.5×18cm　ポーチ 9×10.5cm
出口えつ子
作り方▼106、107ページ

伊勢木綿の花かご風バッグ

こちらも伊勢木綿を中心とした布合わせの、ドレスデンプレートの花がポイントのバッグです。かごのように口が広く美しいカーブのデザイン。素朴な木綿の和布のように、おくゆかしさのあるバッグです。

27×35cm　出口えつ子

作り方▼108ページ

がま口バッグの持ち手は取り外しが可能。外せば大きめのがま口ポーチになります。一般的ながま口と違って、口布に通すタイプのベンリー口金（43ページ参照）なので、フリルを付けたりと口まわりのデザインを楽しめます。

伊勢木綿

三重県伊勢地方で作られている木綿。撚りが弱く綿に近い状態の糸を使うので、ふわっとやわらかい風合いが特徴です。もともとは藍の縞柄が基本ですが、カラフルで現代的な柄もたくさん作られています。現在、1社しか生産していない貴重な木綿です。

作品の作り方

●図中の数字の単位は cm です。
●構成図や図案の寸法には、特に表示のない限り縫い代を含みません。通常、縫い代はピーシングは 0.7cm、アップリケは 0.5cm、仕立ては 1cm くらいを目安に。裁ち切りと表示のある場合は、縫い代を付けずに布を裁ちます。
●指示のない点線は、縫い目、キルティングやステッチのラインを示しています。
●キルティングをすると少し縮むので、キルト綿や裏打ち布は大きめにカットしてトップと合わせ、キルティングした後で寸法通りにカットしてください。
●キルティングや仕立てはミシン縫いでも手縫いでもかまいません。
●図中のアルファベット「S」はステッチの略です。
●作品の出来上がりは、図の寸法と多少差の出ることがあります。
●用尺は幅×長さ、出来上がり寸法は縦×横で表記しています。

＊よく使うステッチのしかた

返し縫い

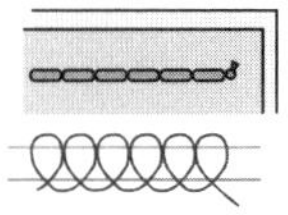

たてまつり

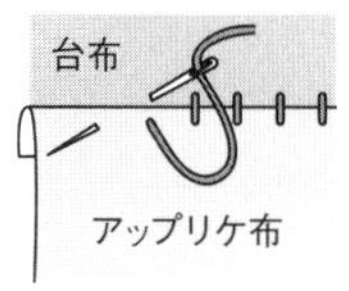

コの字とじ

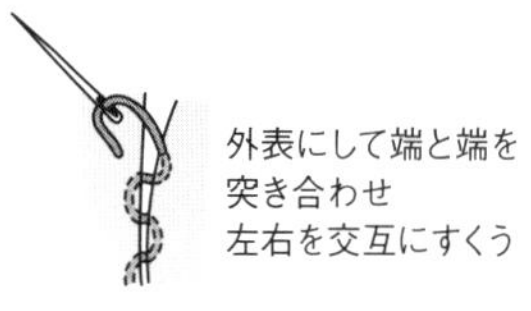

千鳥がけ

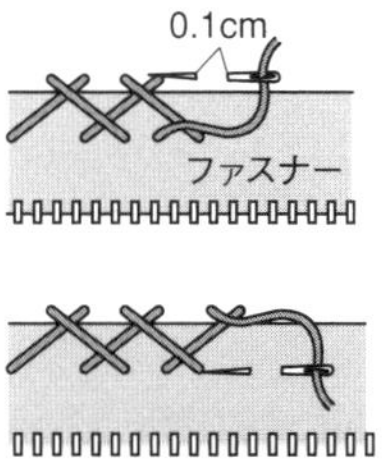

星止め

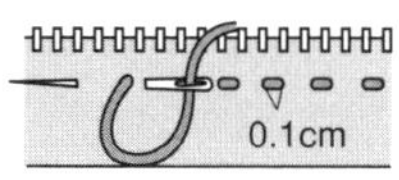

巻きかがり

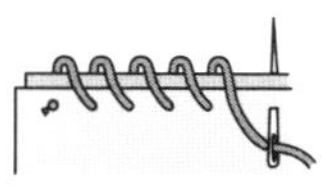

P.6

ふた付き小物入れ

11.5×20cm
デザイン／豊重ゆかり

材料

ピーシング、当て布、飾り玉用布各種　裏布25×35cm　芯地30×40cm　ループ用布15×10cm　長さ3cmボタン1個　手芸綿適宜

作り方のポイント

●縫い代は1cm付ける。

作り方

①ピーシングをして本体をまとめる。
②本体と裏布を中表に合わせ、返し口を残して周囲を縫う。
③表に返して返し口をとじる。
④本体を外表に二つ折りし、両脇を縫う。
⑤ループ、当て布、飾り玉を作って付ける。
⑥ボタンを付ける。

ループ１枚

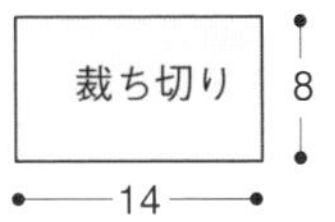

ループの作り方

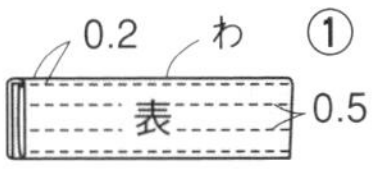

四つ折りして縫う

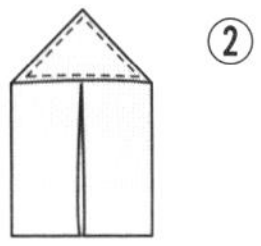

中心で二つ折りし
先端を三角に
たたんで縫う

当て布１枚

飾り玉１枚

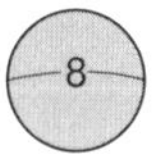

裁ち切り

飾り玉の作り方

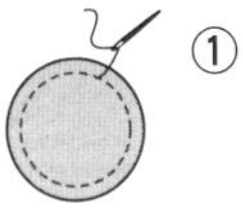

周囲をぐし縫いする

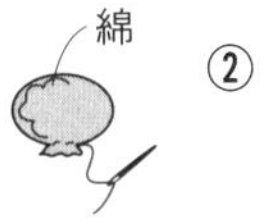

ぐし縫いを
引き絞りながら
綿を詰める

裏布１枚

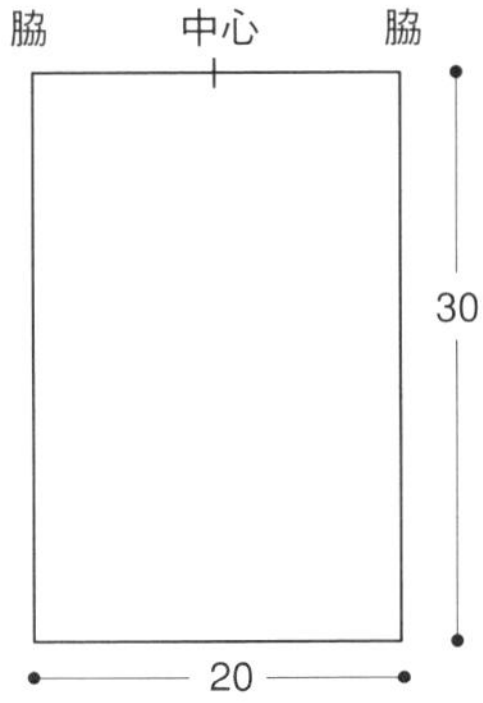

本体１枚

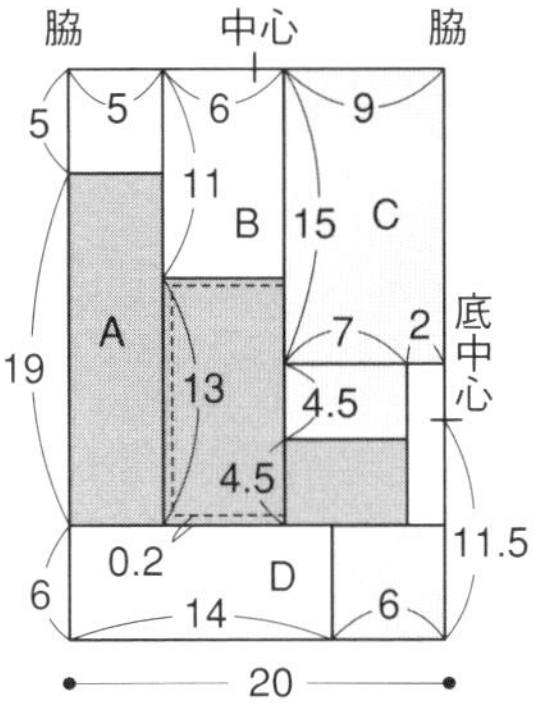

仕立て方

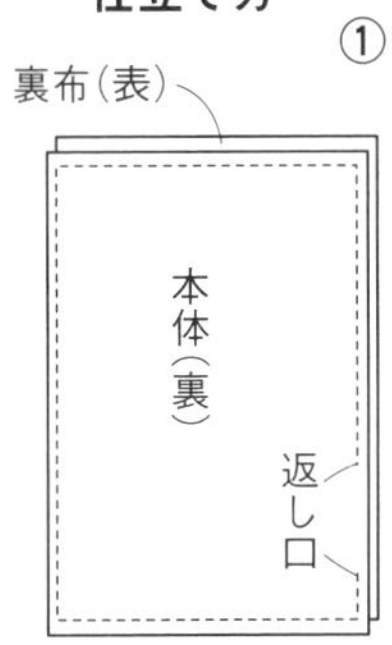

本体と裏布を中表に合わせ
返し口を残して周囲を縫う
表に返して返し口を
まつってとじる

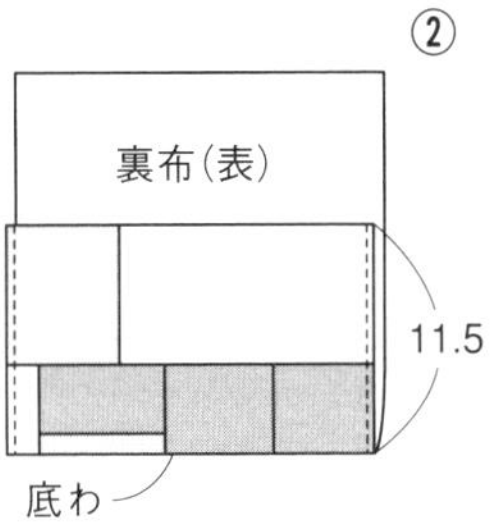

本体を二つ折りし
両脇を縫う

本体の作り方

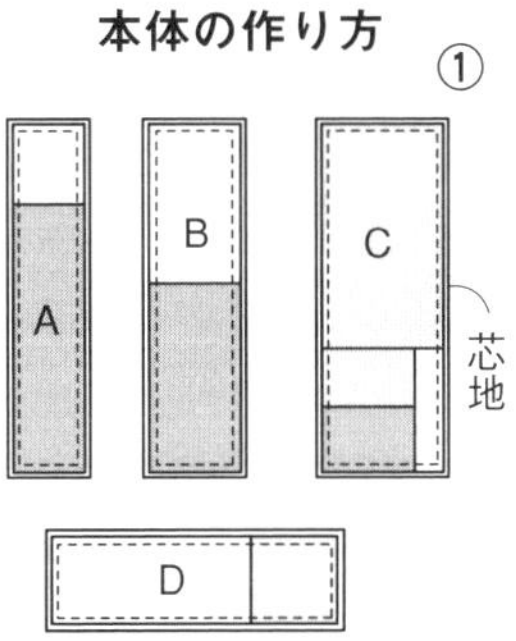

それぞれのパーツを
芯地に重ねて、周囲に
しつけをかける

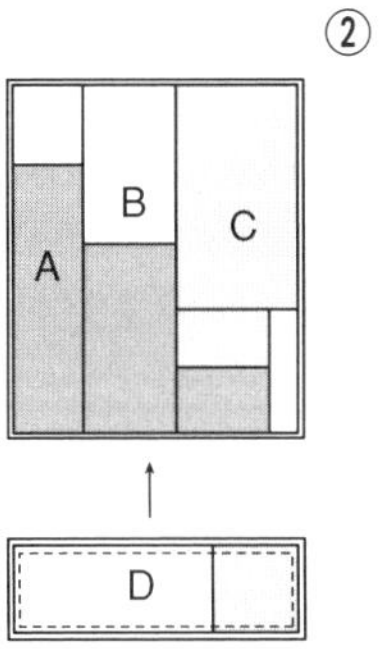

A、B、C を接ぎ
最後に D を接ぐ

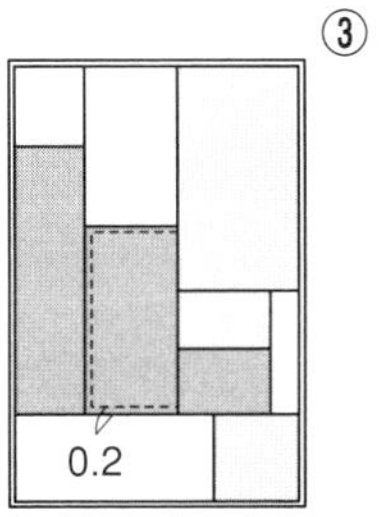

ステッチをする

当て布の作り方

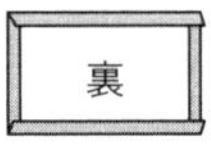

周囲の縫い代を
折る

ループ、飾り玉、ボタンの付け方

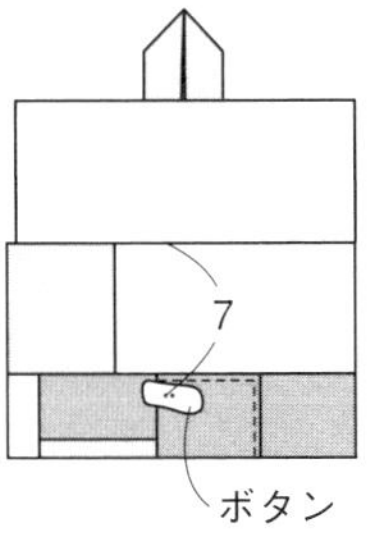

本体の表側に
ボタンを付ける

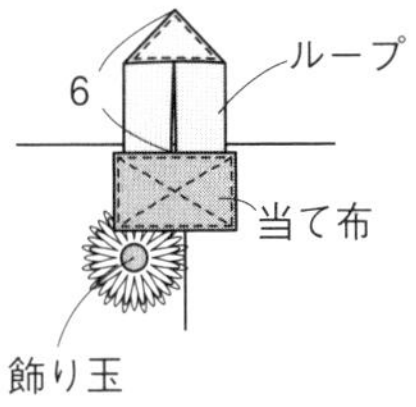

ふたの中心にループを仮留めし
当て布を重ねて縫う
布の柄に合わせて飾り玉を
まつって縫い付ける

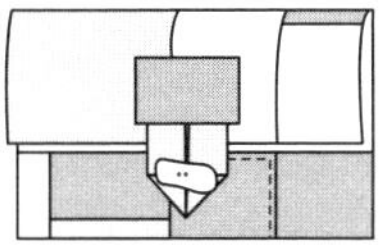

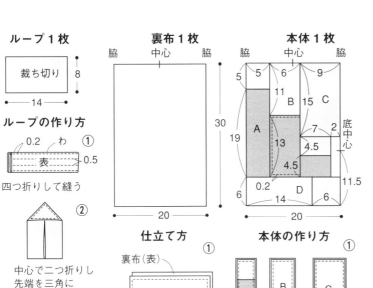

中袋１枚

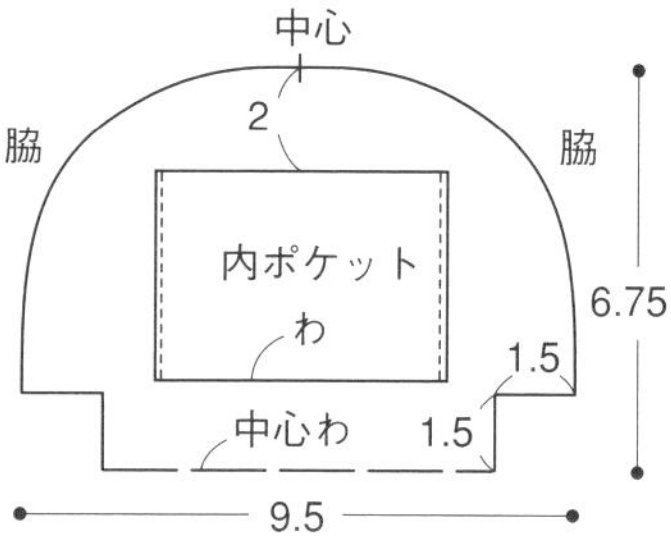

※内ポケットは片側にのみ付ける

本体１枚

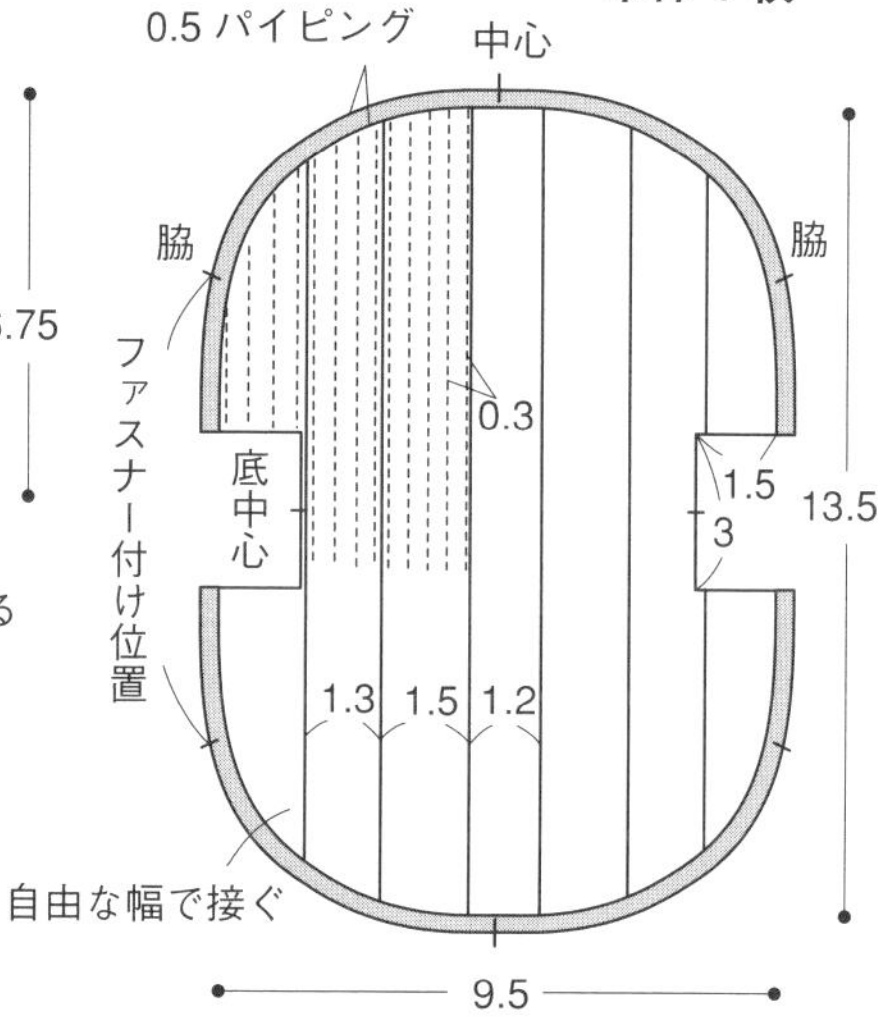

内ポケット１枚

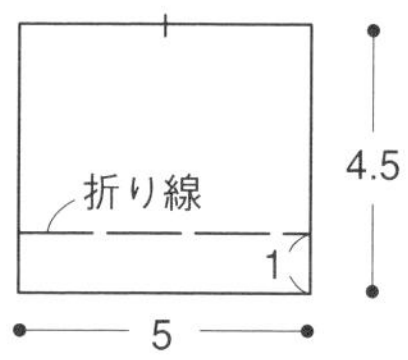

作り方

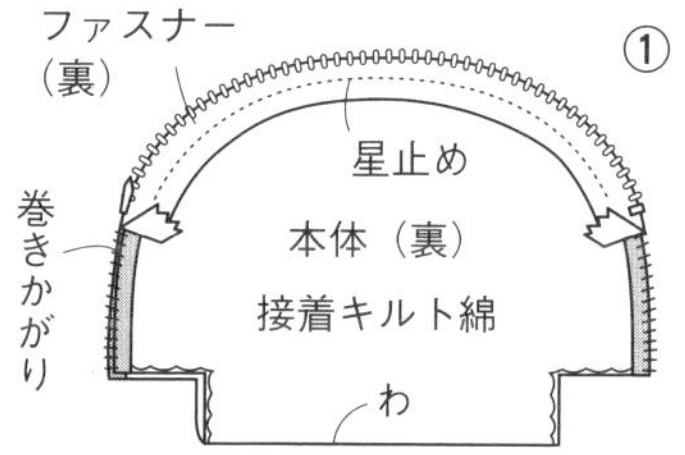

パイピングの端とファスナーの歯を
合わせてファスナーを付け
脇を巻きかがりでとじる

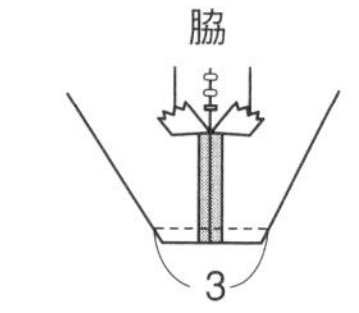

マチを縫う

内ポケットの作り方

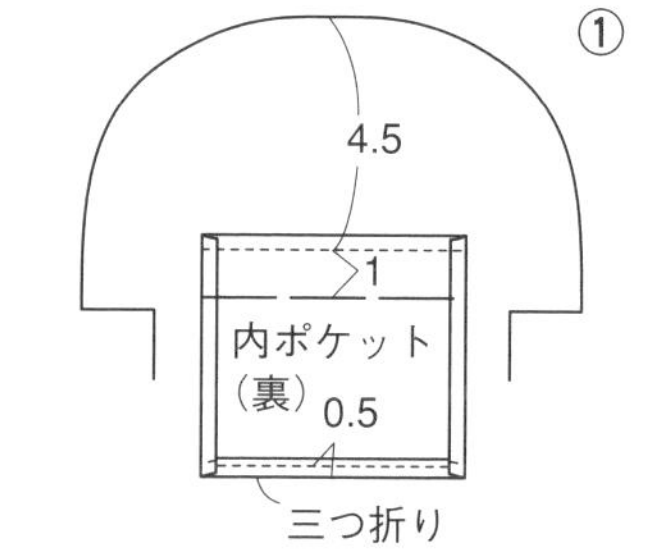

内ポケットの口を三つ折りして縫う
中袋と中表に合わせて底を縫い
折り線から表に返す

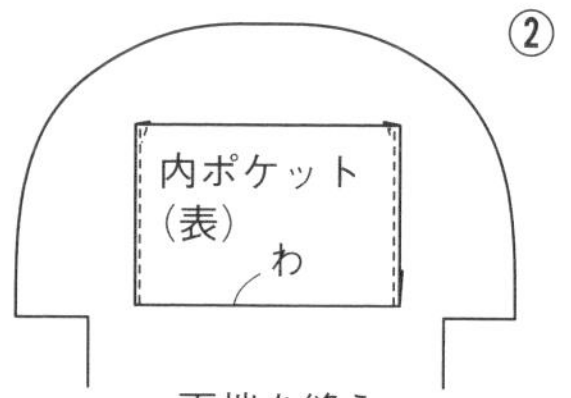

両端を縫う

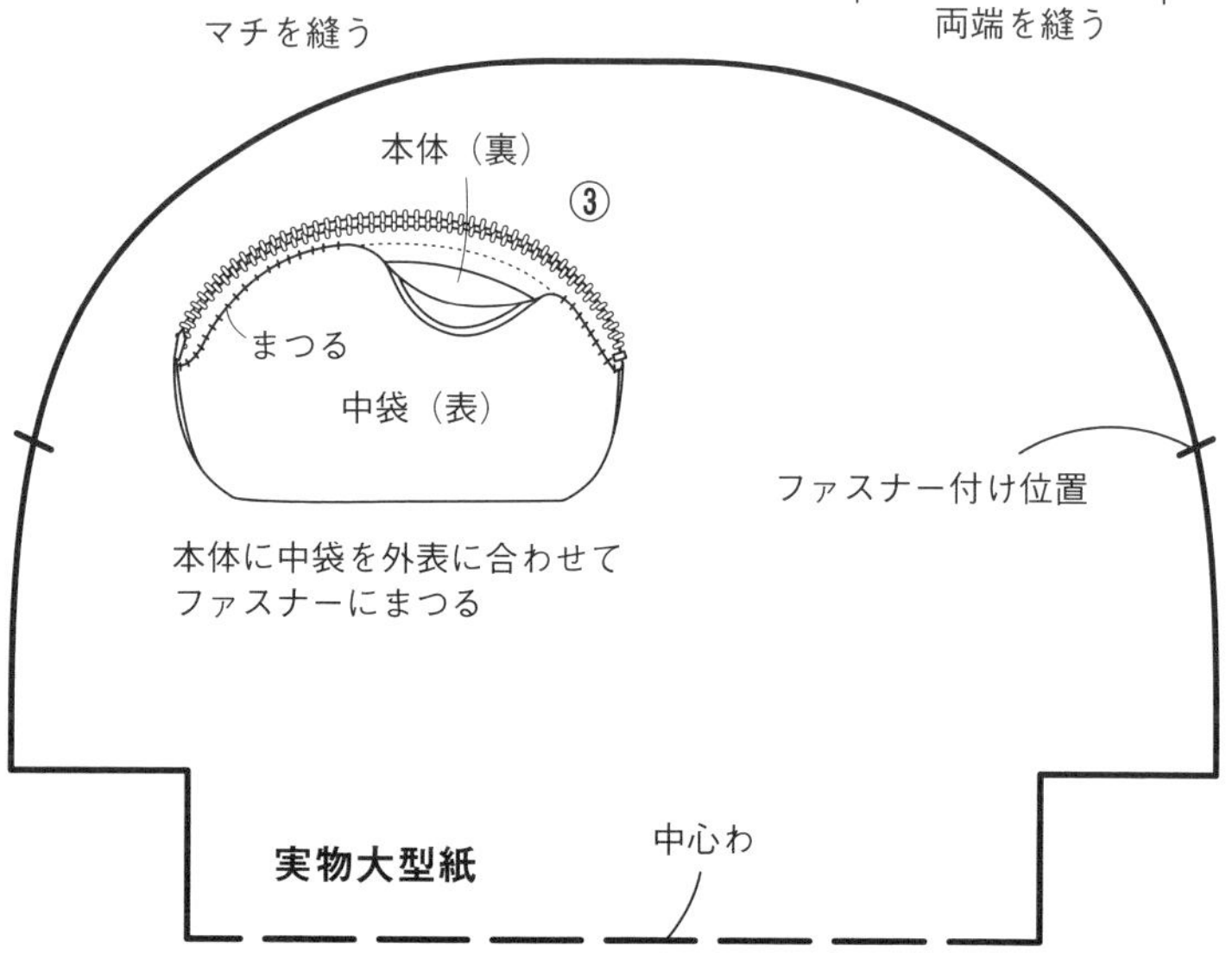

P.7

藍のミニポーチ

6×9.5cm
デザイン／岸英子

材料

ピーシング用布各種　パイピング用幅2.7cmバイヤステープ40cm　接着キルト綿25×20cm　中袋用布（内ポケット分含む）20×20cm　長さ12cmファスナー1本

作り方のポイント

●接着キルト綿は本体に2枚はる。1枚目は裁ち切りではり、キルティングしてから2枚目を縫い代を付けてはる。

作り方

①ピーシングをして本体をまとめる。
②接着キルト綿をはり、キルティングする。
③さらに接着キルト綿をはる。
④周囲をパイピングで始末する。
⑤ファスナーを付ける。
⑥本体を中表に合わせて脇を巻きかがりでとじる。
⑦マチを縫う。
⑧内ポケットを作って中袋に付ける。
⑨中袋を作り、本体と外表に合わせてファスナーに付ける。

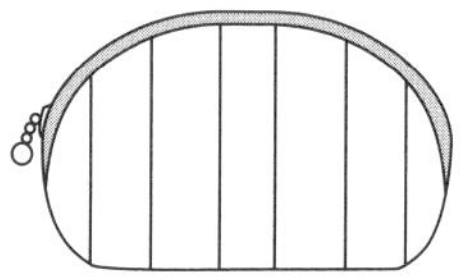

中袋の作り方

中表に合わせて脇を縫い
本体同様にマチを縫う

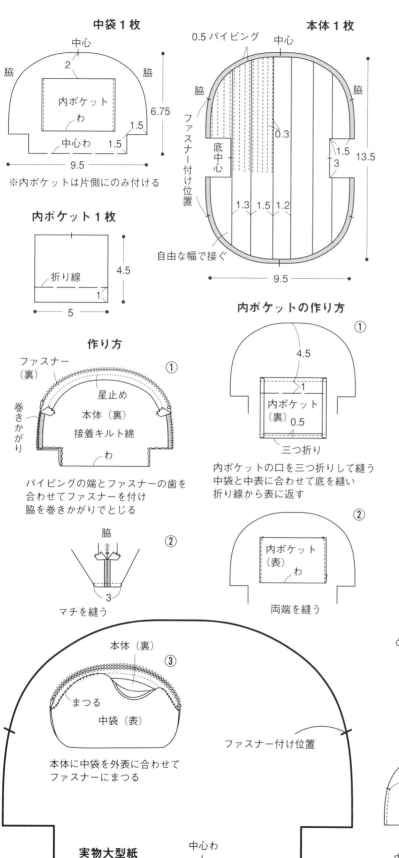

P.8

まるいポーチ

16×16cm
デザイン／岡崎光子

材料

ピーシング、つつみボタン用布各種　裏布（内ポケット分含む）35×35cm　パイピング用幅3.5cmバイヤステープ100cm　接着キルト綿35×20cm　長さ20cmファスナー1本　直径2cmつつみボタン2個

作り方のポイント

●縫い代は1cm付ける。

作り方

①ピーシングをして本体のトップをまとめる。
②トップに接着キルト綿をはり、キルティングする。
③内ポケットを作り、裏布に仮留めする。
④本体と裏布を外表に合わせ、周囲をパイピングで始末する。
⑤本体を中表に合わせ、縫い止まり位置から縫い止まり位置まで巻きかがりで縫い合わせる。
⑥口にファスナーを付ける。
⑦ファスナー飾りを作って、引き手に付ける。

内ポケット1枚

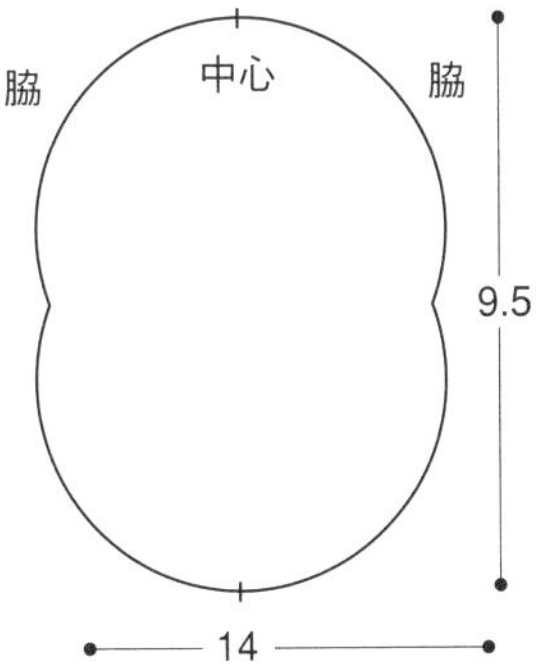

本体2枚

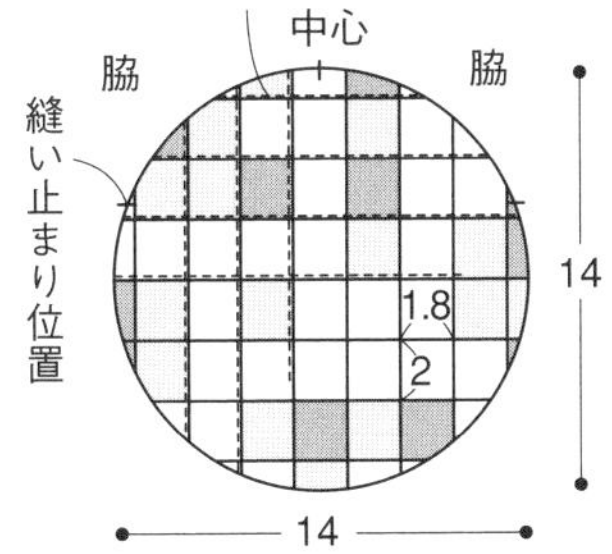

※裏布は同寸の一枚布

つつみボタンの作り方

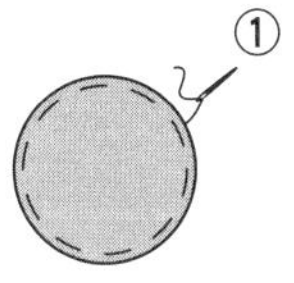

周囲をぐし縫いする

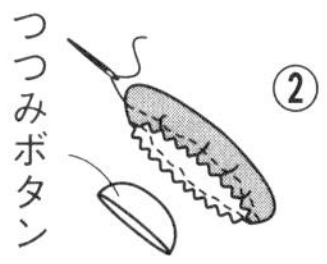

ぐし縫いを引き絞りながら
つつみボタンをくるむ

内ポケットの付け方

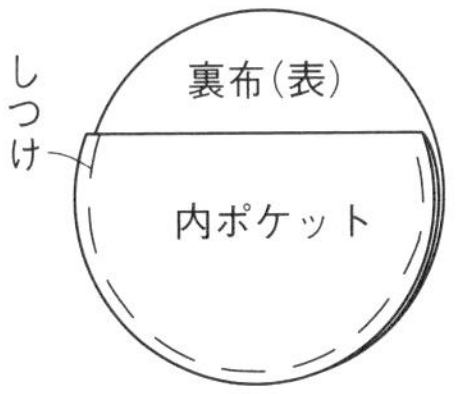

裏布に内ポケットを重ね
周囲にしつけをかける

内ポケットの作り方

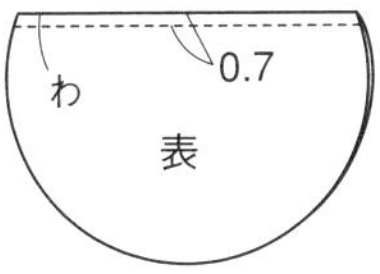

外表に二つ折りし
口を縫う

つつみボタン2枚

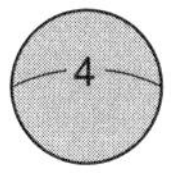

裁ち切り

仕立て方

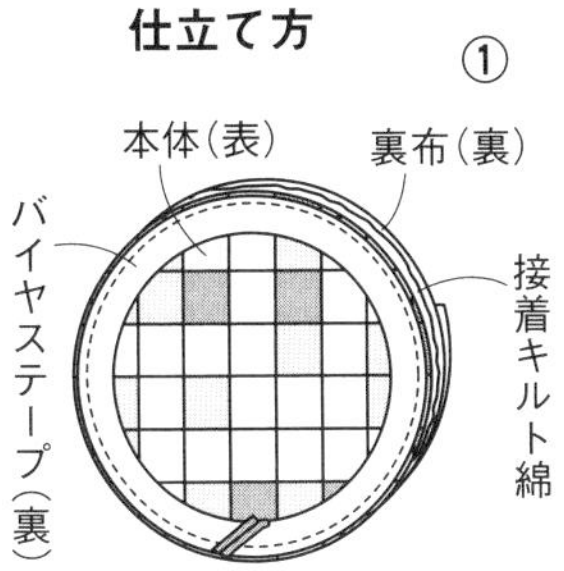

本体と裏布を外表に重ね
バイヤステープを中表に
合わせて縫う

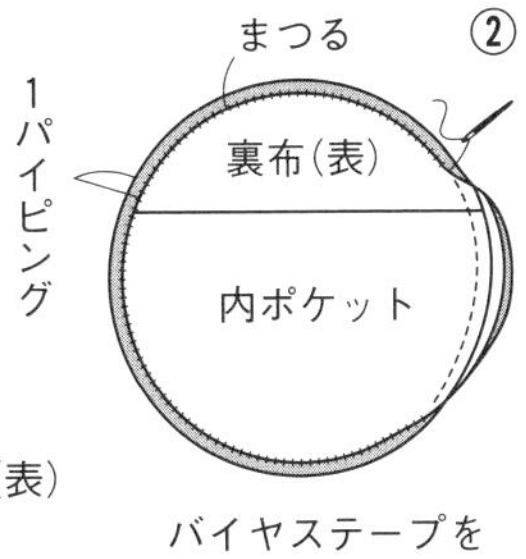

バイヤステープを
裏布側に返して
縫い代をくるんで
始末する

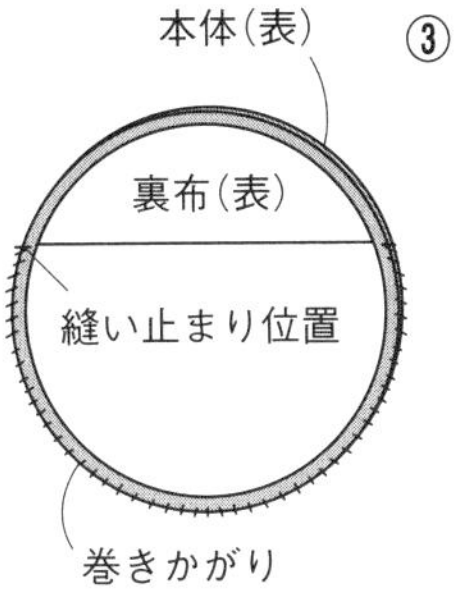

本体２枚を中表に合わせ
縫い止まり位置から
縫い止まり位置まで
巻きかがりで縫う

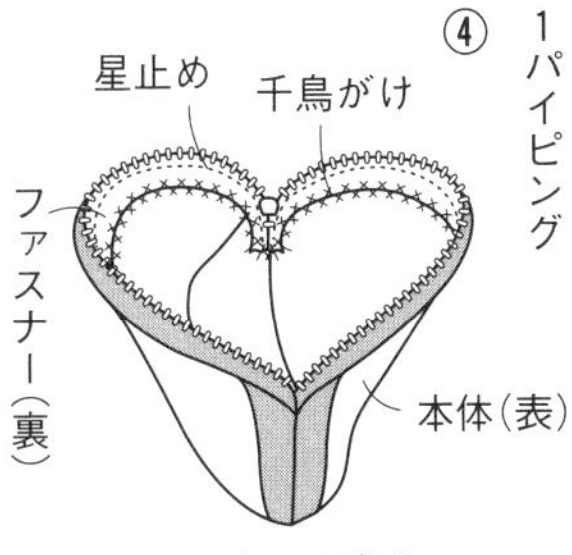

ファスナーの歯を
パイピングの端に合わせ
星止めで縫い付け
端を千鳥がけする

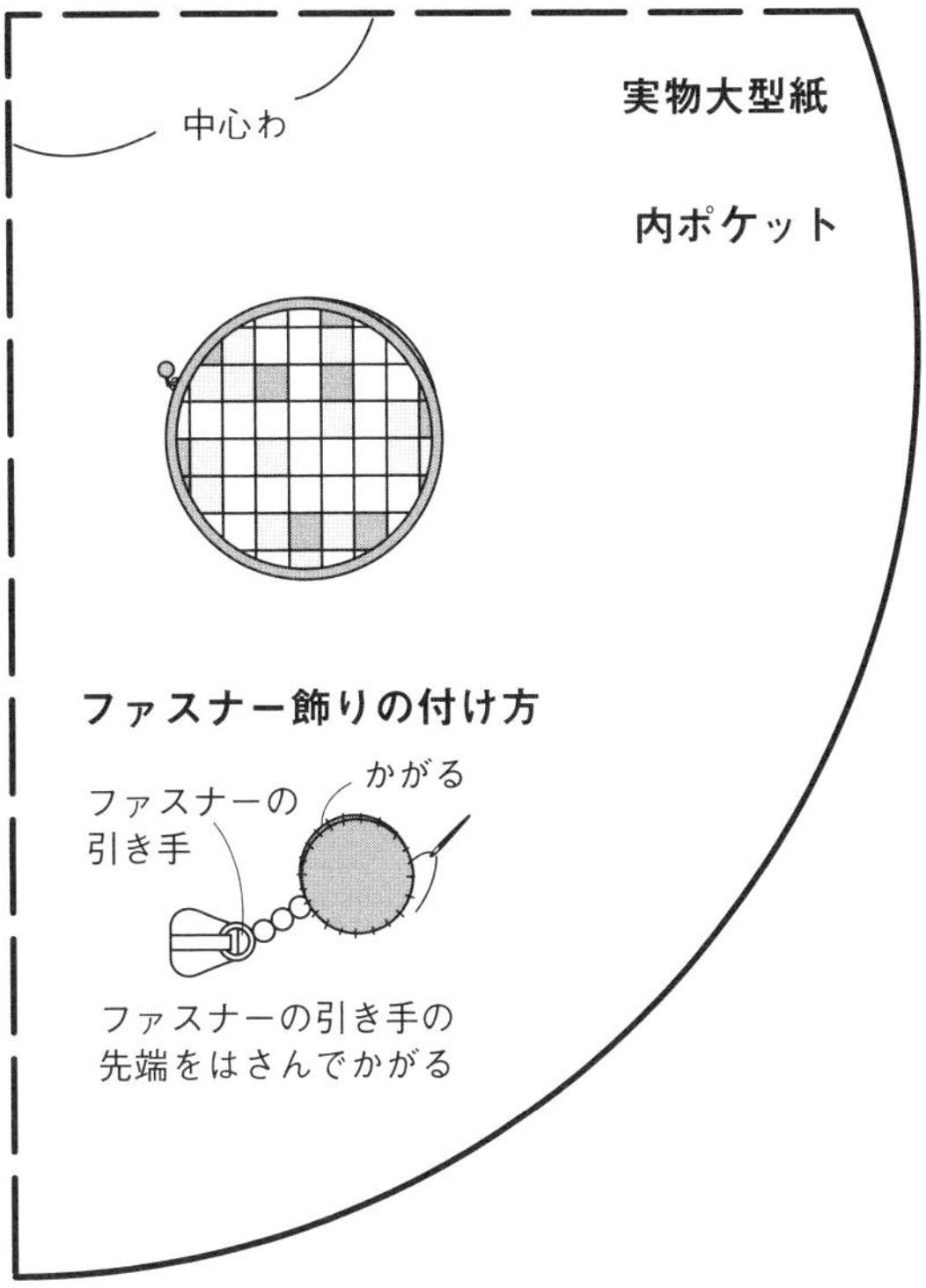

ファスナーの引き手の
先端をはさんでかがる

P.9

お手玉きんちゃく

8×8cm
デザイン／吉浦和子

材料

本体用布2種（ひも飾り分含む）各20×15cm　中袋用布30×15cm　口布30×5cm　直径0.2cmひも60cm　手芸綿、刺し子糸各適宜

作り方のポイント

●ステッチは好みで、フレンチノットステッチをぐるぐる刺したり、布に沿って刺すとよい。

作り方

①本体4枚を接ぎ合わせて袋状にする。
②中袋を本体同様に縫う。
③口布を作り、本体の口に付ける。
④本体と中袋を外表に合わせ、口布に中袋を付ける。
⑤ひもを通し、ひも飾りを作って付ける。

ひも飾り2枚　**口布2枚**

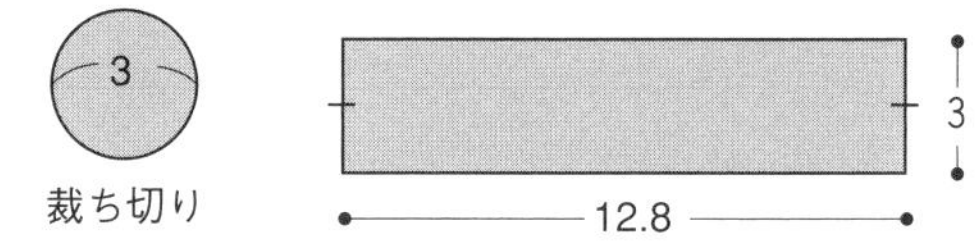

本体4枚

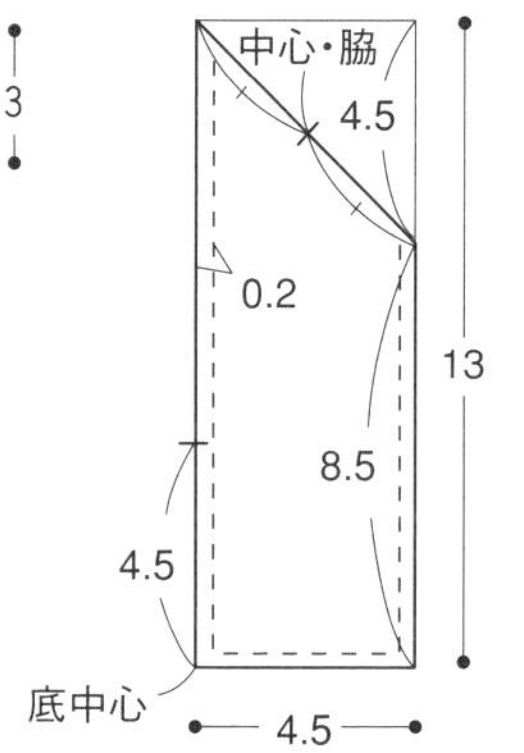

※中袋同寸

口布の作り方

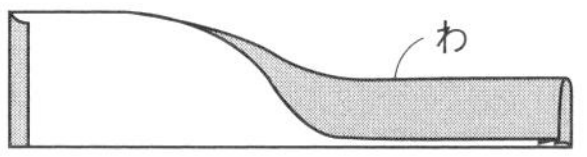

両端の縫い代を折り
二つ折りする

フレンチノットステッチの刺し方

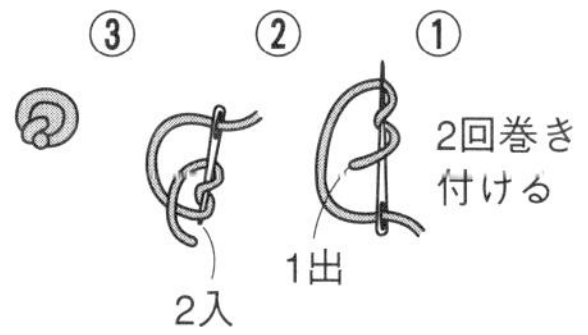

仕立て方

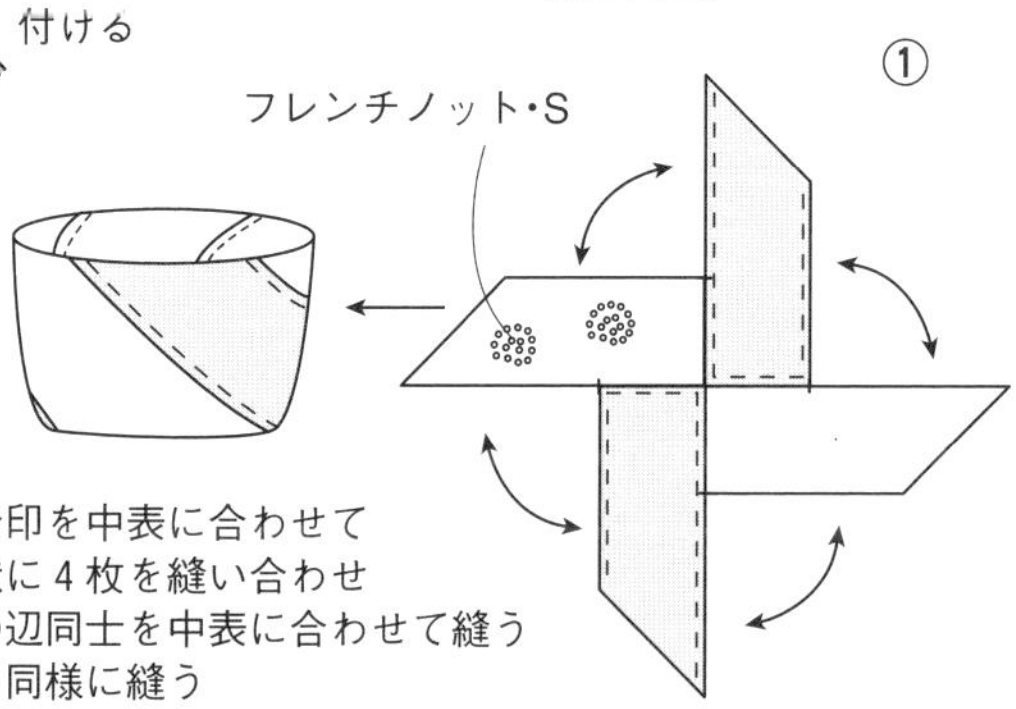

底と合印を中表に合わせて
風車状に4枚を縫い合わせ
矢印の辺同士を中表に合わせて縫う
中袋も同様に縫う

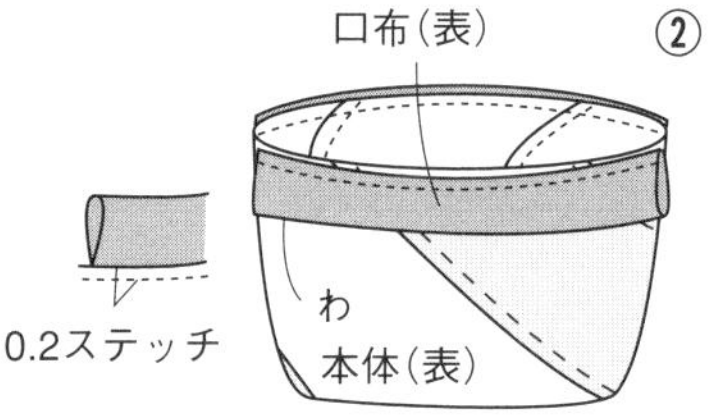

口布を本体の口に中表に
合わせて縫い、表に返して
口にステッチする

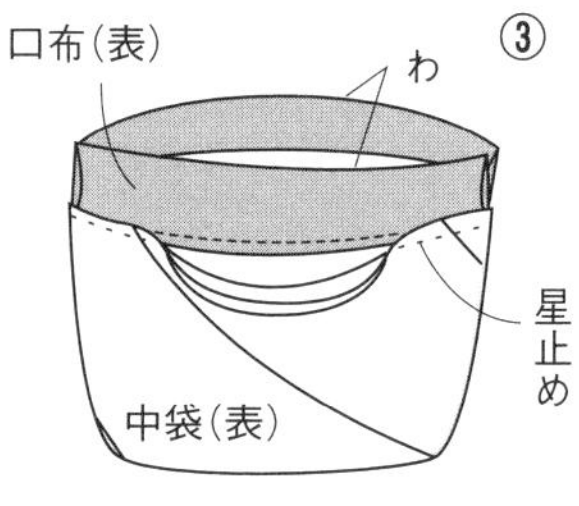

中袋を本体に外表に合わせて
口布に星止めで縫い付ける

ひも飾りの作り方と付け方

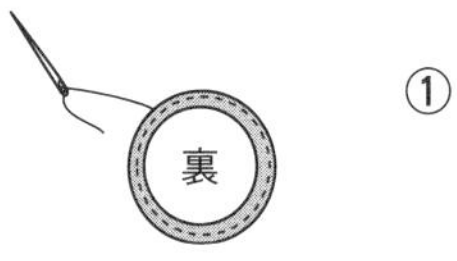

周囲の縫い代を折って
ぐし縫いする

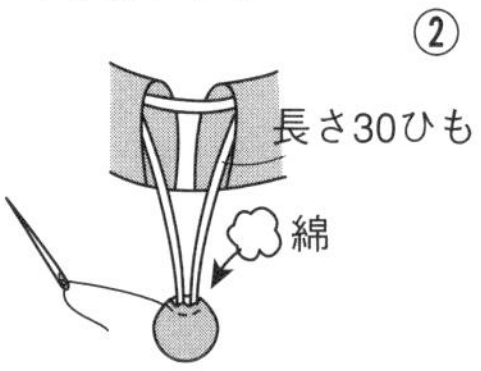

口布に左右からひもを通し
ひもの端にひも飾りを
かぶせて綿を入れて
ぐし縫いを引き絞る

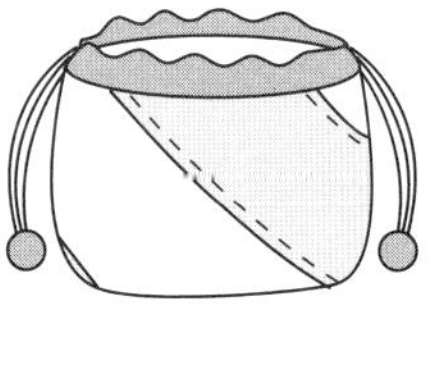

P.10

トライアングル ポーチ

大16×22cm　小12×16cm
デザイン／津田広子

材料

大　ピーシング、アップリケ用布各種　本体後ろ用布25×20cm　口金通し用布、口金通し裏布各20×5cm　中袋用布、接着芯各50×20cm　長さ10cmコインケース用口金1個
小　ピーシング用布各種　後ろ用布20×15cm　口金通し用布、口金通し裏布各15×5cm　中袋、接着芯各40×15cm　長さ7cmコインケース用口金1個

作り方のポイント

●本体前のステッチは、もともとステッチされている布を使ってもよい。
●口金の通し方は21ページ参照。

作り方

①ピーシングをして本体前のトップをまとめる。大の本体後ろはアップリケをする。
②接着芯をはってステッチし、前に口金に付属のマグネットボタンを付ける。
③本体前と後ろを中表に合わせて周囲を縫う。
④中袋は底に返し口を残して本体同様に縫う。
⑤口金通しを作り、本体後ろに口金通しを仮留めする。
⑥本体と中袋を中表に合わせて口を縫う。
⑦表に返して返し口をとじ、口金を通す。

大本体前１枚

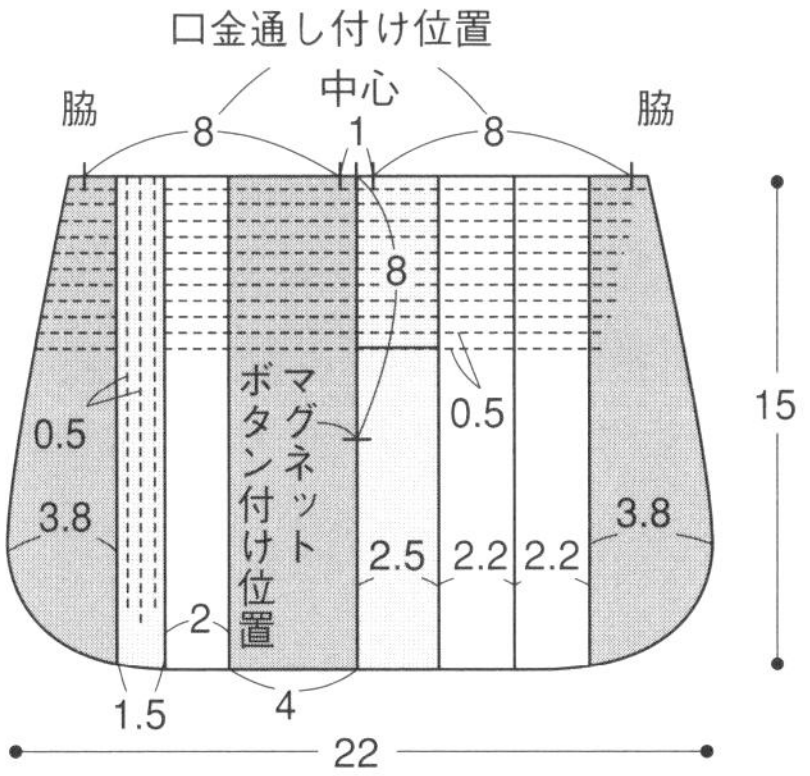

※接着芯をはる
※中袋は同寸の一枚布

大本体後ろ１枚

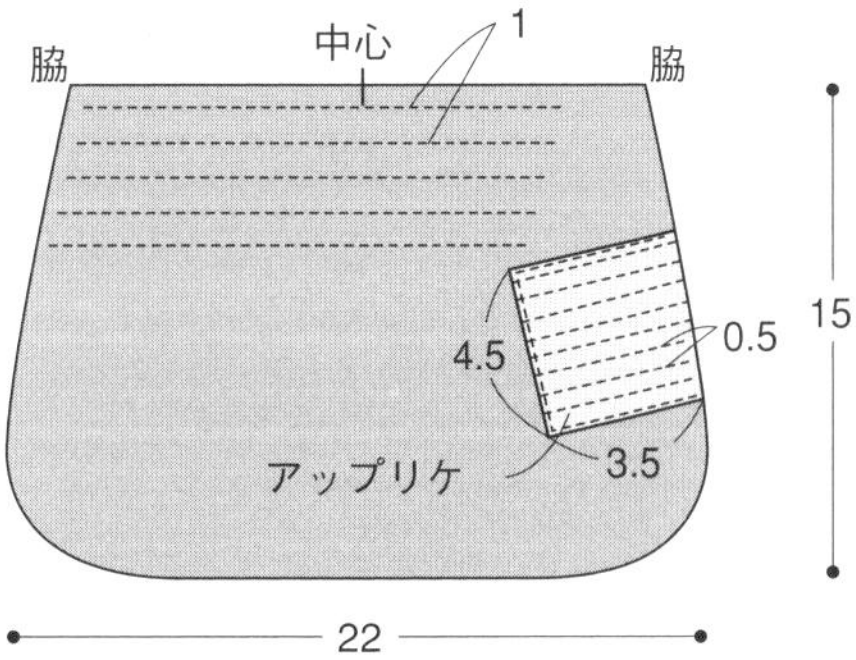

※接着芯をはる
※中袋は同寸の一枚布

小本体後ろ１枚

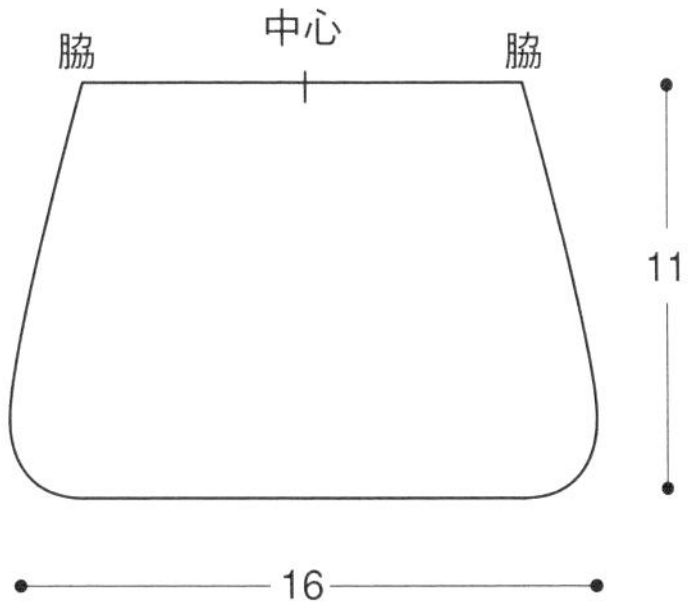

※接着芯をはる
※中袋同寸

小本体前１枚

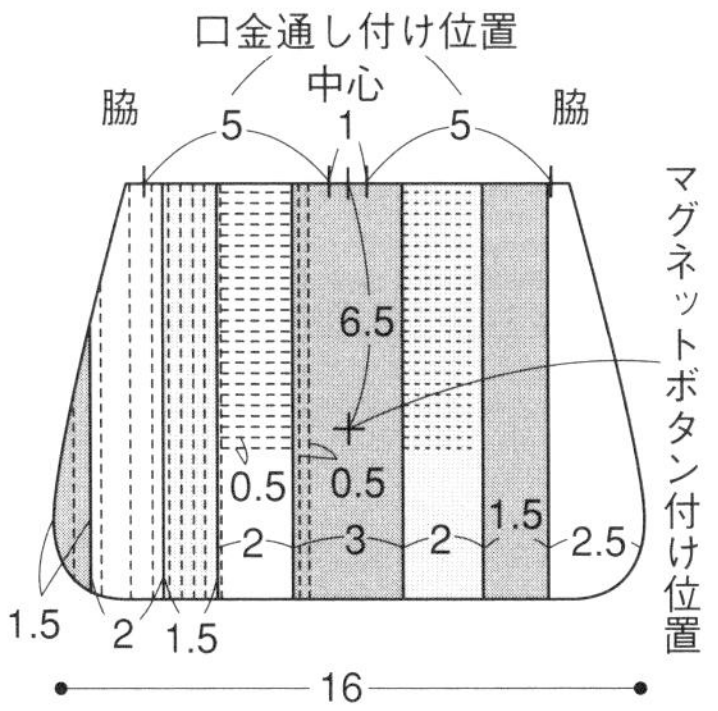

※接着芯をはる
※中袋は同寸の一枚布

口金通しの作り方

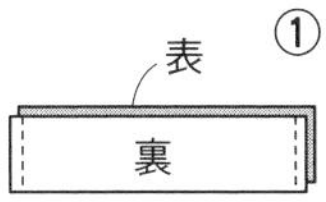

表布と裏布を
中表に合わせ
両脇を縫う

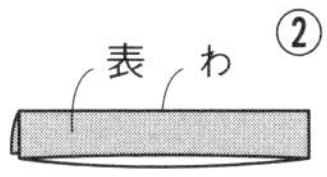

表に返して二つ折りする

口金通し各２枚

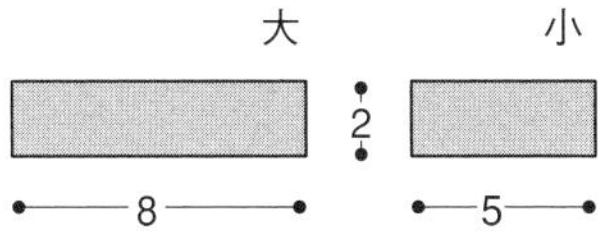

※裏布同寸

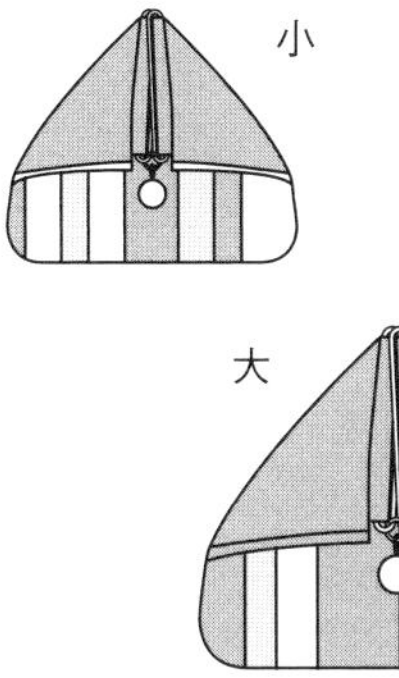

仕立て方

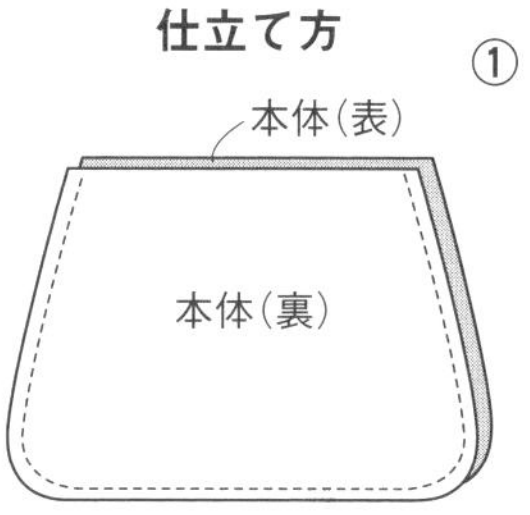

本体前と後ろを中表に
合わせて周囲を縫う
中袋は底に返し口を残して
同様に縫う

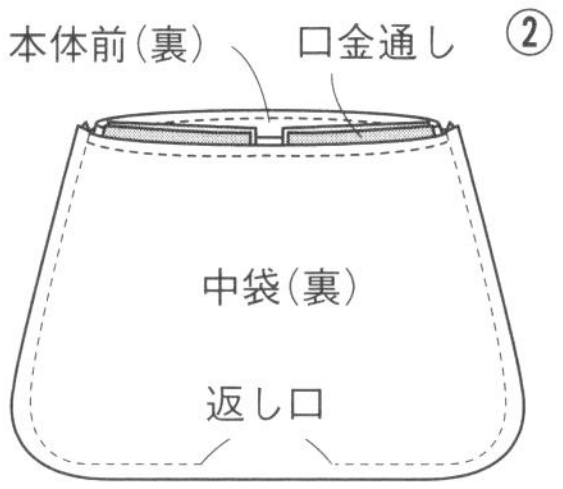

本体後ろに口金通しを仮留めし
中袋を中表に合わせて口を縫う
表に返して返し口をまつってとじる

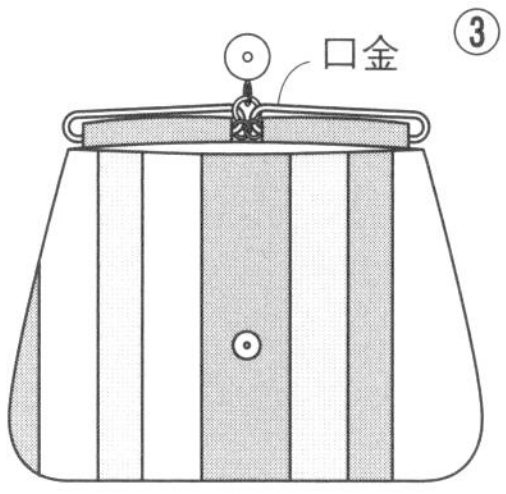

口金を通す

実物大型紙

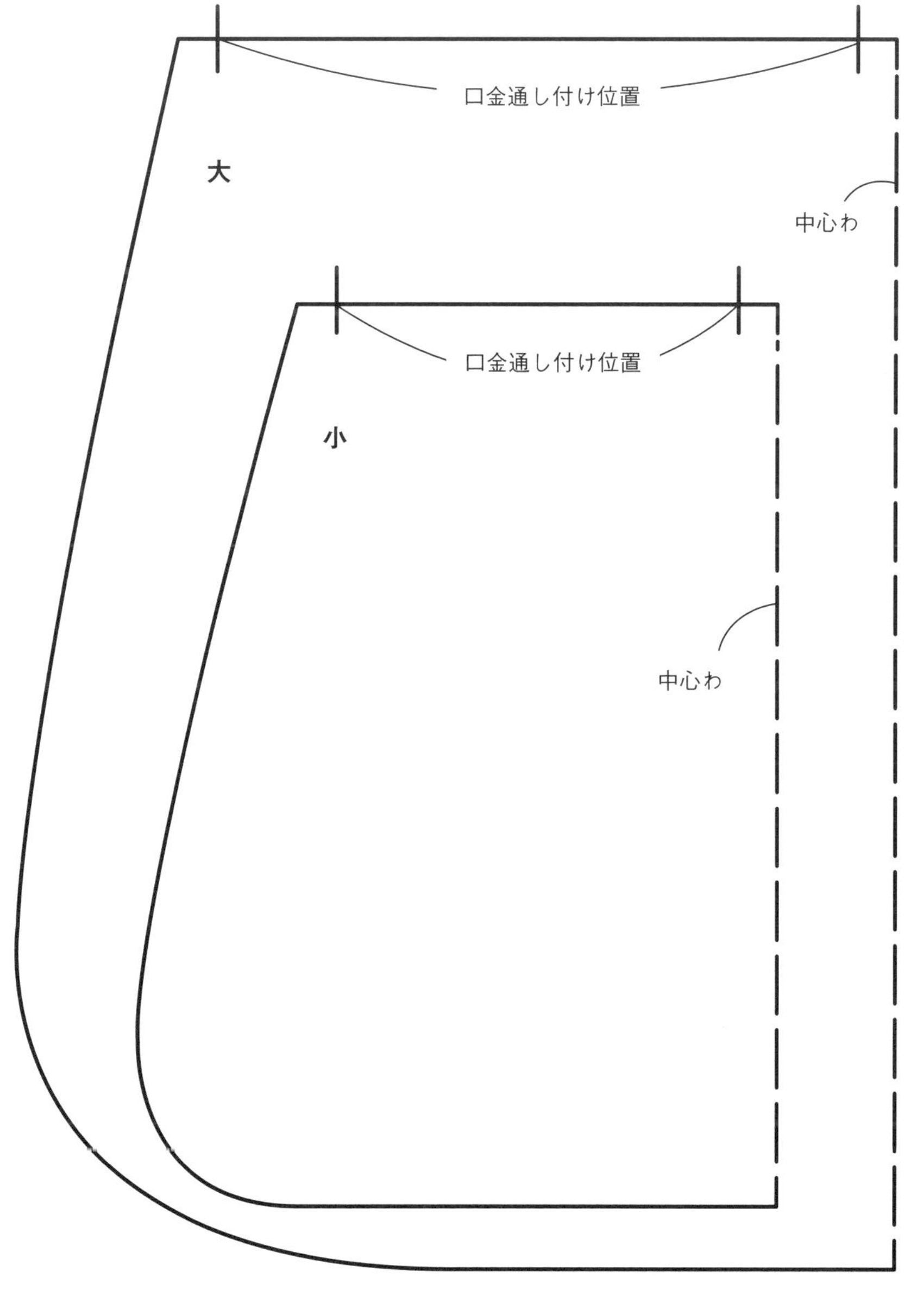

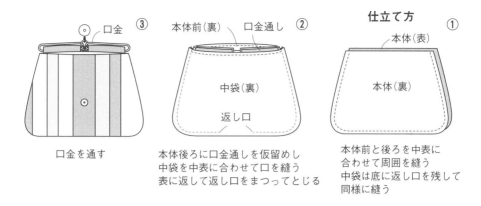

P.14

めがねケース

7×17.5cm
デザイン／北川明美

材料

ふた用布（ふた裏布分含む）20×25cm　本体用布（つつみボタン分含む）、中袋用布（当て布分含む）各25×25cm　キルト綿25×20cm　接着芯20×15cm　直径2.5cmつつみボタン1個　直径1.4cmマグネットボタン1組　厚紙5×5cm

作り方のポイント

●つつみボタンの作り方は68ページ、マグネットボタンの付け方は21ページ参照。

作り方

①つつみボタンと当て布を作る。
②ふたに接着芯をはり、裏布と中表に合わせて返し口を残して縫う。
③表に返して返し口を整え、マグネットボタンとつつみボタンを付ける。
④本体にキルト綿を重ね、中表に二つ折りして脇を縫い、マチを縫う。
⑤中袋を本体同様に縫う。
⑥本体と中袋を中表に合わせ、返し口を残して口を縫う。
⑦表に返して返し口をとじ、マグネットボタンと当て布を付ける。
⑧本体の後ろにふたを縫い付ける。

本体1枚

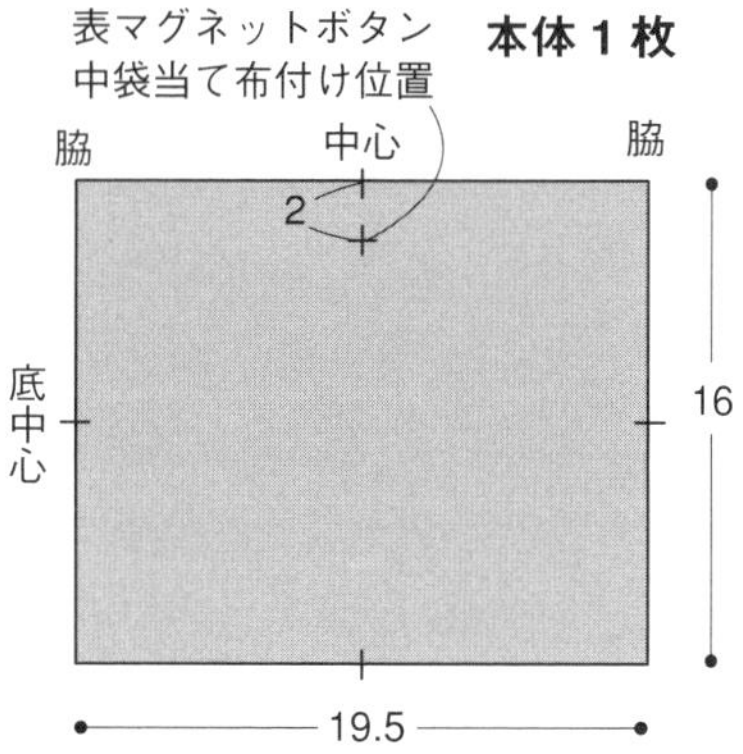

※中袋同寸

ふた1枚

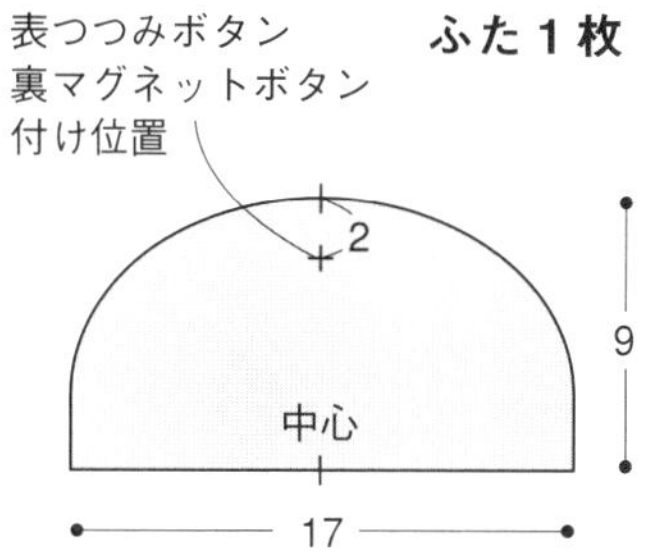

※接着芯をはる
※裏布同寸

仕立て方

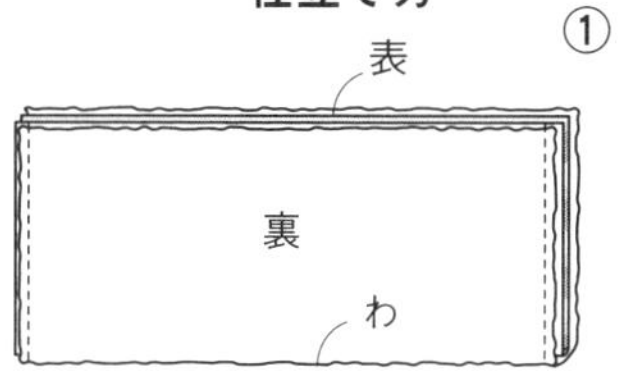

本体にキルト綿を重ね
中表に二つ折りして両脇を縫う
中袋も同様に縫う

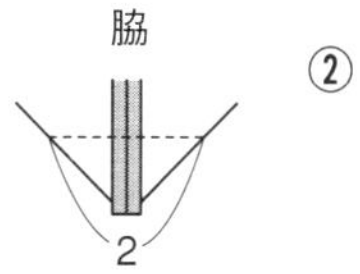

マチを縫う
中袋も同様に縫う

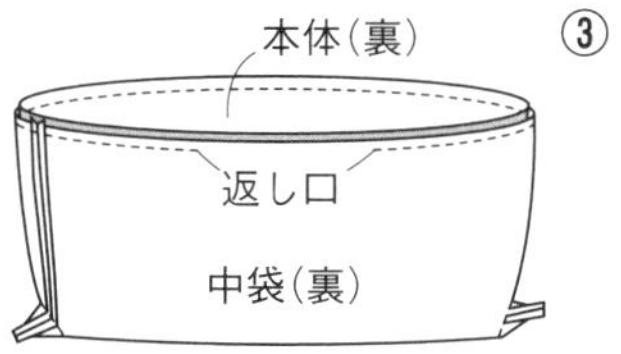

本体と中袋を中表に合わせて口を縫う
後ろになる側に返し口を残す

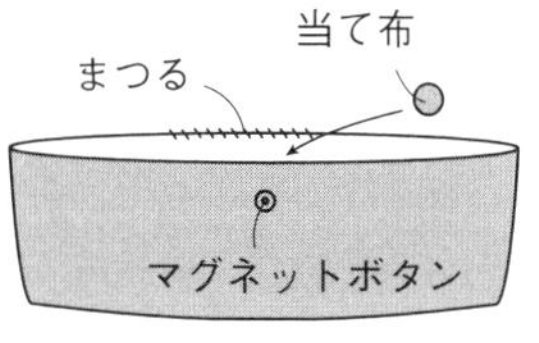

表に返して返し口をとじ
表にマグネットボタン
内側に当て布をまつり付ける

本体後ろにふたを重ねて縫う

ふたの作り方

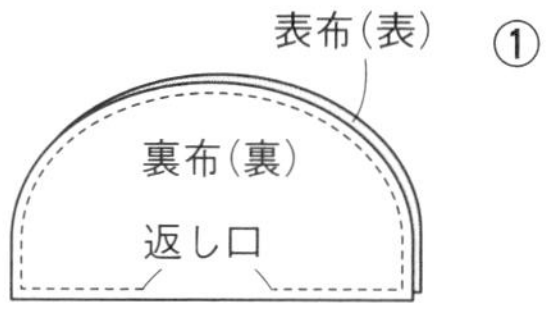

表布と裏布を中表に合わせ
返し口を残して縫う

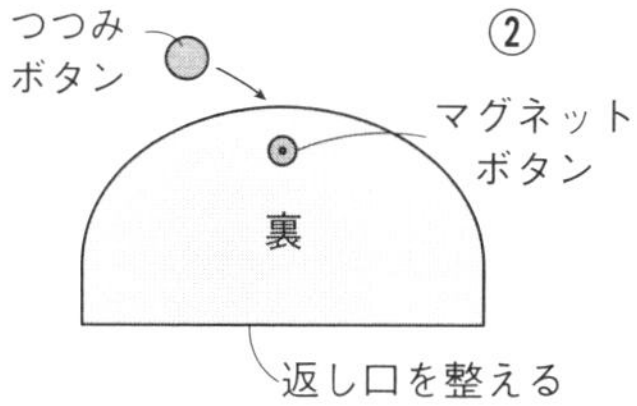

表に返して返し口の縫い代を
折って整え、裏にマグネット
ボタン、表につつみボタンを
付ける

実物大型紙

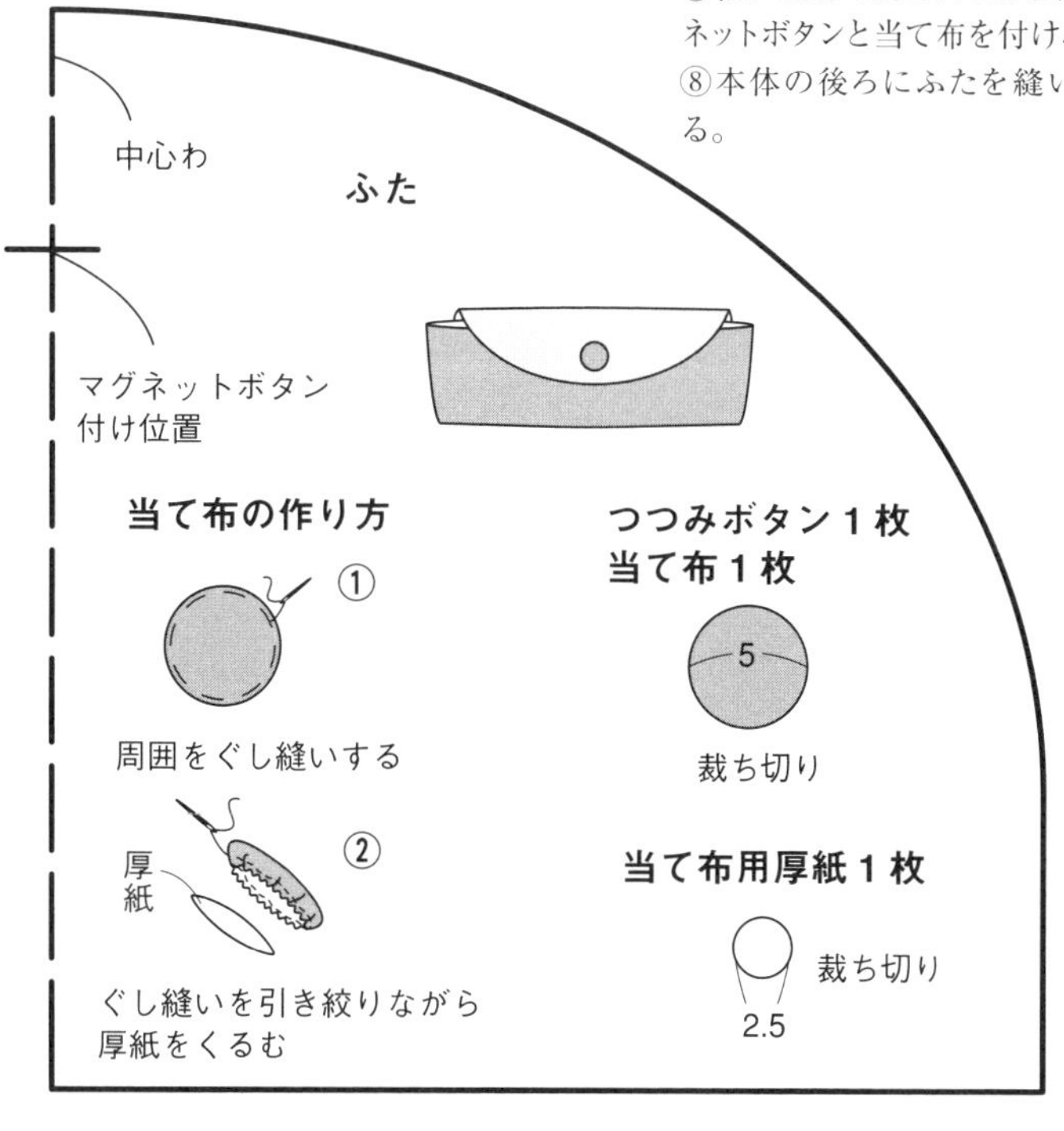

P.15

ペンケース

5×19.5cm
デザイン／北川明美

材料

A用布（ファスナー飾り分含む）10×20cm　B用布20×20cm　パイピング用幅3cmバイヤステープ80cm　接着芯25×15cm　長さ20cmファスナー1本　直径0.1cmひも10cm　手芸綿適宜

作り方のポイント

●縫い代は0.7cm。

作り方

①AとBを接ぎ合わせ、接着芯をはって本体をまとめる。
②本体と裏布を外表に合わせ、口をパイピングで始末する。
③本体を中表に二つ折りし、ファスナーを付ける。
④本体の両脇をコの字とじで縫い合わせる。
⑤マチを縫い、縫い代をバイヤステープでくるんで始末する。
⑥ファスナー飾りを作り、付ける。

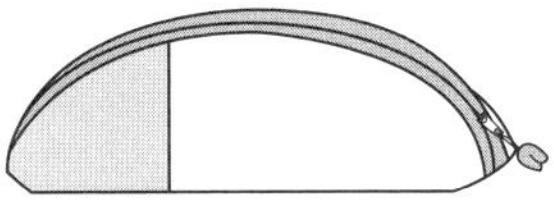

本体の作り方

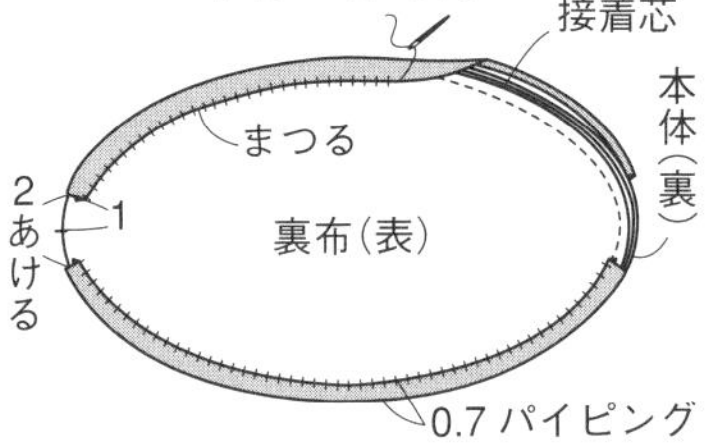

本体と裏布を外表に合わせ
口をパイピングで始末する

本体１枚

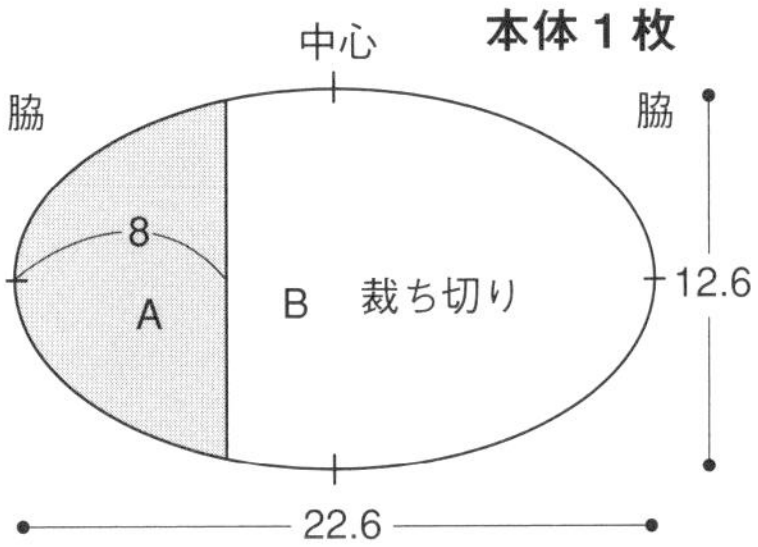

※接着芯をはる
※裏布は同寸の一枚布

ファスナー飾り１枚

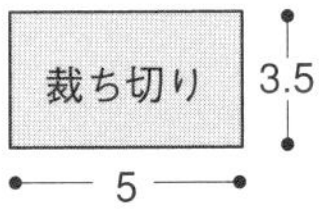

仕立て方

①

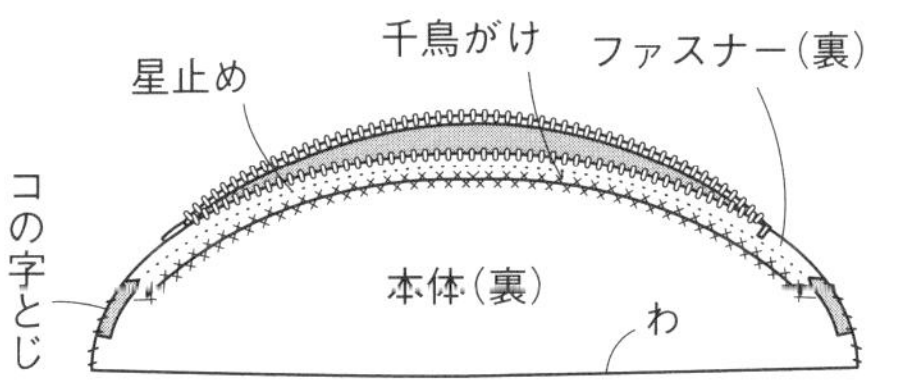

本体を中表に二つ折りし、パイピングから
ファスナーの歯が出るように口にファスナーを付け
両脇をコの字とじで縫い合わせる

②

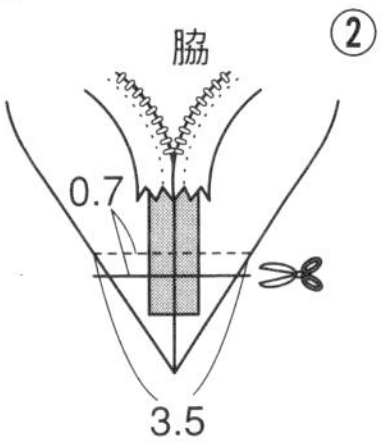

マチを縫い、余分な
縫い代をカットする

③

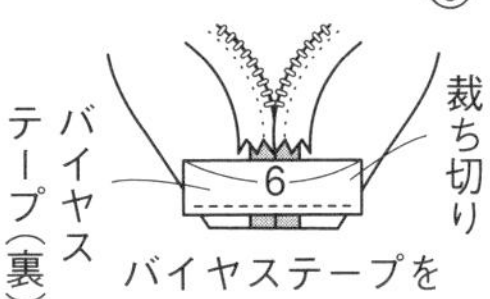

バイヤステープを
マチに中表に
合わせて縫う

④

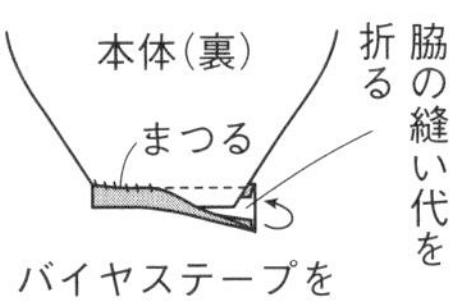

バイヤステープを
折り返して縫い代を
くるんでまつる

⑤

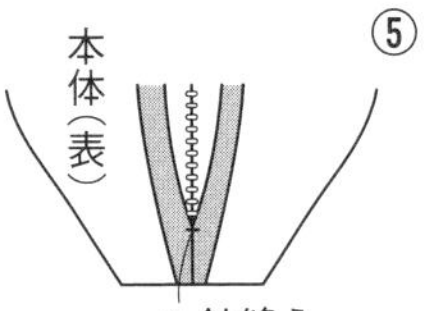

２針縫う
コの字とじの
縫い止まり位置を
２針縫って補強する

ファスナー飾りの作り方

①

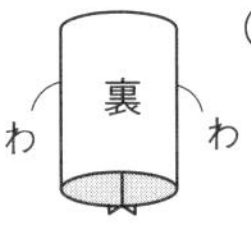

中表に筒に縫う

②

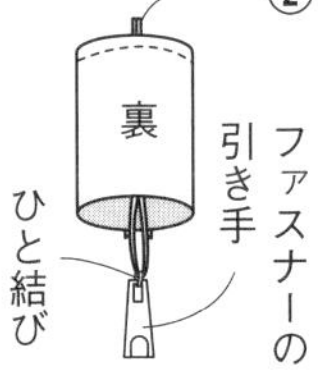

ひもを引き手に通し
先端をはさんで
ぐるりと縫う

③

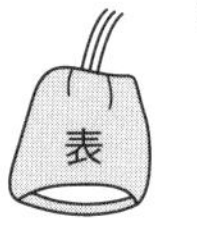

表に返して
縫い代を
折り込む

④

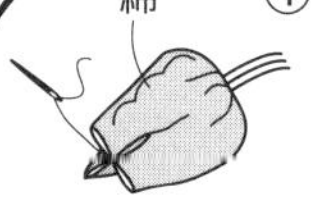

綿を詰め、４か所を
すくってとじる

実物大型紙

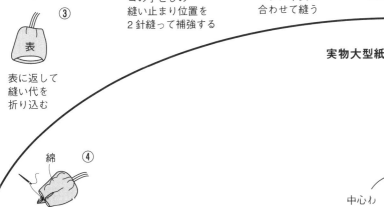

中心わ

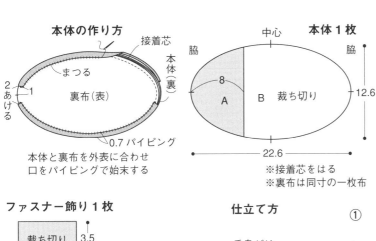

P.16

お財布

10×11cm
デザイン／岸英子

材料

ピーシング用布各種　接着キルト綿30×25cm　裏 布15×25cm　内ポケット用布20×10cm　パイピング用幅2.7cmバイヤステープ75cm　長さ20cmファスナー1本

作り方のポイント

●本体はプレスキルトの方法で作る。
●接着キルト綿は本体に2枚はる。1枚目は裁ち切りではり、キルティングしてから2枚目を縫い代を付けてはる。

作り方

①接着キルト綿にプレスキルトをして本体をまとめ、キルティングする。
②さらに接着キルト綿をはる。
③周囲をパイピングで始末する。
④ファスナーを付け、片側を巻きかがりでとじる。
⑤裏布を付ける。
⑥内ポケットを作り、付ける。

内ポケットの作り方

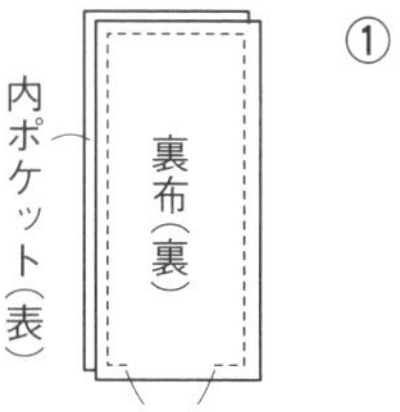

裏布と中表に合わせ
返し口を残して
周囲を縫う

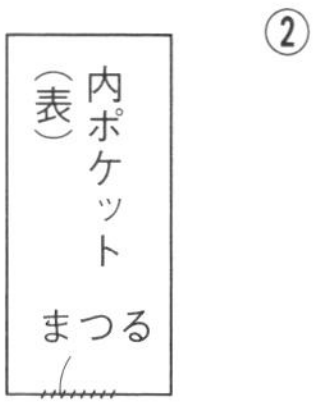

表に返して
返し口をとじる

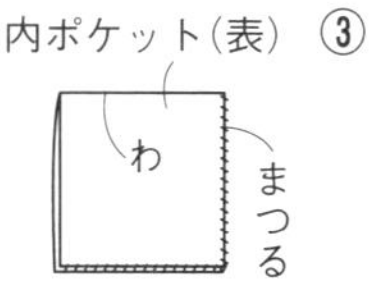

二つ折りし
2辺をまつって
縫い合わせる

内ポケット１枚

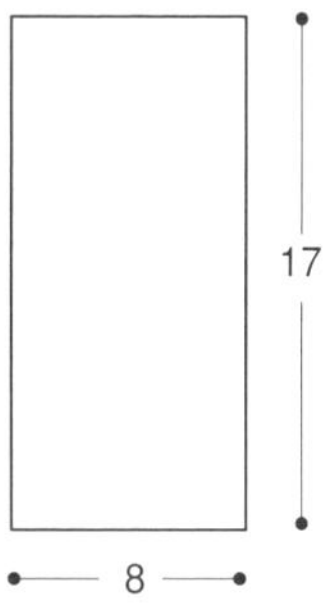

※裏布同寸

本体１枚

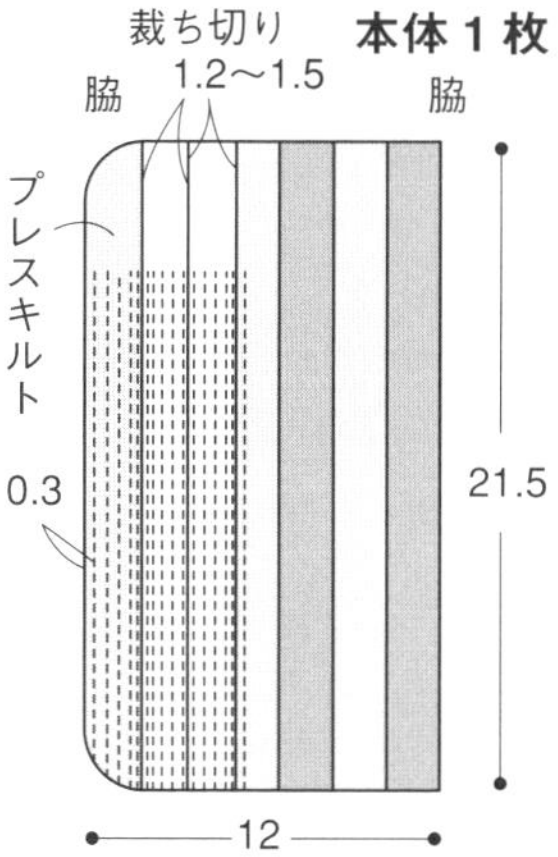

※裏布は同寸の一枚布

本体の作り方

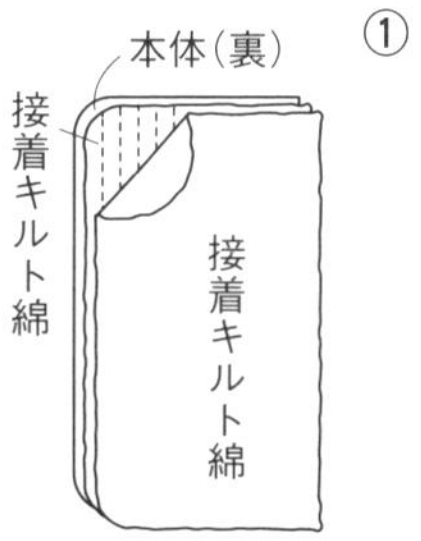

プレスキルトと
キルティングの後に
もう１枚接着キルト綿を
重ねてはる

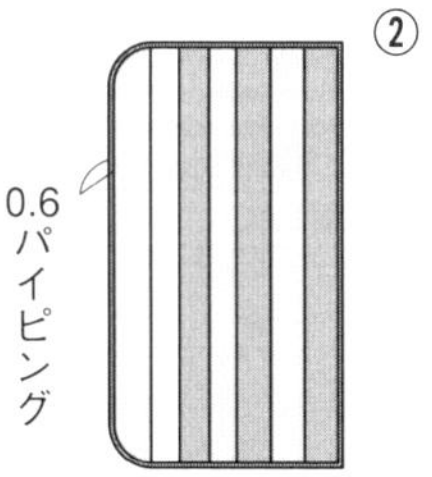

周囲をパイピングで始末する
パイピングは裏側はくるまずに
のばしたままで縫い止めてもよい

プレスキルトのしかた

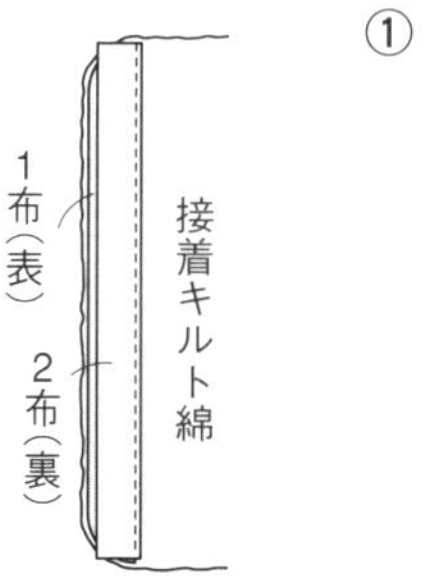

接着キルト綿に１布を重ね
２布を中表に重ねて縫う

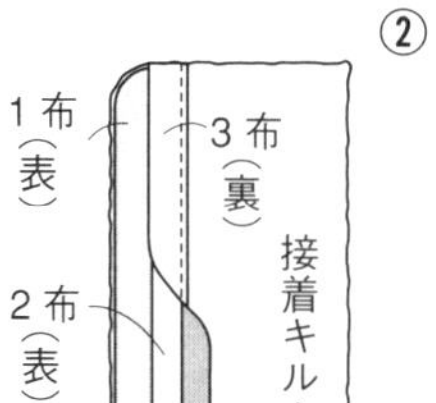

２布を開いて３布を
中表に重ねて縫う
これを繰り返す

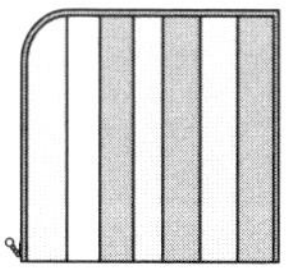

仕立て方

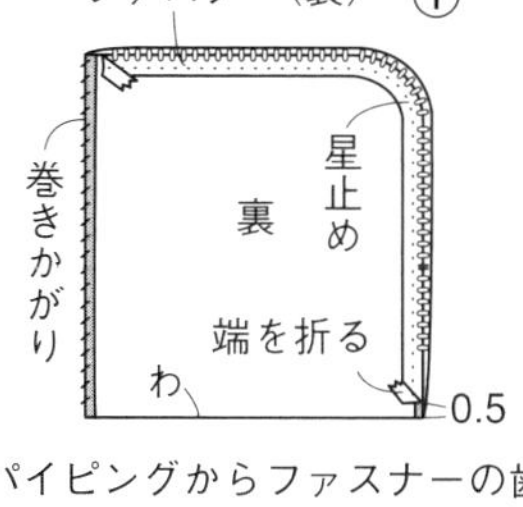

パイピングからファスナーの歯が
出ないように合わせて付け
二つ折りして片側を巻きかがりでとじる

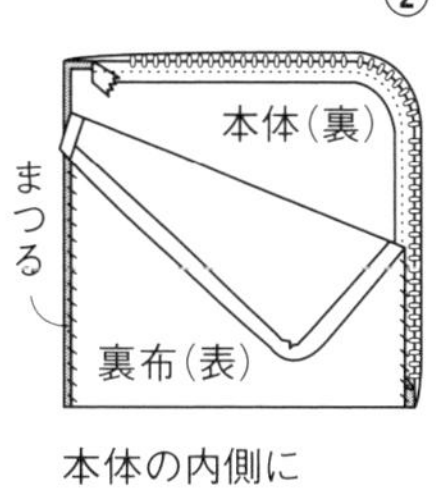

本体の内側に
裏布をぐるりとまつる

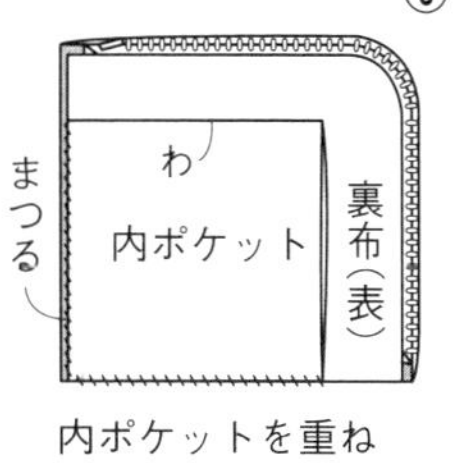

内ポケットを重ね
脇は裏布と位置を
合わせてパイピングに
底は裏布にまつる

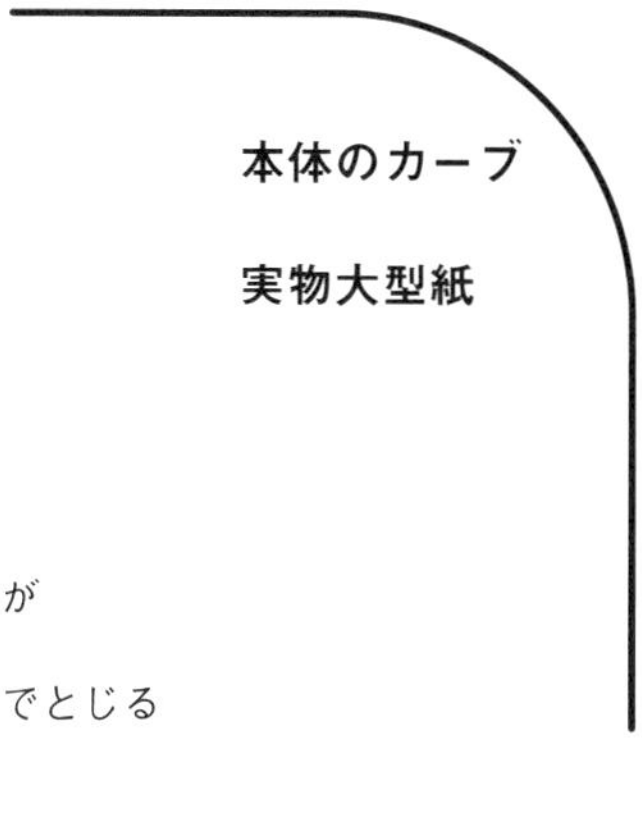

P.16

小銭入れ

8×8.5cm
デザイン／岸英子

材料

ピーシング用布各種　裏布（内ポケット分含む）10×30cm　接着キルト綿20×20cm　パイピング用幅2.7cmバイヤステープ55cm　長さ12cmファスナー1本

作り方のポイント

●接着キルト綿は本体に2枚はる。1枚目は裁ち切りではり、キルティングしてから2枚目を縫い代を付けてはる。

作り方

①ピーシングをして本体のトップをまとめる。
②トップに接着キルト綿をはり、キルティングする。
③さらに接着キルト綿をはる。
④周囲をパイピングで始末する。
⑤ファスナーを付け、脇を巻きかがりでとじる。
⑥内ポケットを作り、裏布に縫い付ける。
⑦本体の内側に裏布をまつる。

内ポケットの付け方

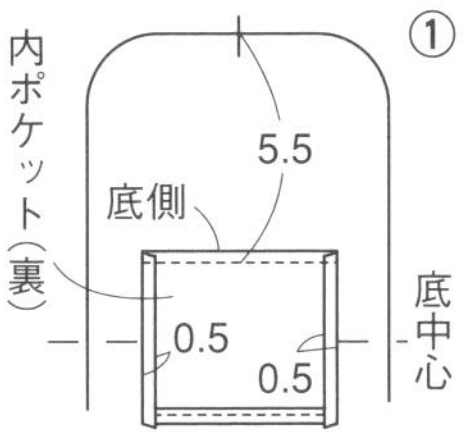

裏布に中表に内ポケットを重ねて縫う

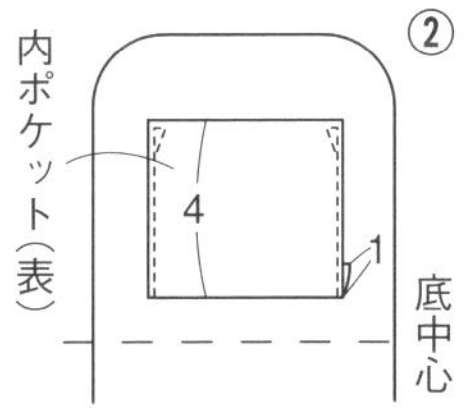

内ポケットを折り上げて両脇を縫う

内ポケット１枚

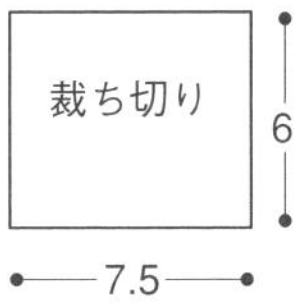

内ポケットの作り方

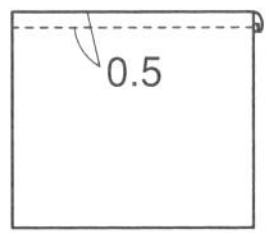

口を三つ折りして縫う

本体１枚

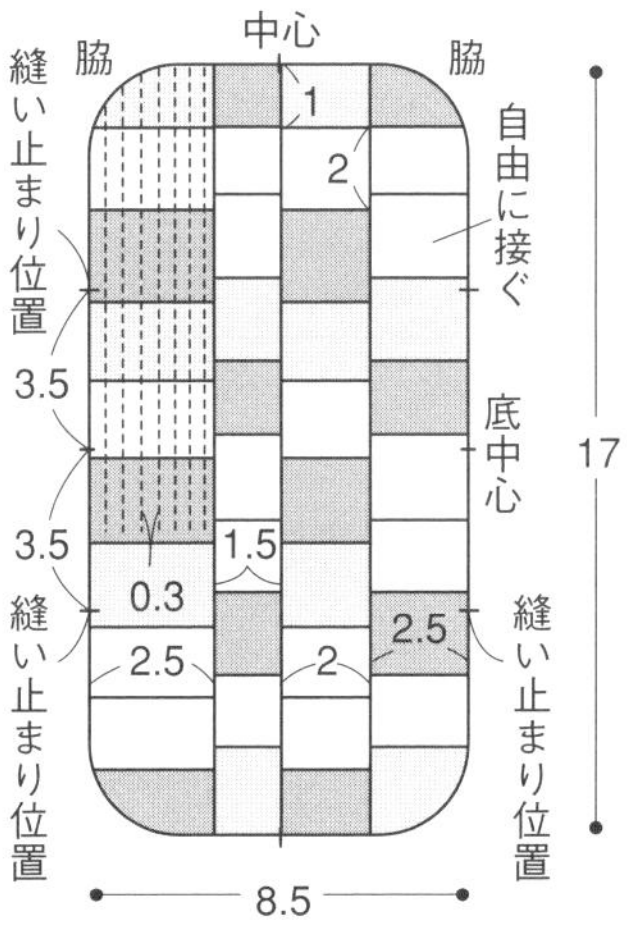

※裏布は同寸の一枚布

仕立て方

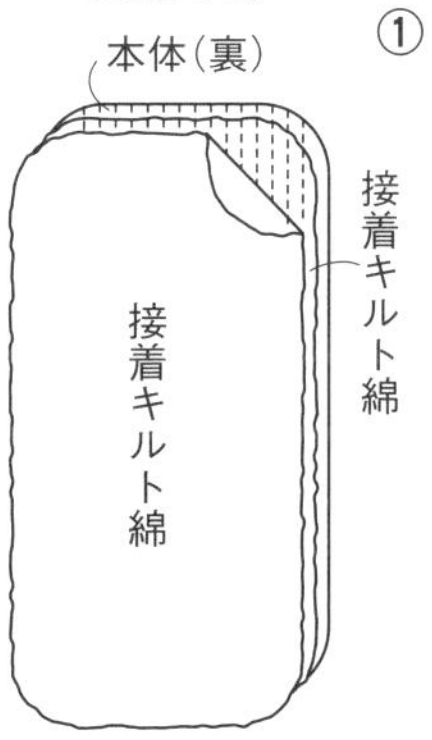

本体に接着キルト綿を重ねてキルティングした後にもう１枚接着キルト綿を重ねてはる

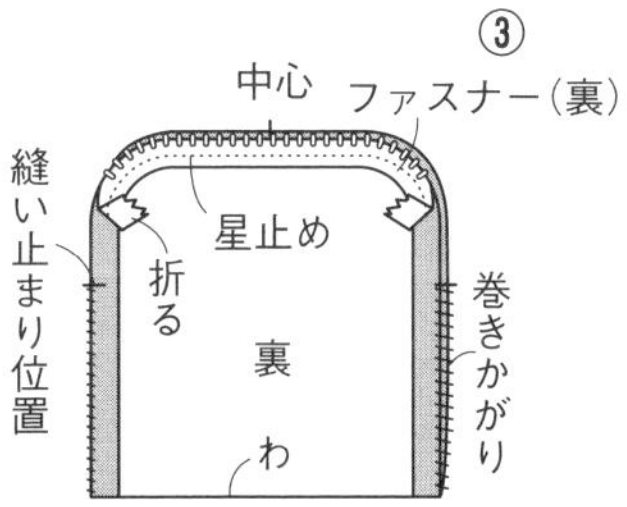

パイピングからファスナーの歯が出ないように合わせて付け二つ折りして脇を巻きかがりでとじる

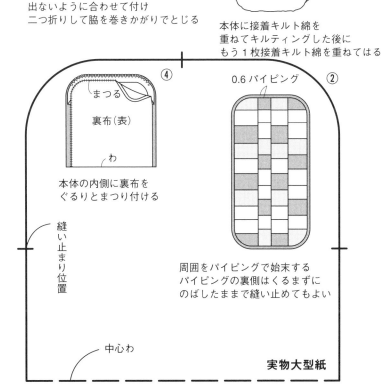

実物大型紙

縫い止まり位置
中心わ

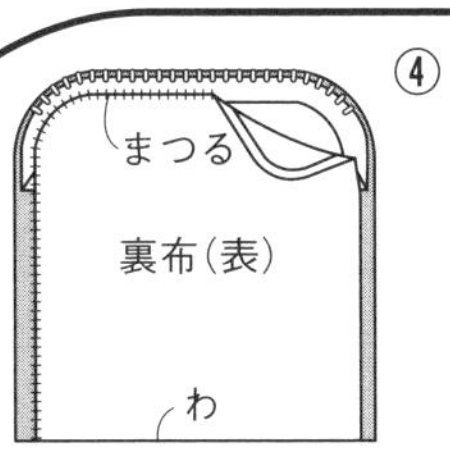

本体の内側に裏布をぐるりとまつり付ける

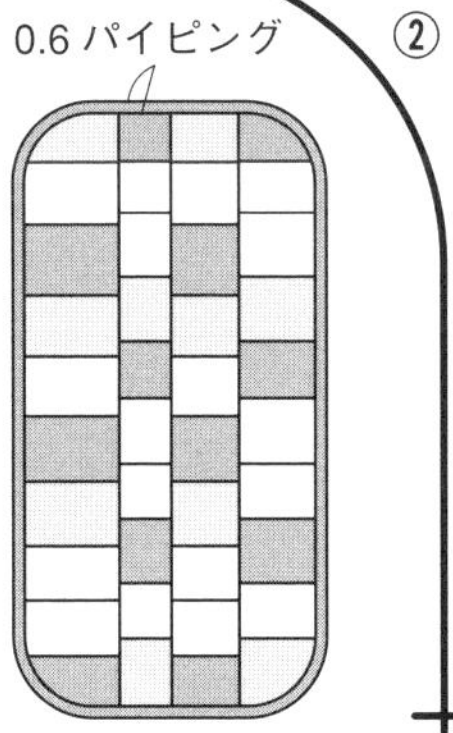

周囲をパイピングで始末する
パイピングの裏側はくるまずにのばしたままで縫い止めてもよい

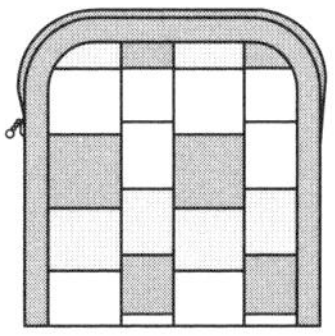

P.26

花のミニバッグ

18×22cm
デザイン／岡崎光子

材料

アップリケ用布各種　A用布35×35cm　B用布（アップリケ、つつみボタン、持ち手配色布分含む）35×45cm　持ち手用布35×20cm　中袋用布（内ポケット分含む）35×75cm　接着キルト綿35×65cm　長さ30cmファスナー1本　直径3cmつつみボタン2個　18×5cmワイヤー口金1組

作り方のポイント

●好みで底にプラスチック板を入れてもよい。
●口金の通し方は43ページ参照。

作り方

①ピーシング、アップリケをして本体のトップをまとめる。
②トップに接着キルト綿をはり、キルティングする。
③内ポケットを作り、中袋に付ける。
④持ち手を作る。
⑤本体を中表に二つ折りし、底からあき止まり位置まで縫う。中袋も同様に縫う。
⑥本体、中袋のマチを縫う。
⑦本体の口折り線の位置にファスナーを付ける。
⑧口折り線で折り、持ち手を重ねてあき止まり位置で口金通しを縫う。
⑨持ち手を起こして本体に縫い付ける。
⑩本体の内側に中袋をまつり付ける。
⑪口金を通し、入れ口をまつる。
⑫つつみボタンを作り、ファスナーの先端をはさんでまつる。

中袋1枚

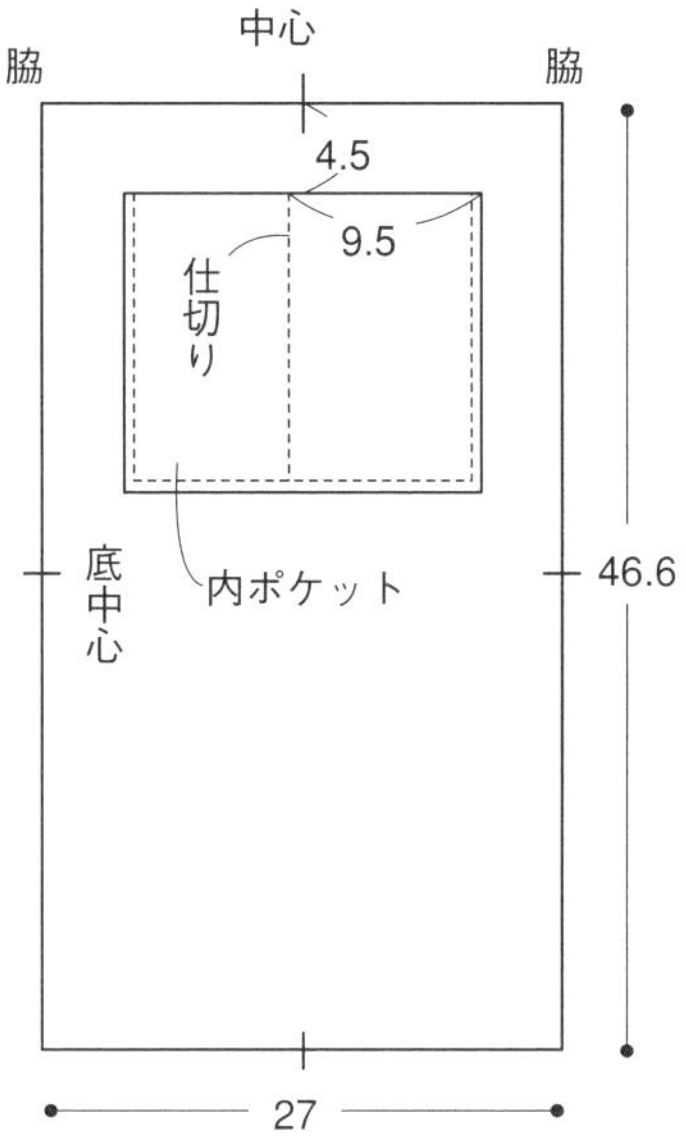

本体1枚

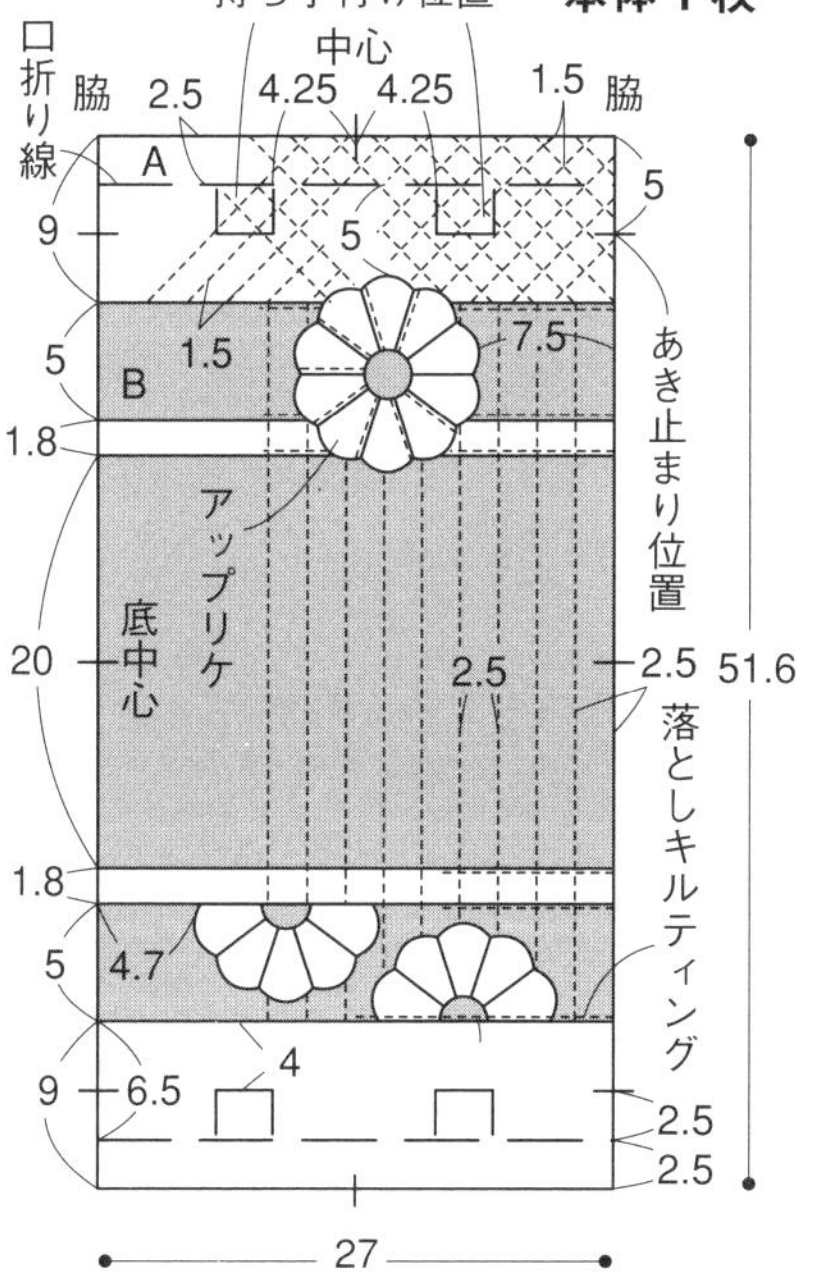

内ポケットの作り方

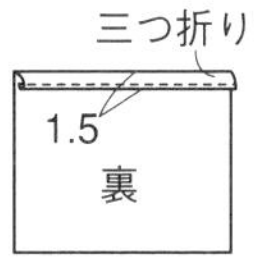

口を三つ折りにして縫う

内ポケット1枚

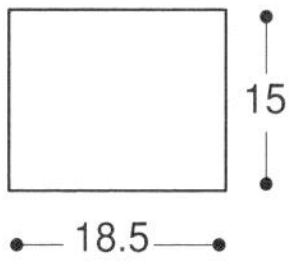

持ち手2枚

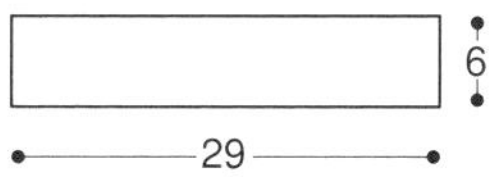

持ち手配色布2枚

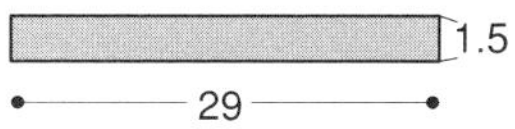

つつみボタン2枚

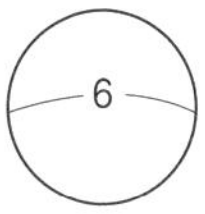

裁ち切り

持ち手の作り方

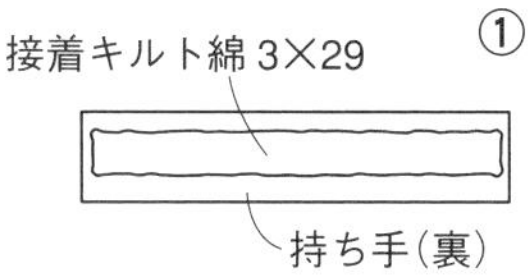

持ち手の中央に接着キルト綿をはる

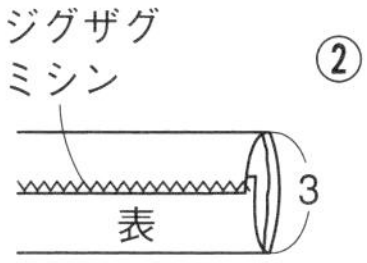

中央で縫い代が重なるように折って縫う

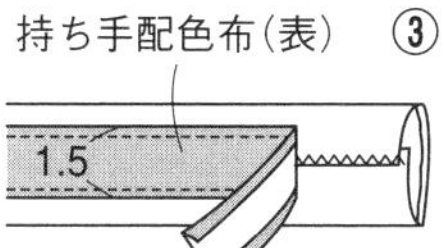

持ち手に縫い代を折った持ち手配色布を重ねて縫う

ファスナー飾りの付け方

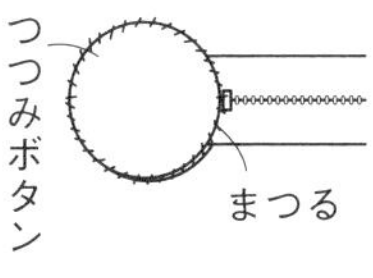

ファスナーの先端をはさんでまつる

つつみボタンの作り方

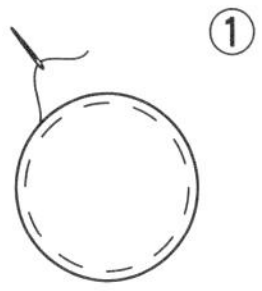

周囲をぐし縫いする

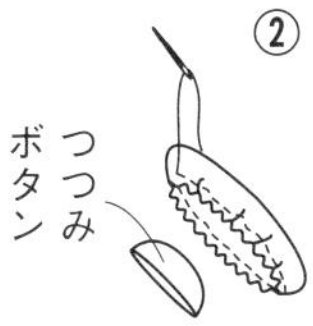

ぐし縫いを引き絞りつつみボタンをくるむ

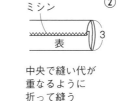

仕立て方

①

本体を中表に二つ折りし
底からあき止まり位置まで縫う
中袋も同様に縫う

②

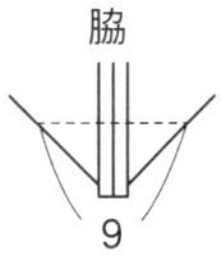

マチを縫う

③

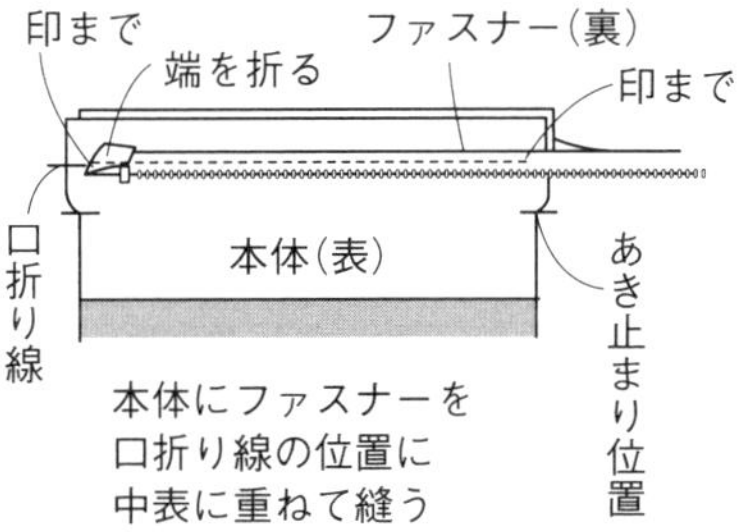

本体にファスナーを
口折り線の位置に
中表に重ねて縫う

④

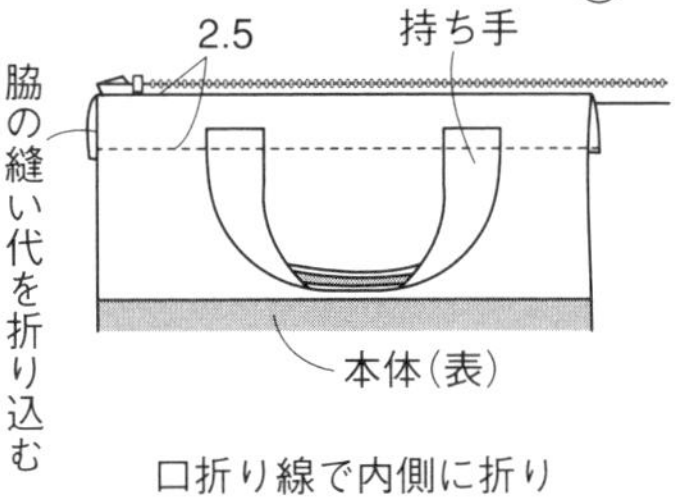

口折り線で内側に折り
あき止まり位置に持ち手を
重ねて口金通しを縫う

⑤

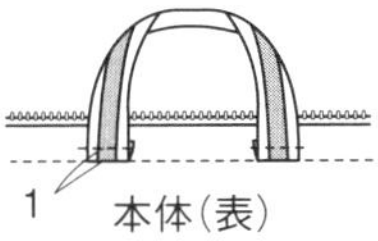

持ち手を起こして縫う

⑥

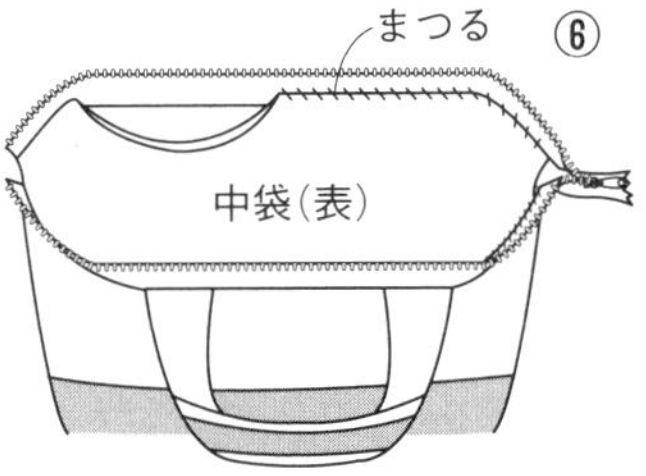

本体の内側に中袋をまつる

⑦

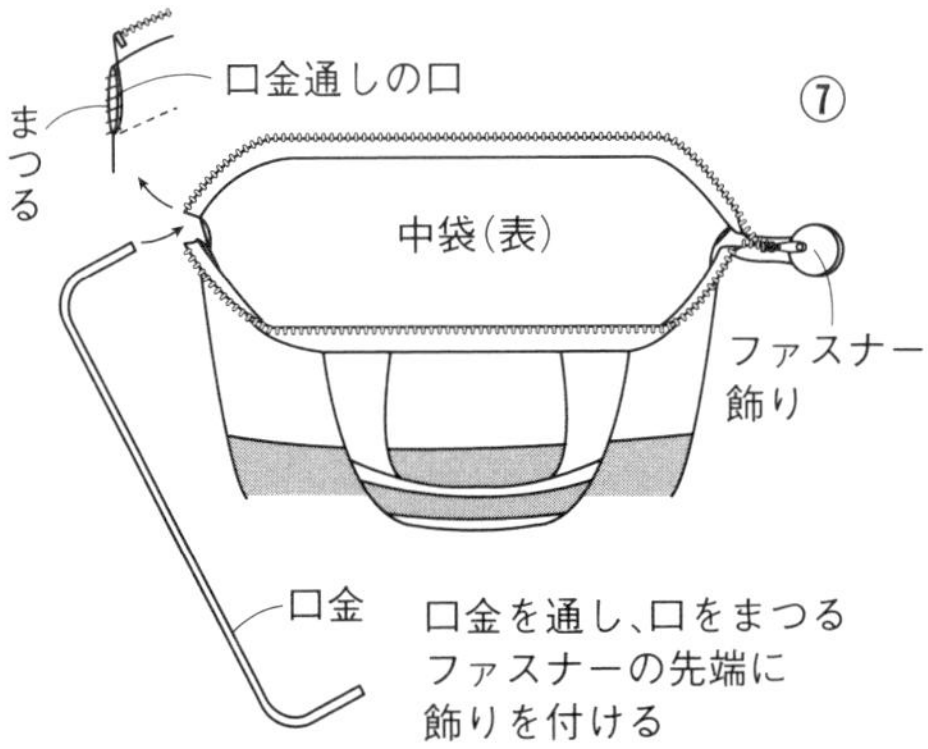

口金を通し、口をまつる
ファスナーの先端に
飾りを付ける

実物大型紙

P.27

六角つなぎのポーチ

14×20cm
デザイン／岡崎光子

材料

ピーシング、ループ用布各種　マチ用布（パイピング用幅4cmバイヤステープ分含む）35×35cm　接着キルト綿、中袋用布各50×30cm　長さ18cmファスナー1本

作り方のポイント

●縫い代は1cm付ける。
●ヘキサゴンはペーパーライナーでつなぐとよい。43ページ参照。

作り方

①ループを作る。
②ピーシングをして、本体とマチのトップをまとめる。マチはループをはさんでピーシングする。
③トップに接着キルト綿をはり、キルティングする。
④本体とマチを中表に合わせて縫う。中袋も同様に縫う。
⑤口をパイピングで始末する。
⑥本体の口にファスナーを付ける。
⑦本体の内側に中袋をまつり付ける。

ループの作り方

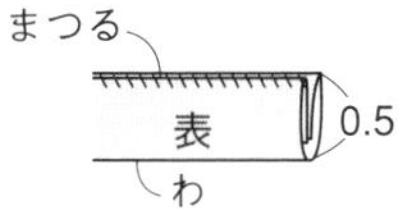

四つ折りしてまつる

ループ１枚

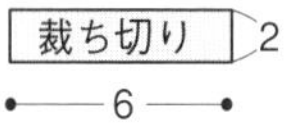

本体２枚

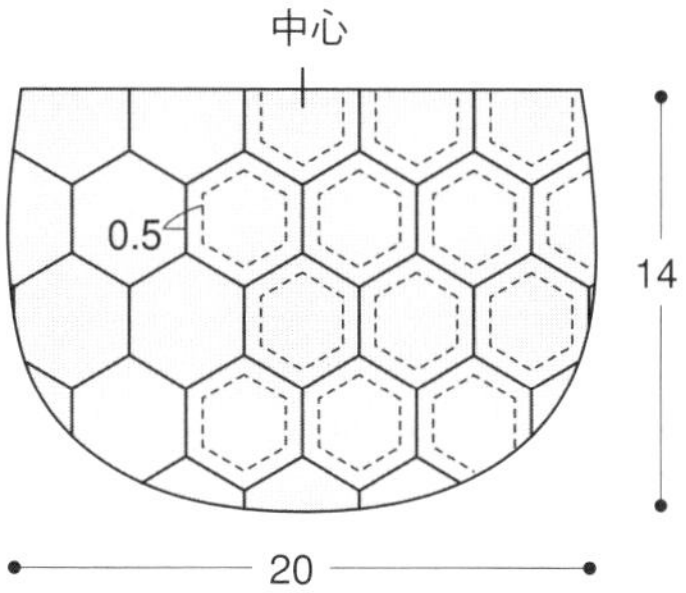

※中袋は同寸の一枚布

マチ１枚

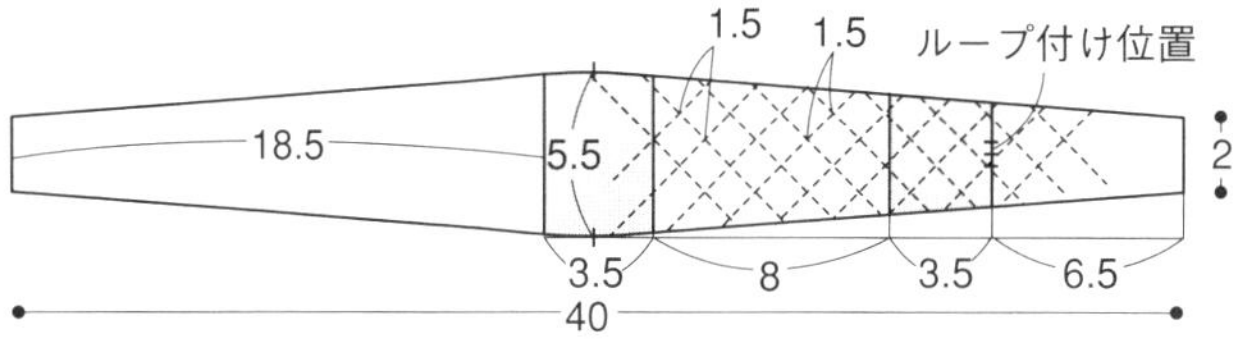

※中袋は同寸の一枚布

仕立て方

①

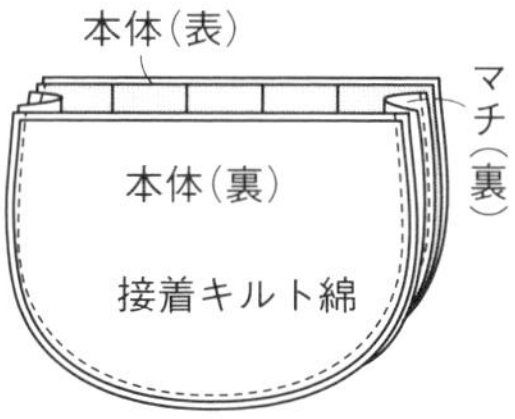

本体とマチを中表に
合わせて縫う
中袋も同様に縫う

②

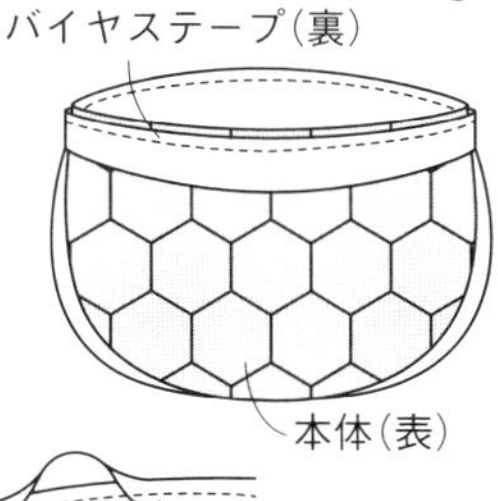

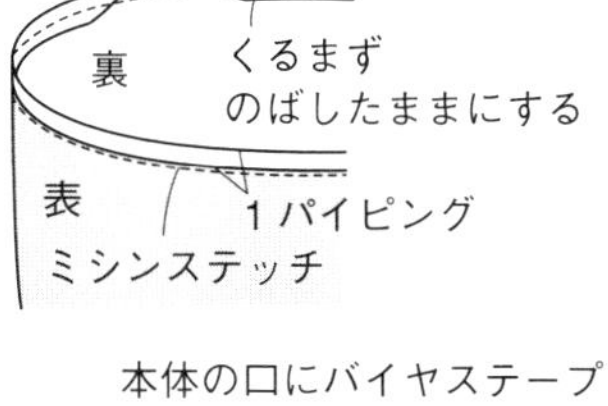

本体の口にバイヤステープを
中表に合わせて縫い
縫い代をくるんで折り返し
パイピングのきわを
ステッチして縫い止める

③

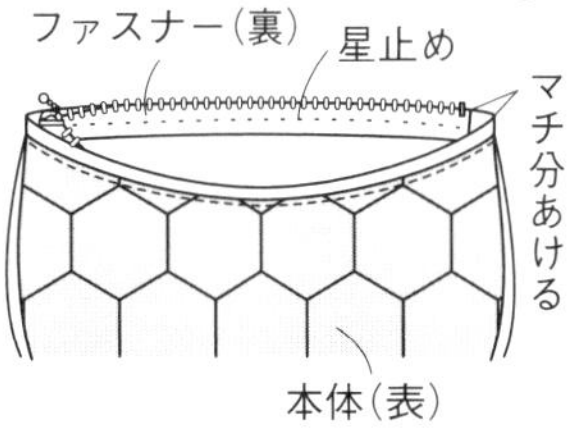

パイピングとファスナーの歯を
そろえてファスナーを付ける

④

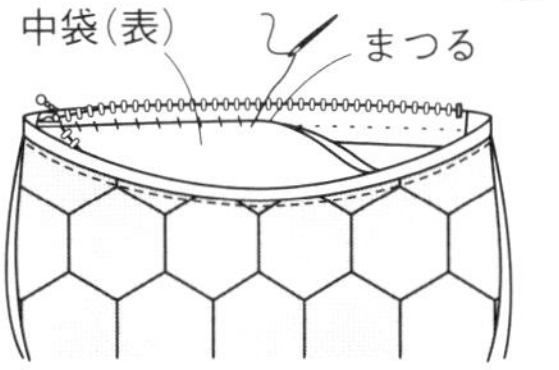

本体の内側に中袋を
まつる

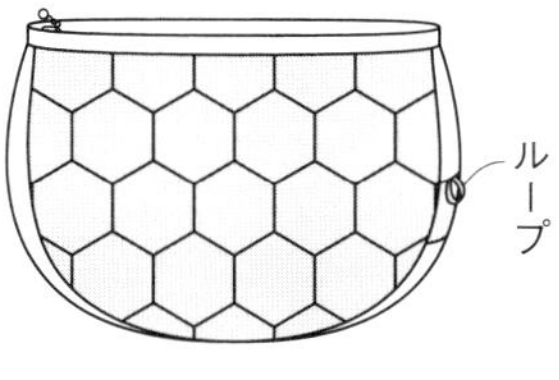

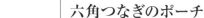

実物大型紙

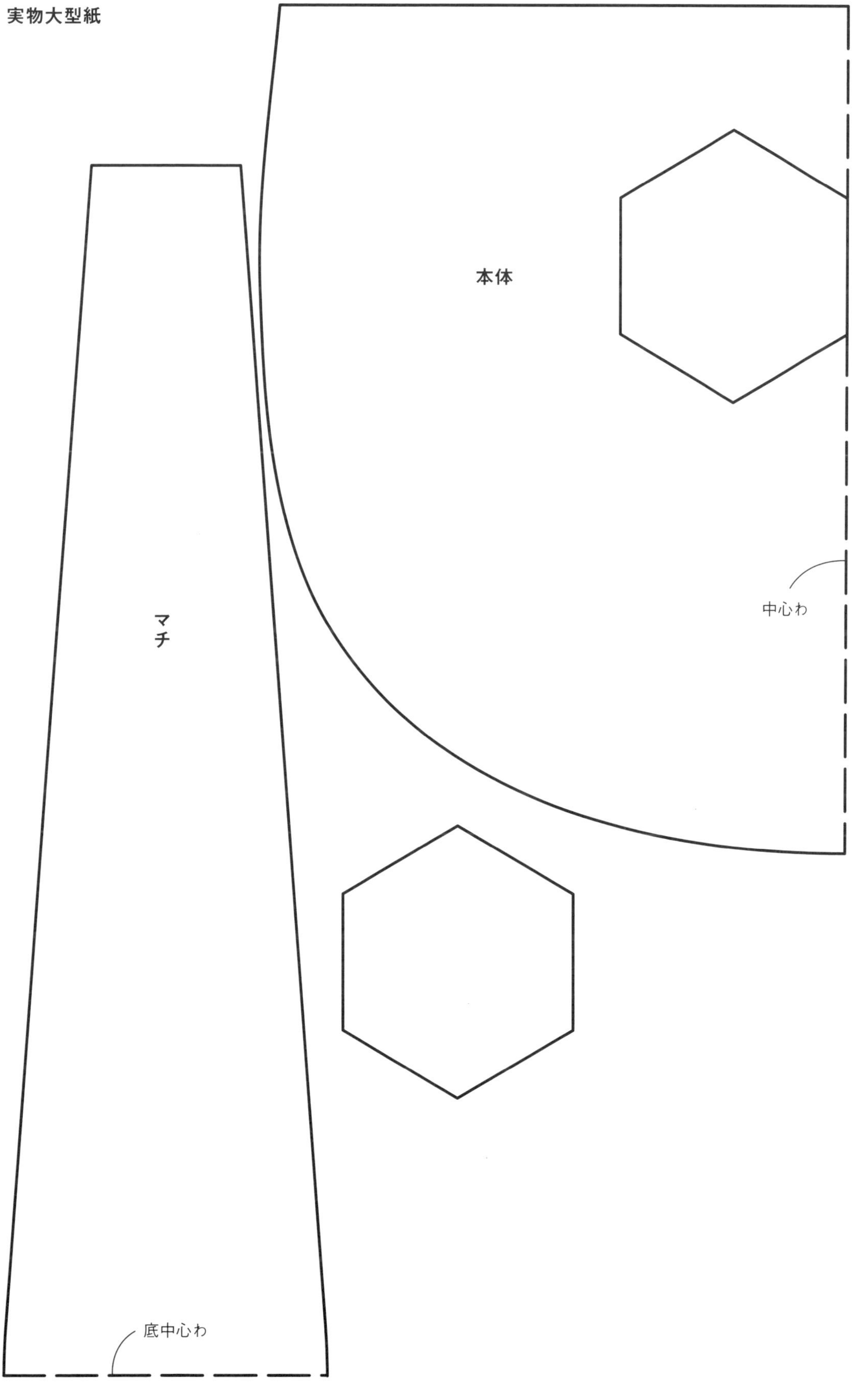

P.28

マルチケース

20×14cm
デザイン／菅野アイ子

材料

A用布35×30cm　B用布（パイピング分含む）35×35cm　内布（ポケットA～E、ベルト布、ファスナー足し布分含む）35×100cm　接着キルト綿30×25cm　接着芯90×30cm　長さ10cm・20cm・46cmファスナー各1本

作り方のポイント

●縫い代は1cm付ける。
●接着芯は内布、ポケットA～C、ベルト布にはる。裏布にははらない。
●本体のファスナーは、足し布を内布にまつり付ける。

作り方

①ピーシングをして、本体のトップをまとめる。
②トップに接着キルト綿をはり、キルティングする。
③ポケットA・Bを作り、ポケットCと合わせて右ポケットを作る。
④ポケットDを作り、ポケットEと合わせて左ポケットを作る。
⑤ベルトを作り、内布に付ける。
⑥内布に右ポケットと左ポケットを重ね、しつけをかける。
⑦本体用ファスナーに足し布を付け、本体の内側の周囲にファスナーを付ける。
⑧本体の周囲をパイピングで始末する。

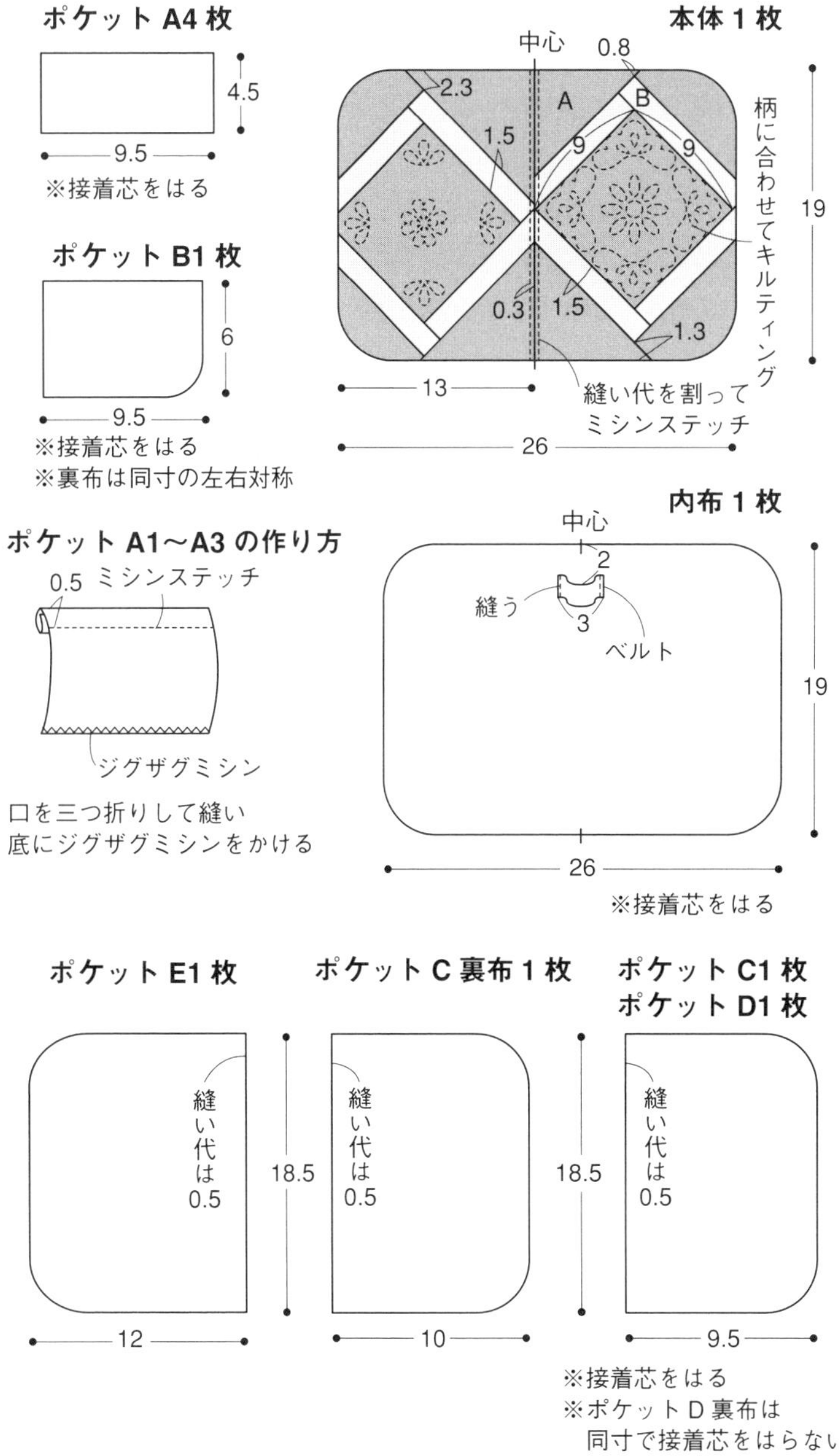

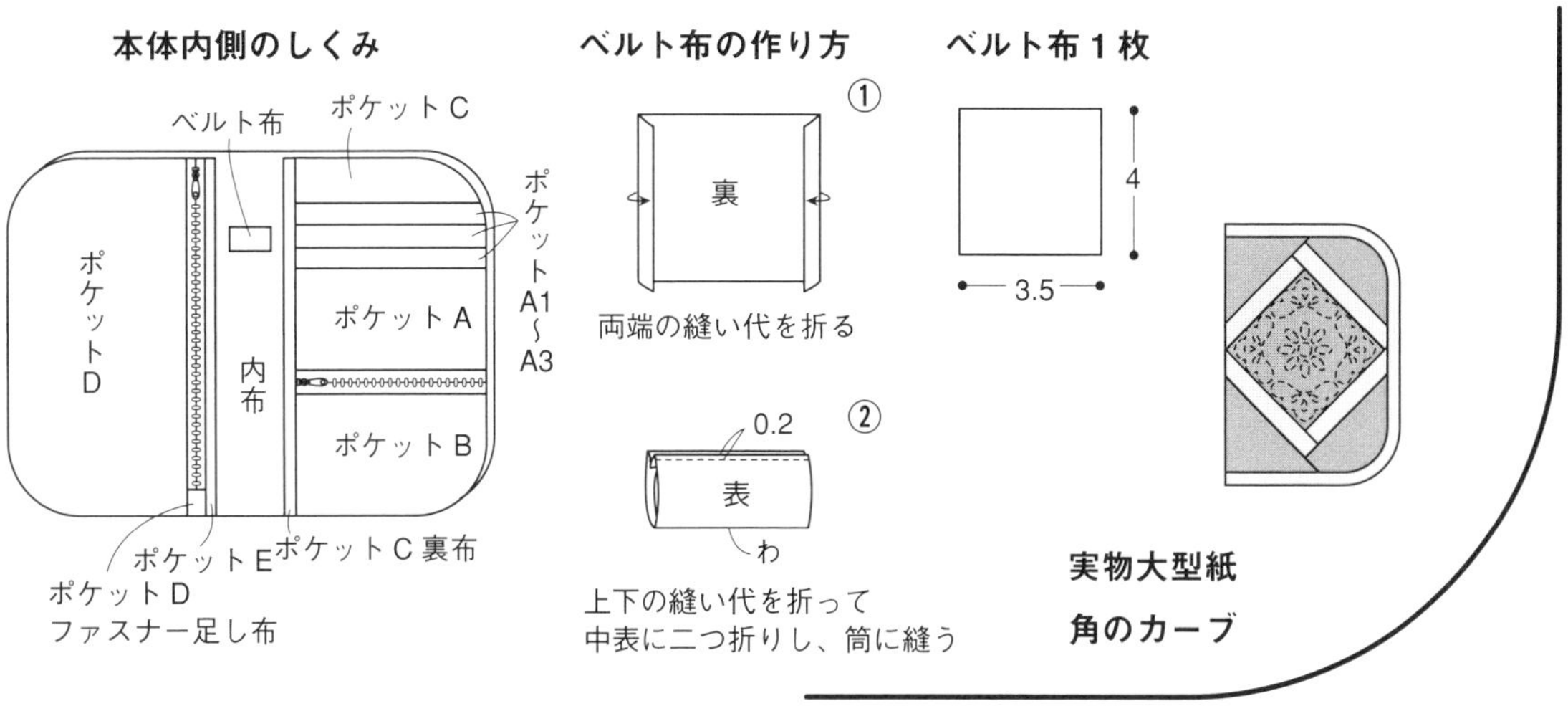

ポケットD ファスナーの足し布1枚

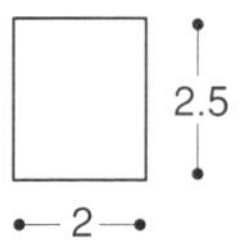

足し布の付け方

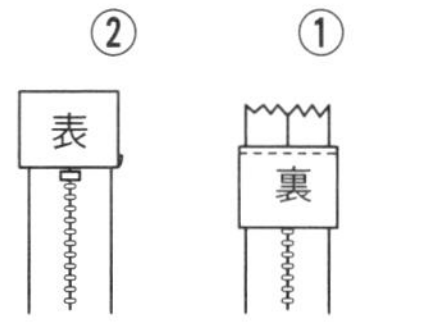

表に返す　ファスナーの先端に中表に合わせて縫う

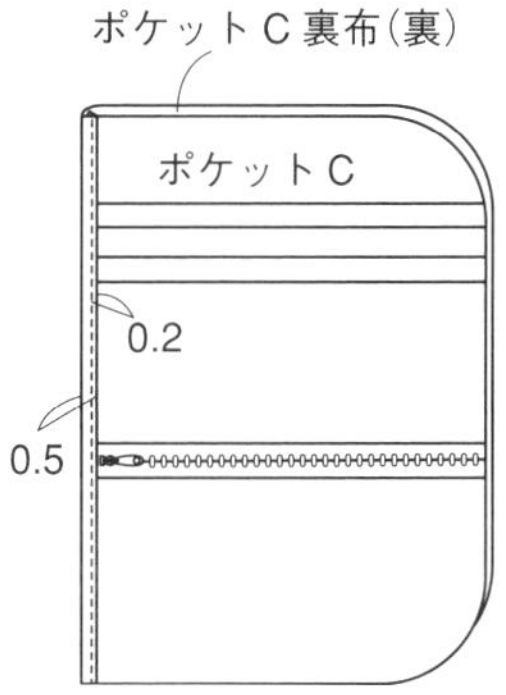

裏布を表に返してステッチする

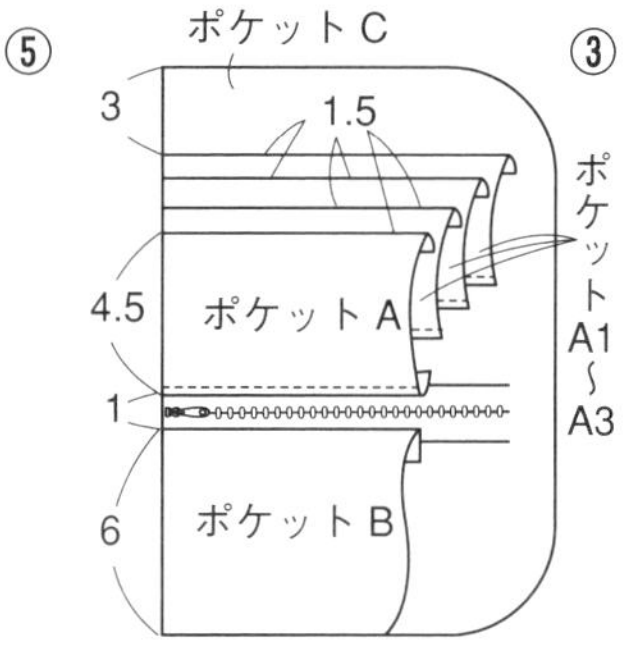

ポケットCにポケットA1〜A3ファスナー付きABを縫い付ける

ポケットCと裏布を中表に合わせて縫う

右ポケットの作り方

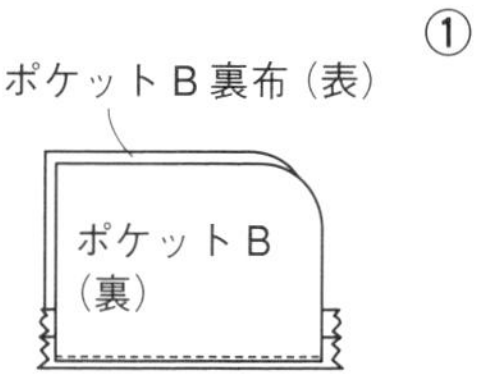

ファスナーをポケットBと裏布ではさんで縫う

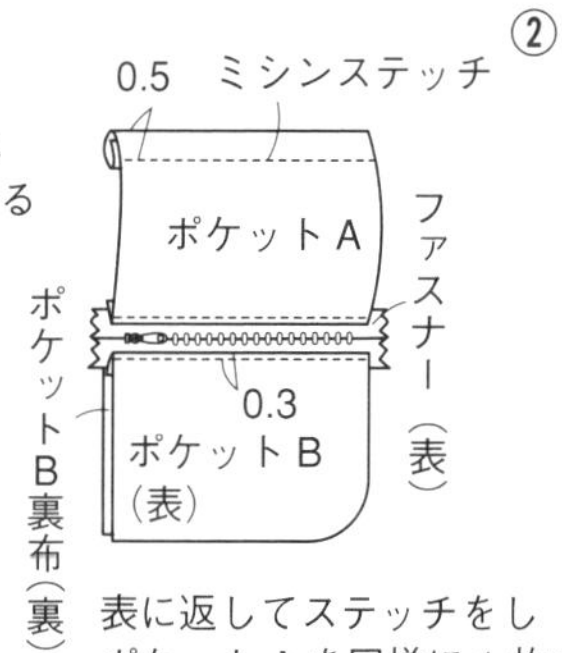

表に返してステッチをしポケットAを同様に1枚でファスナーに付ける

仕立て方

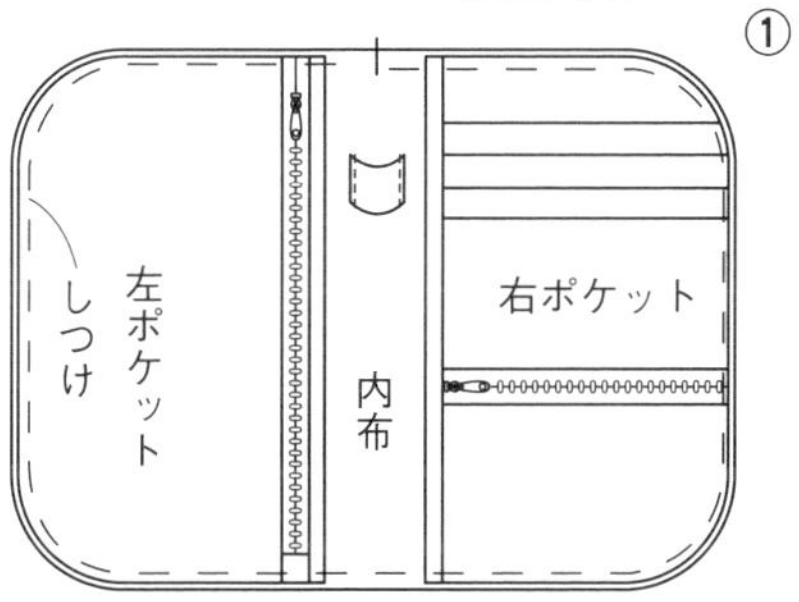

内布に右ポケットと左ポケットを重ねてしつけをかける

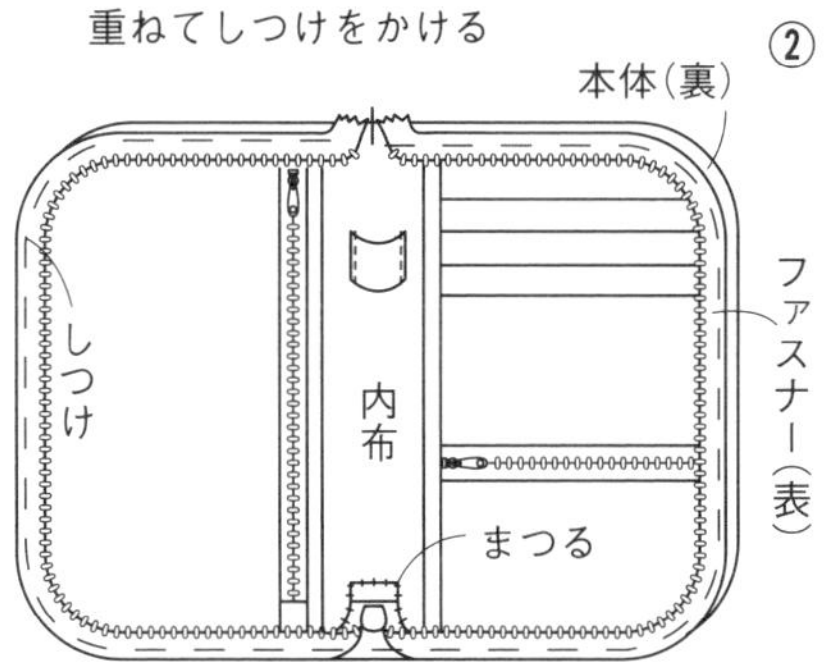

本体と内布を外表に重ねて内布側にファスナーを付ける

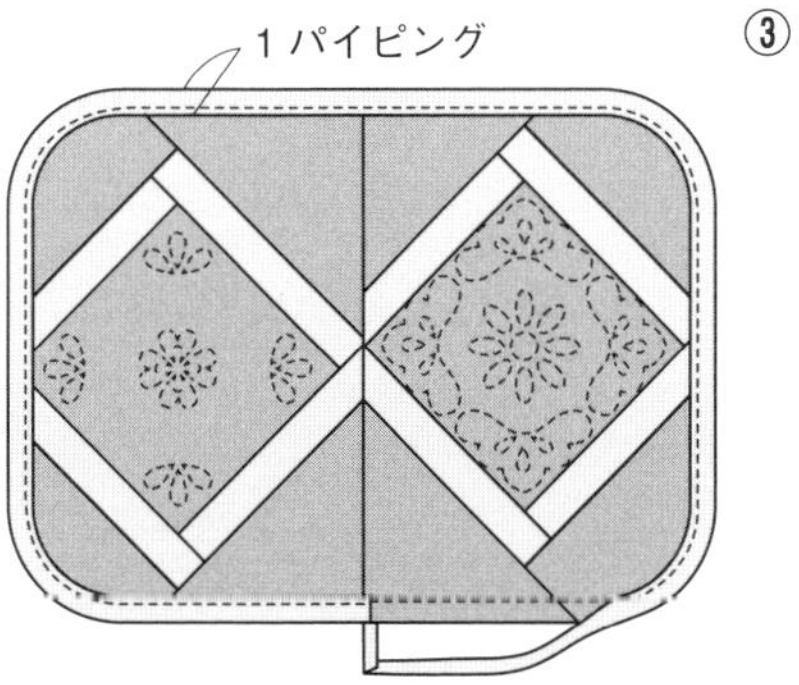

内側にバイヤステープを中表に重ねて縫いパイピングで始末する

左ポケットの作り方

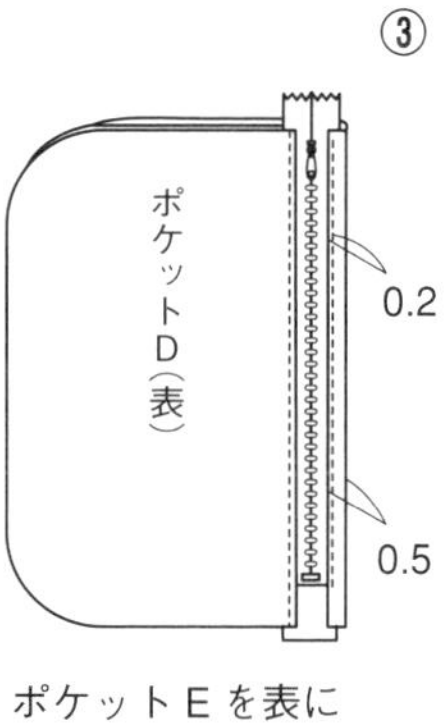

ポケットEを表に返してステッチする

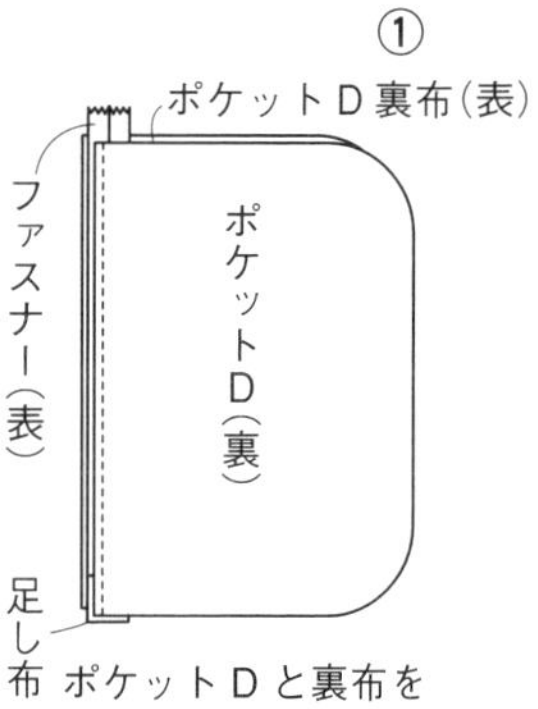

ポケットDと裏布を中表に合わせ、ファスナーをはさんで縫う

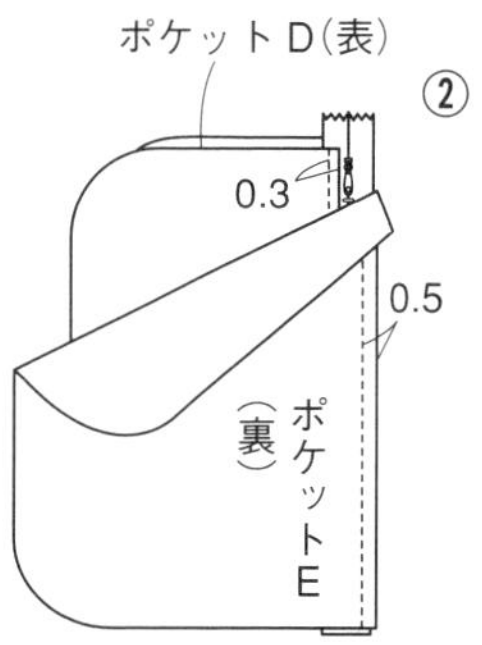

ポケットDを表に返してステッチし、ポケットEをファスナーに中表に重ねて縫う

本体用ファスナーの足し布1枚

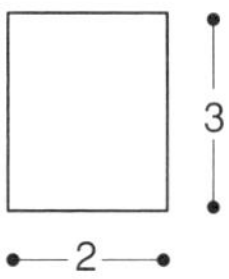

足し布の付け方

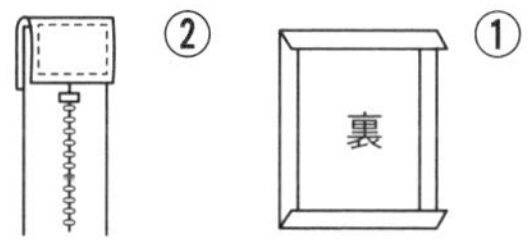

ファスナーの先端をはさんで縫う　周囲の縫い代を折る

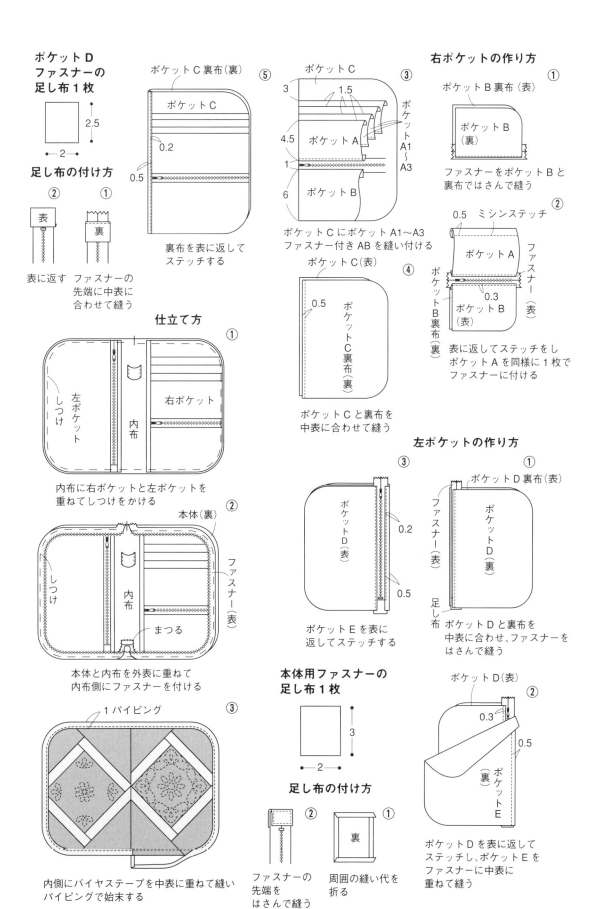

P.30

お針箱

10×15×8cm
デザイン／岸英子

材料

ふたピーシング用布各種　本体用布（ループ分含む）35×30cm　裏布35×40cm　キルト綿90×35cm　厚紙35×30cm　長さ2.5cm木製ボタン1個

作り方のポイント

●縫い代は0.8cm付ける。キルト綿は裁ち切り。
●キルト綿を巻いた厚紙を入れるときは、輪のほうから入れる。

作り方

①ピーシングをして本体をまとめ、ボタンを付ける。
②ループを作る。
③本体と裏布を中表に合わせ、返し口を残してループをはさんで周囲を縫う。
④表に返して、キルト綿を巻いた厚紙を入れる。
⑤縫い代を折り込んで返し口をとじる。
⑥側面を起こして本体同士を巻きかがりする。

厚紙各１枚

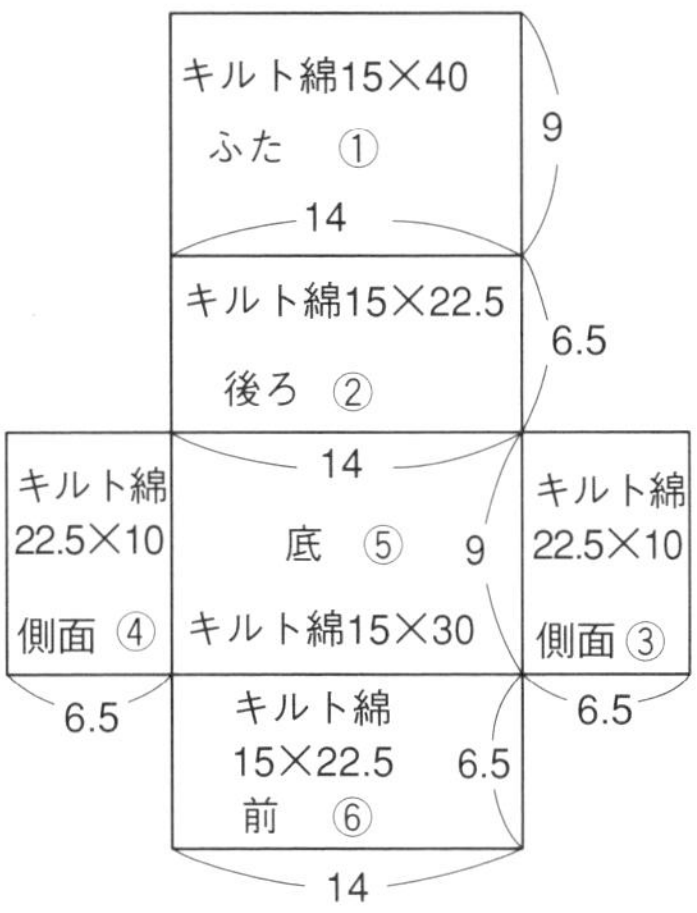

※番号は厚紙を入れる順番

本体１枚

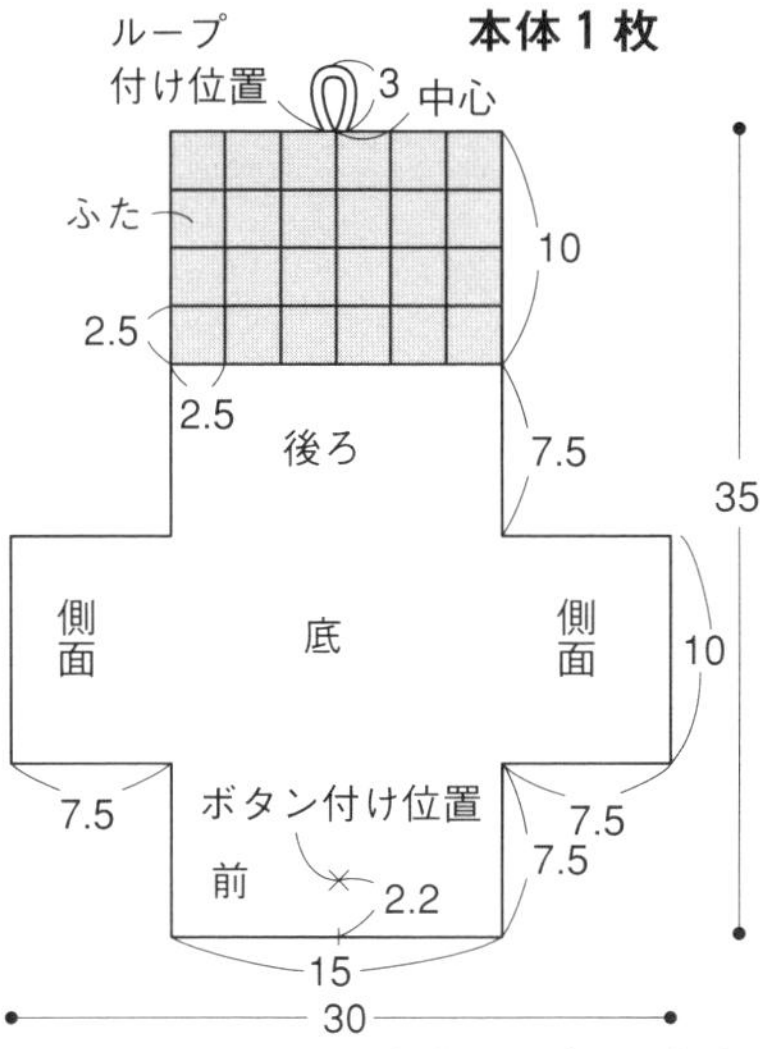

※裏布は同寸の一枚布

キルト綿の巻き方

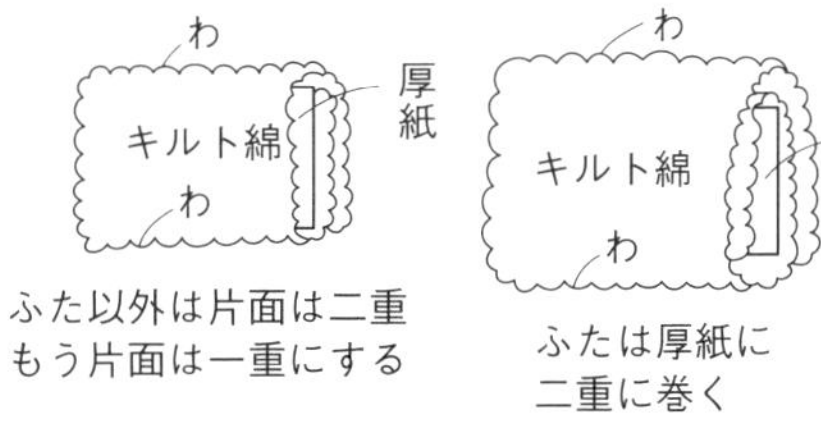

ループの作り方　**ループ１枚**

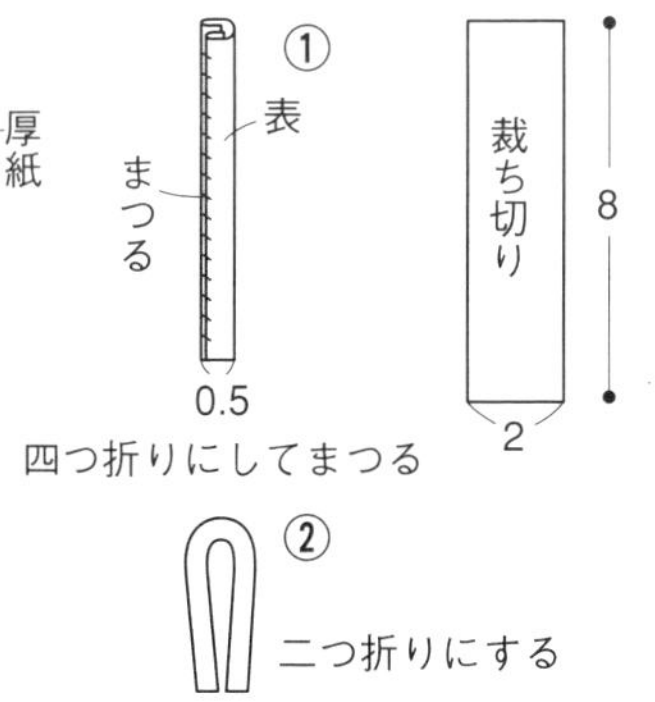

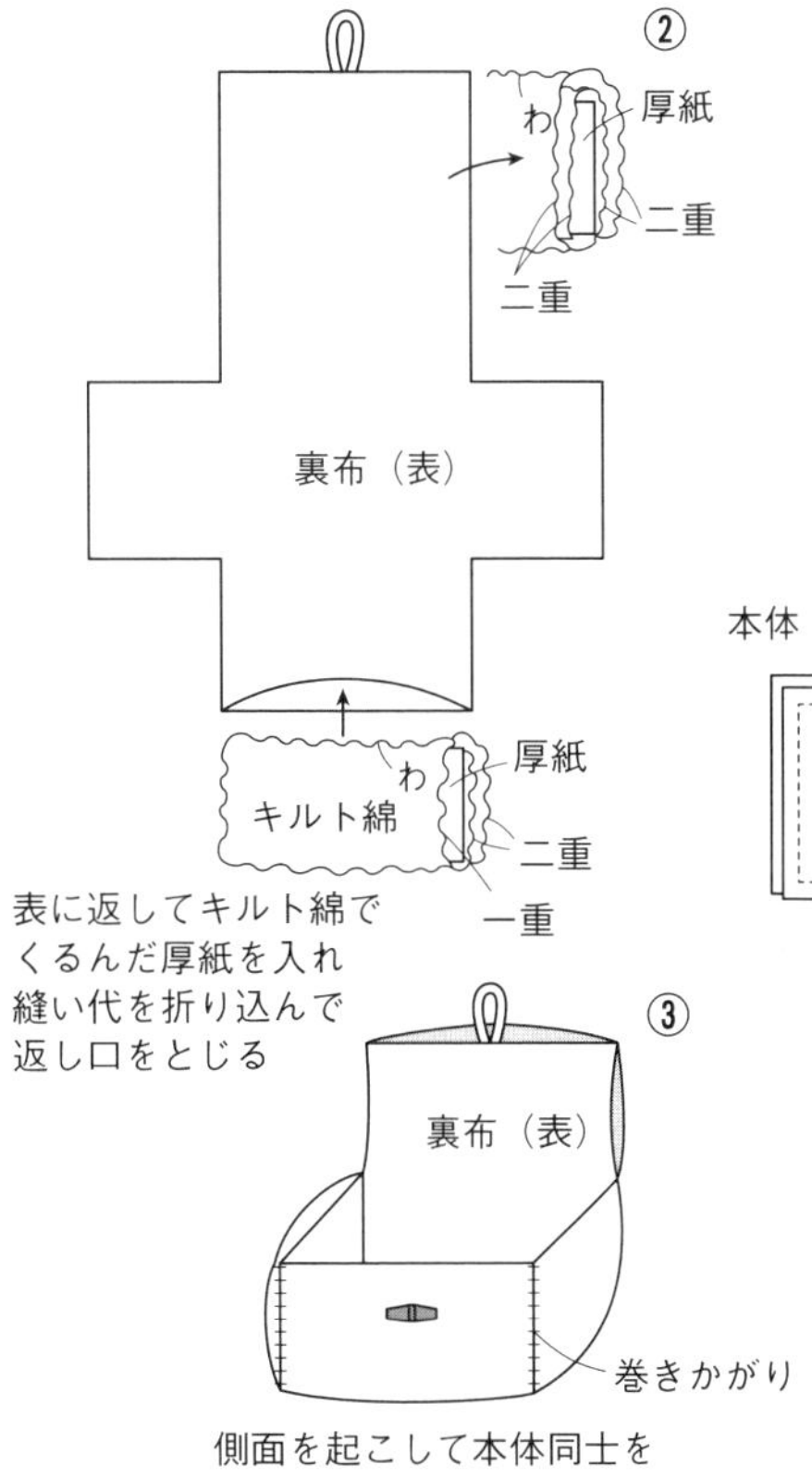

仕立て方

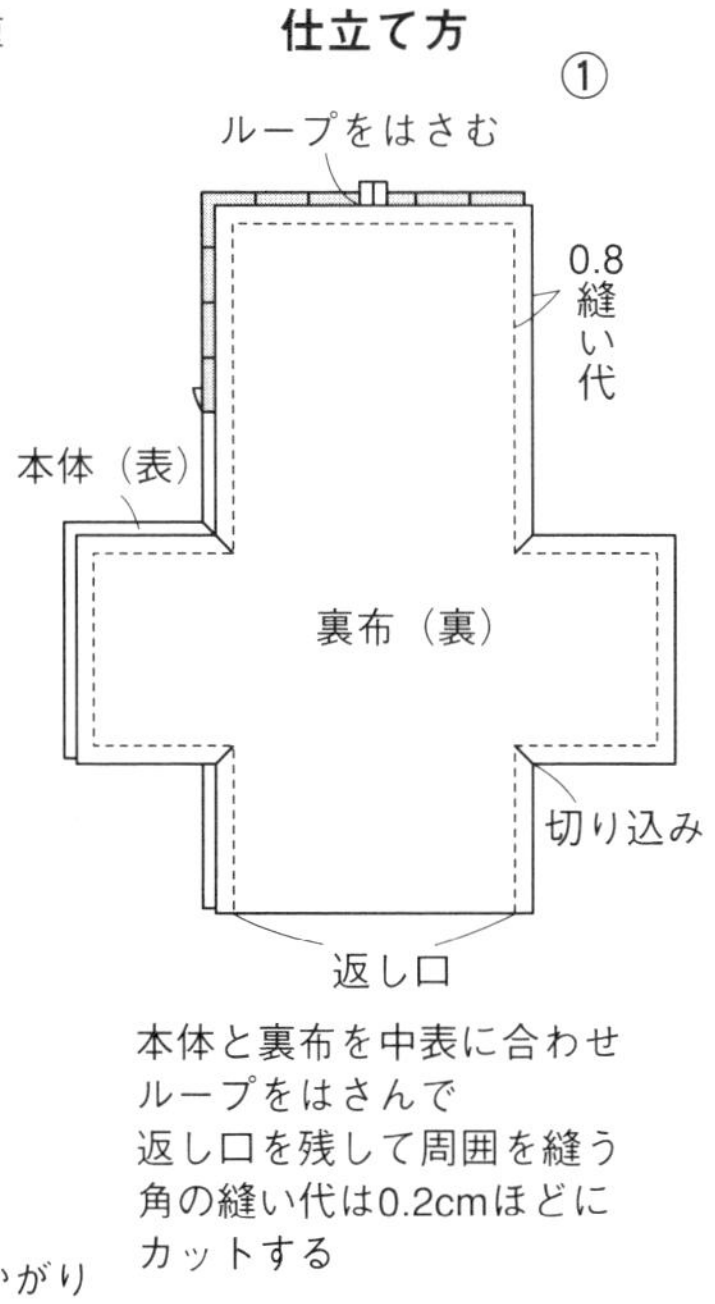

P.38

タンブラーバッグ

17×27cm
デザイン／佐々木文子

材料

ピーシング用布3種各適宜　持ち手用布（ピーシング分1種含む）35×25cm　本体後ろ用布（持ち手裏布分含む）35×30cm　中袋用布（ファスナーポケット分含む）90×20cm　接着キルト綿、裏打ち布各65×25cm　長さ11cmファスナー1本

作り方のポイント

●本体はピーシングで大きめに作り、接着キルト綿、裏打ち布を重ねてキルティングしてから本体の形にカットする。

●ファスナーポケットの作り方は42ページ参照。

作り方

①ピーシングをして本体前のトップをまとめる。本体後ろのトップは一枚布。
②トップに接着キルト綿をはり、裏打ち布に重ねてキルティングする。
③中袋にファスナーポケットを付ける。
④本体と中袋にタックを寄せてしつけをかける。
⑤本体を中表に合わせて周囲を縫う。
⑥中袋は底に返し口を残して同様に縫う。
⑦持ち手を作り、本体の口に仮留めする。
⑧本体と中袋を中表に合わせて口を縫う。
⑨表に返して返し口をとじ、口をステッチで押さえる。

●実物大型紙110ページ

本体後ろ１枚

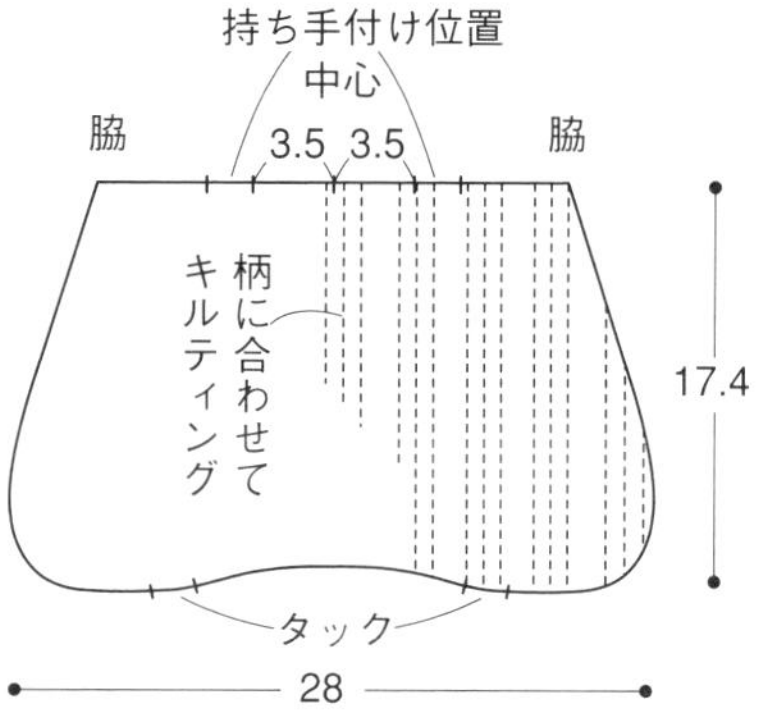

※中袋同寸

本体前１枚

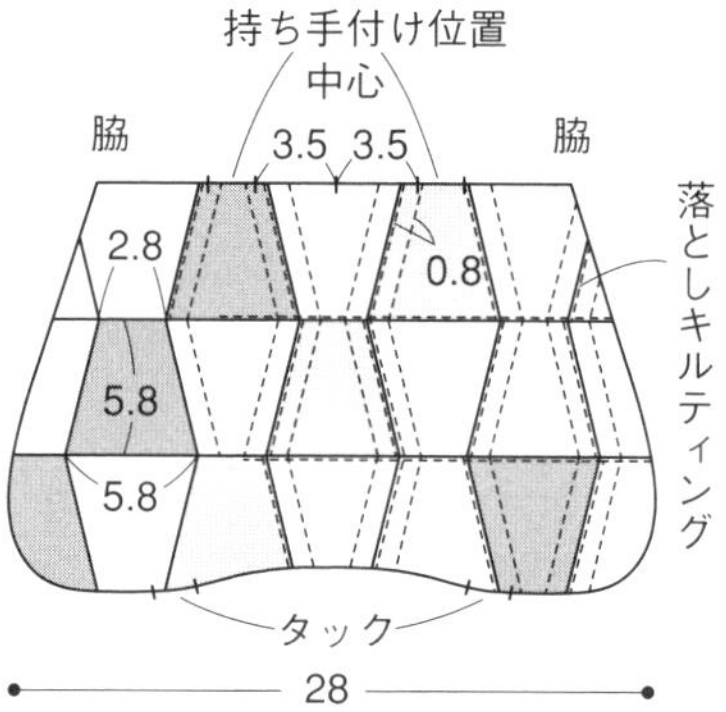

※中袋は同寸の一枚布

持ち手２枚

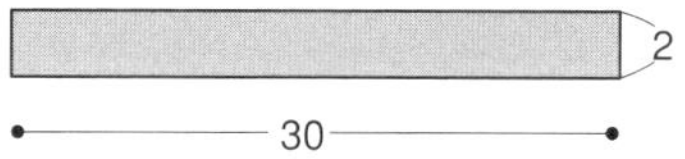

※裏布同寸

タックの寄せ方

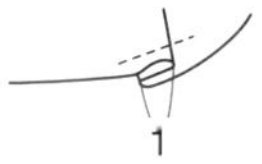

前は内側、後ろは外側に向けてタックを寄せる

持ち手の作り方

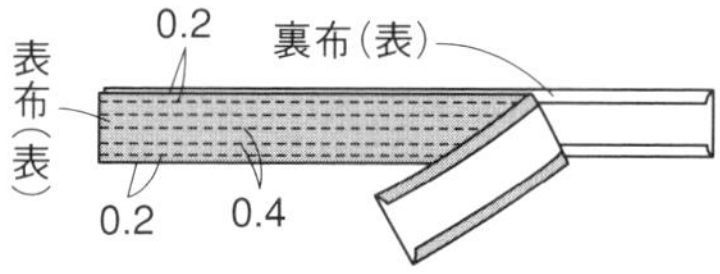

表布と裏布の両端の縫い代を折り重ねて縫う

ファスナーポケット１枚

仕立て方

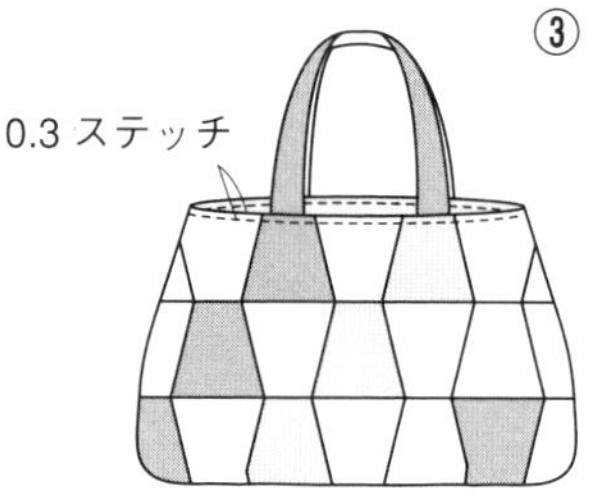

表に返して返し口をまつってとじ、口をステッチで押さえる

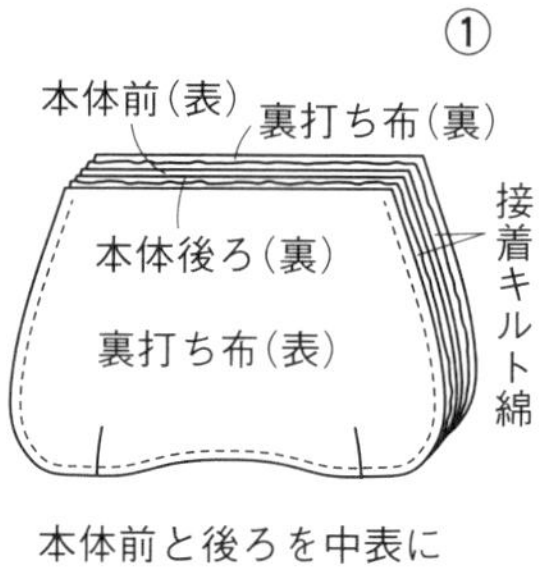

本体前と後ろを中表に合わせて周囲を縫う
中袋は底に返し口を残して同様に縫う

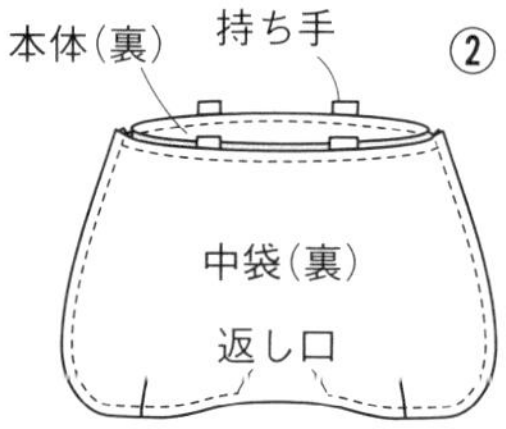

本体に持ち手を仮留めし中袋を中表に合わせて口を縫う

P.32

バニティケース

13×16cm
デザイン／くらふと藍

材料

ピーシング用布各種　底用布（持ち手、ループ、留め布、パイピング用幅4cmバイヤステープ分含む）35×60cm　両面接着キルト綿、裏打ち布、接着芯、中袋（裏布分含む）100×20cm　内寸2.5×0.8cm角かん2個　長さ45cm両開きファスナー1本　底板用プラスチック板20×20cm

作り方のポイント

●接着キルト綿は裏打ち布にはる。
●縫い代は1cm付ける。
●ふた、本体はプレスキルトの手法で作る。
●裏布、中袋に接着芯をはり、0.5cm小さめに作る。

作り方

①ふたと本体をプレスキルトで作る。
②裏打ち布、両面接着キルト綿に底のトップを重ね、しつけをかけてキルティングする。
③持ち手とループを作る。
④ふたに角かんを通したループを縫い付ける。
⑤ふたの周囲をパイピングで始末する。
⑥本体を中表に輪に縫い、底を中表に縫う。中袋も同様に縫う。
⑦本体の口をパイピングで始末する。
⑧ふたと本体に留め布を付け、ファスナーを付ける。
⑨ふたと本体の間に留め布裏布をまつり付ける。
⑩ふたの裏に裏布、本体の内側に中袋をまつり付ける。
⑪持ち手を付ける。

底1枚

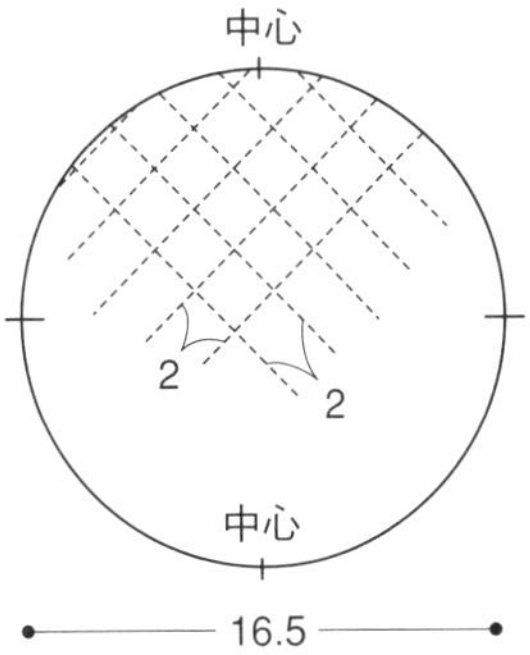

※中袋、底板同寸

ふた1枚

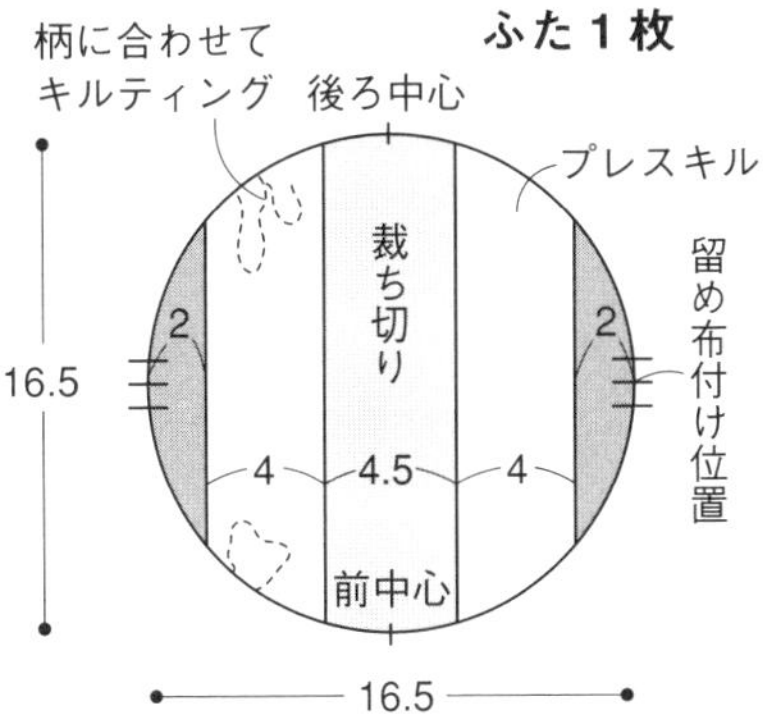

※裏布は同寸の一枚布

本体1枚

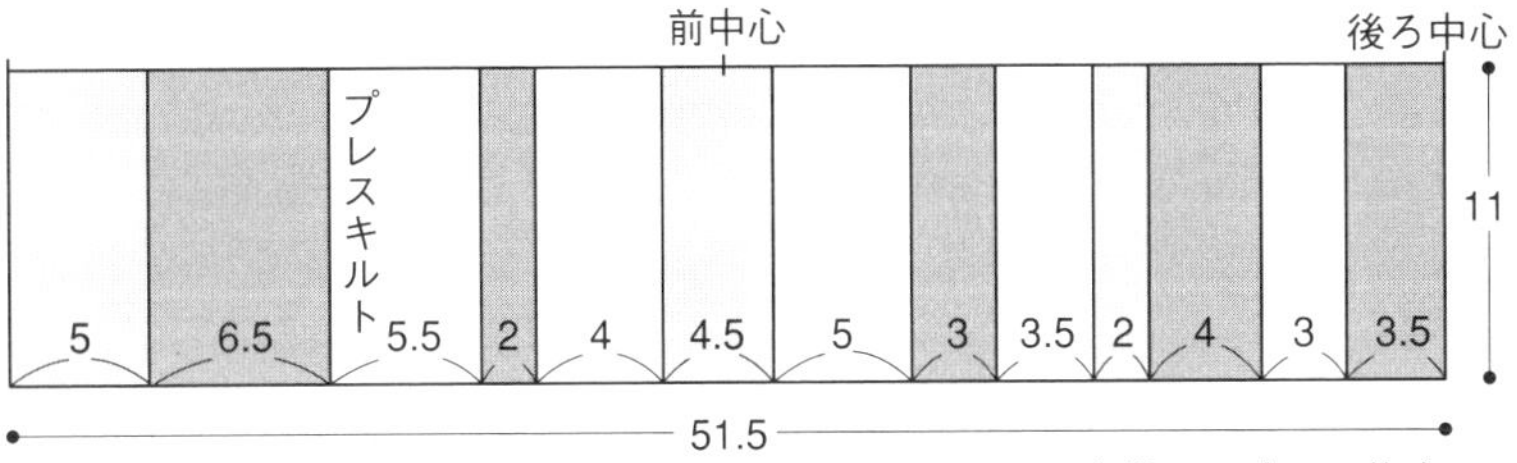

※中袋は同寸の一枚布

本体の作り方

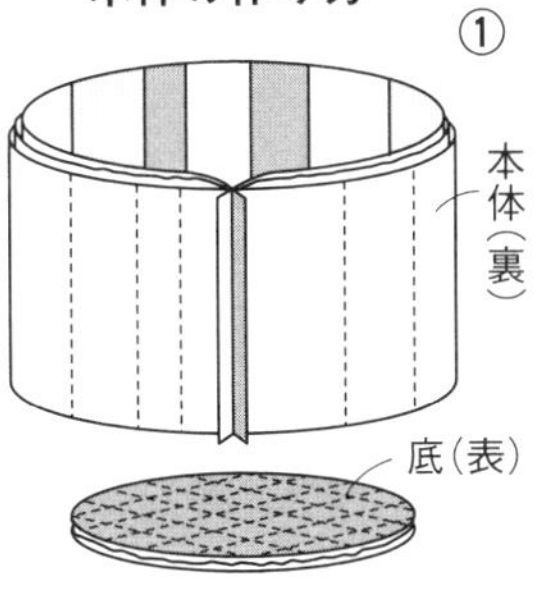

本体を中表に合わせて輪に縫い
底を中表に合わせて縫う
中袋も同様に縫う

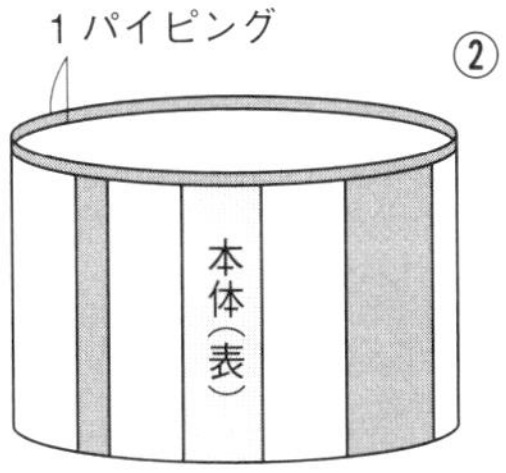

本体の口をパイピングで
始末する

プレスキルトのしかた

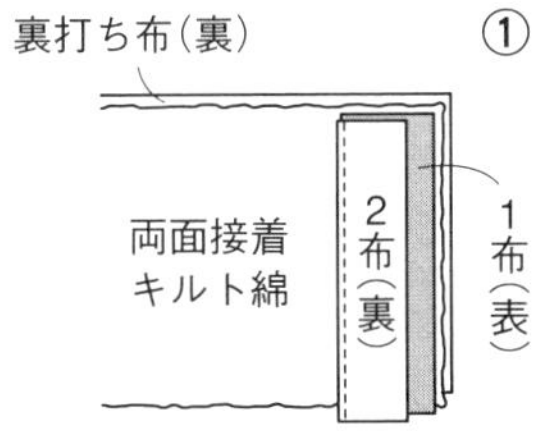

裏打ち布に両面接着キルト綿を
はり、1布を重ねる
2布を中表に重ねて縫う

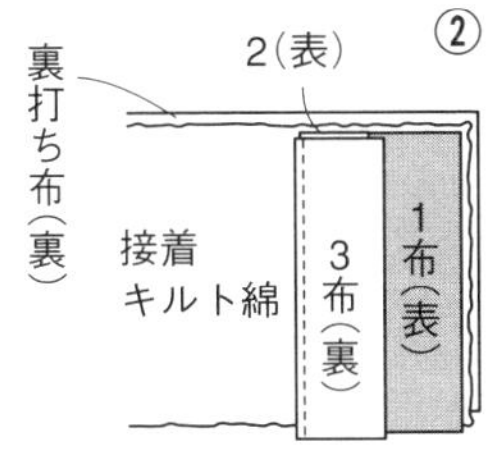

2布を表に返して
アイロンで接着し
3布を中表に合わせて縫う
これを繰り返す

留め布の作り方

両端の
縫い代を折る

留め布1枚

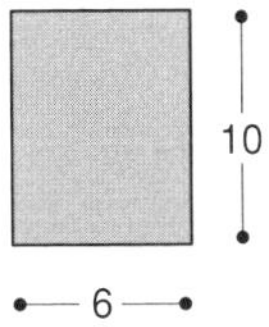

※裏布同寸

ループの作り方

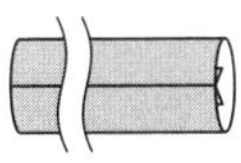

中表に筒に縫い、縫い代が
中心になるようにたたむ

ループ2枚

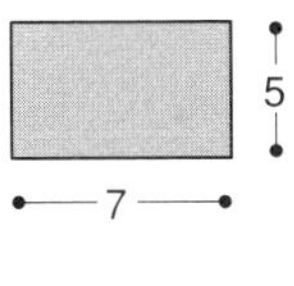

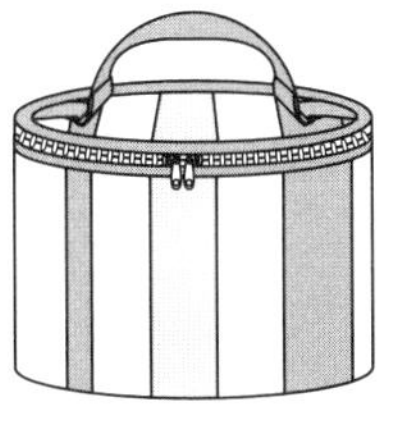

持ち手の付け方

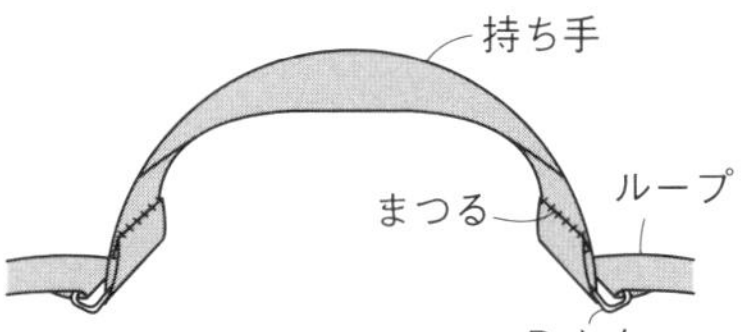

角かんに持ち手を通し
縫い代を折り込んでまつる

ふたの作り方

①

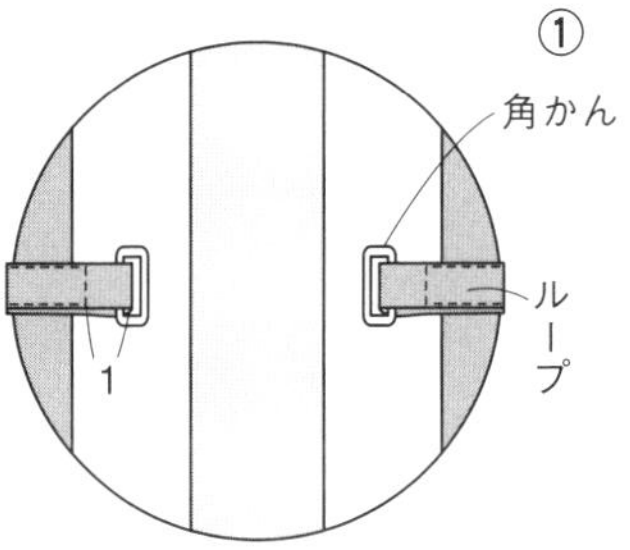

ふたに角かんを通した
ループを縫い付ける

②

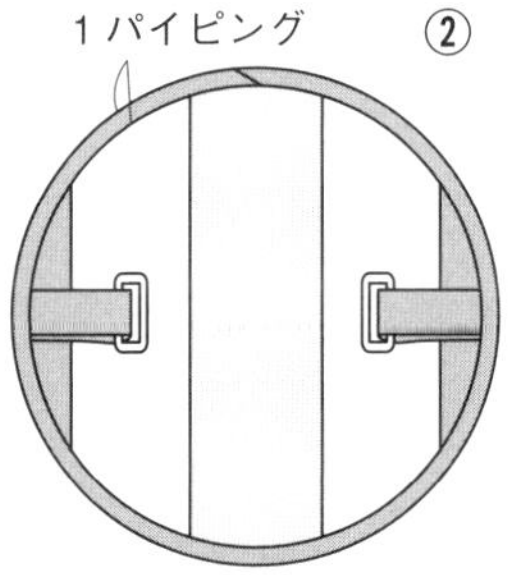

周囲をパイピングで
始末する

持ち手1枚

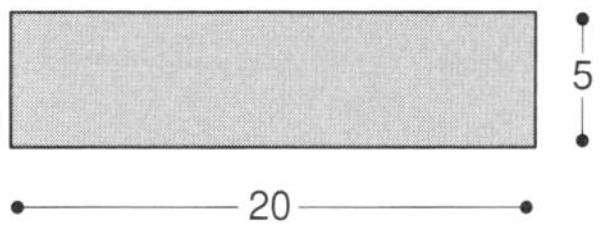

持ち手の作り方

①

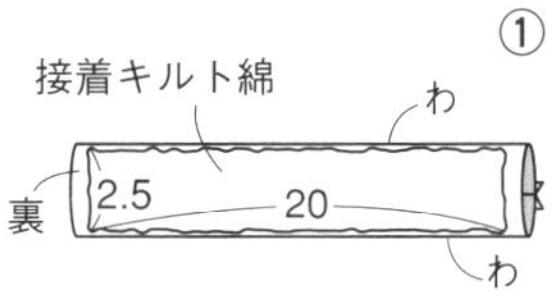

中表に筒に縫い、縫い代が
中心になるようにたたみ
接着キルト綿をはる

②

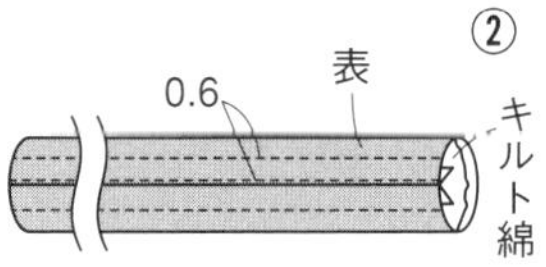

表に返して
キルティングする

仕立て方

①

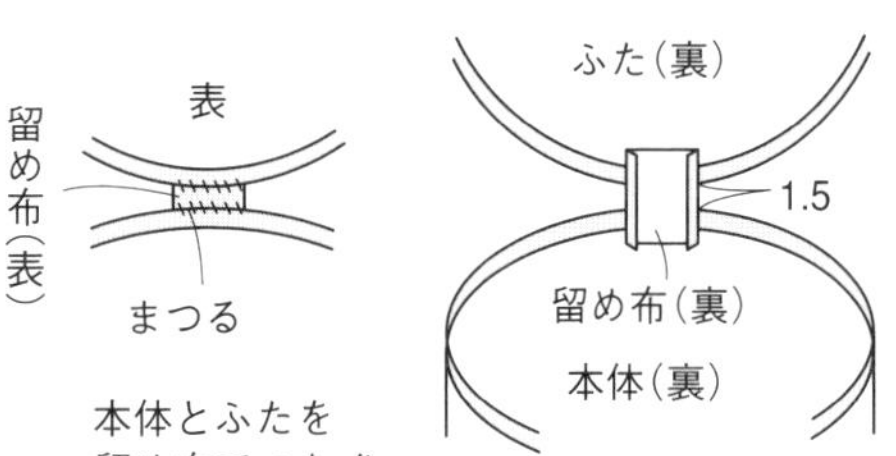

本体とふたを
留め布でつなぐ

②

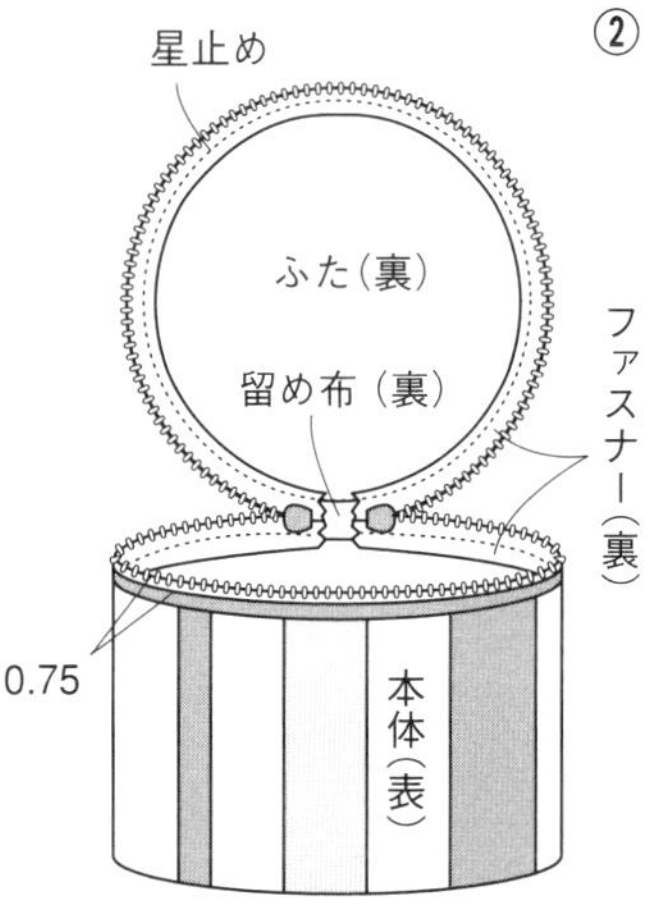

ふたの周囲と本体の口に
ファスナーを縫い付ける

③

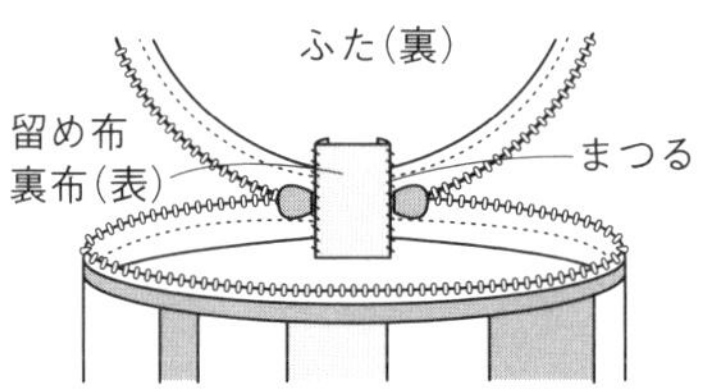

ふたと本体の間に留め布裏布
をまつり付ける

④

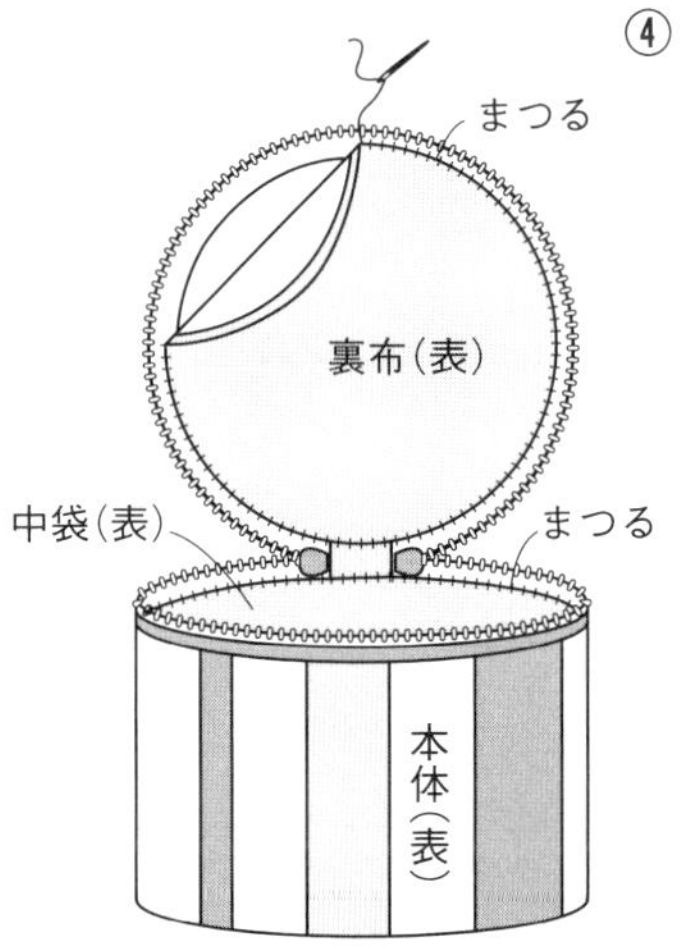

ふたの裏側に裏布をまつり
底板を入れて本体の内側に
中袋をまつり付ける

P.34

きんちゃくショルダー

18×24cm
デザイン／岸英子

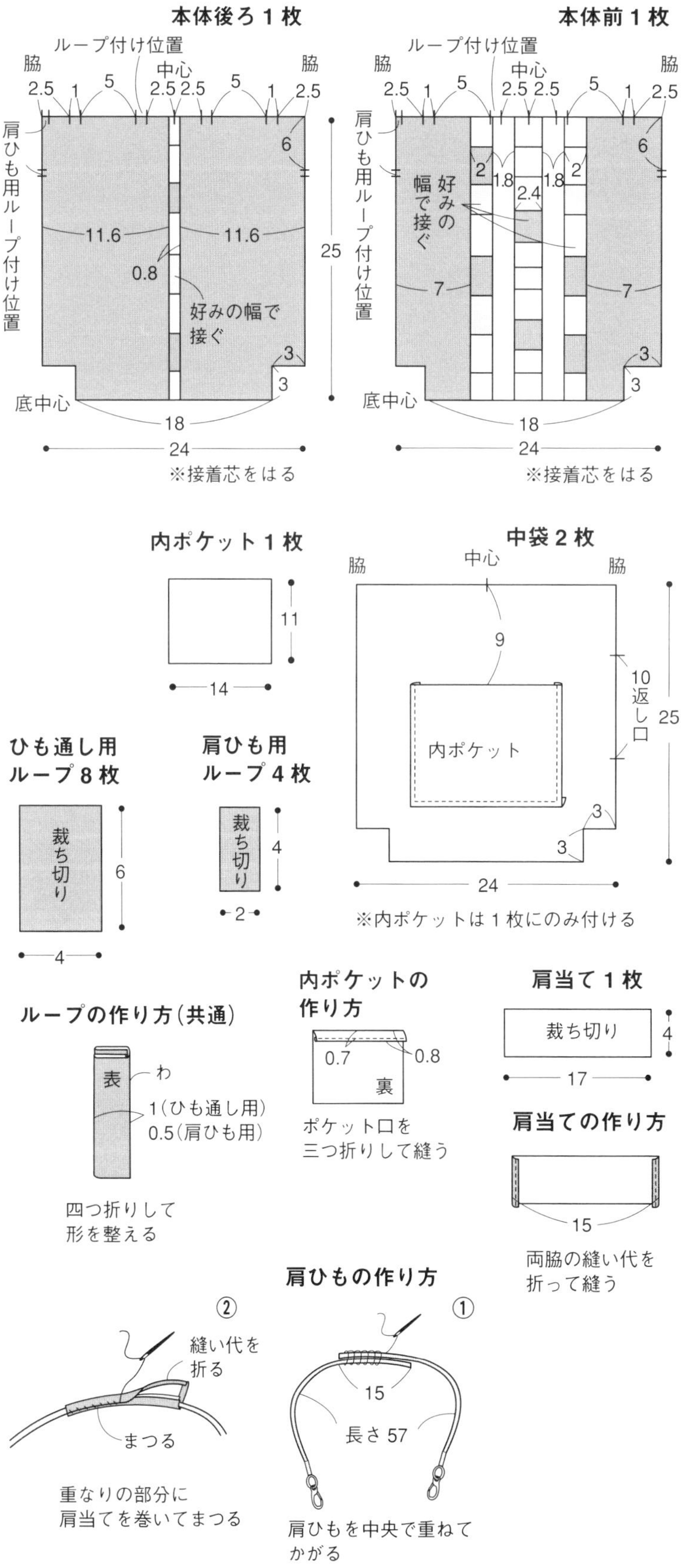

材料

ピーシング用布各種　本体用布（ひも飾り、ループ、肩当て分含む）35×70cm　中袋用布（内ポケット分含む）30×70cm　接着芯55×30cm　直径0.5cmひも100cm　ナスかん付き115cm肩ひも1本

作り方のポイント

●ループはアイロンでしっかりと折る。
●肩ひもは中央で好みの長さにカットし、重ねて縫う。

作り方

①ピーシングをして本体のトップをまとめる。
②ループを作る。
③本体を中表に合わせ、肩ひも用ループをはさんで脇と底を縫う。
④マチを縫う。
⑤中袋を返し口を残して本体同様に縫う。
⑥本体の口に、ひも通し用ループと肩ひも用ループを仮留めする。
⑦本体と中袋を中表に合わせて口を縫い、表に返して返し口をとじる。
⑧口を星止めで押さえる。
⑨ひもを通してひも飾りを付ける。
⑩肩ひもを作って付ける。

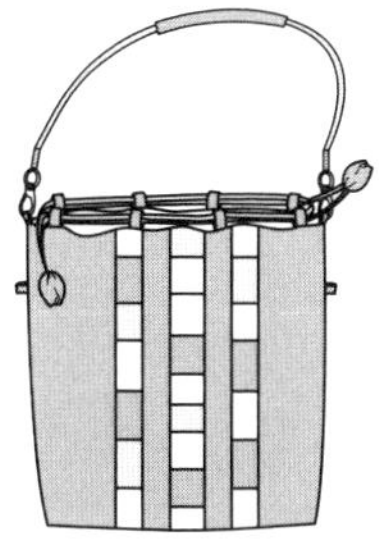

仕立て方

①

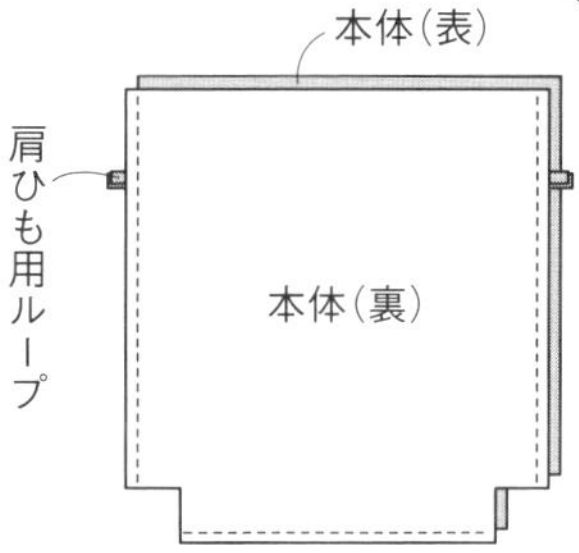

本体を中表に合わせ
二つ折りした肩ひも用ループを
はさみ、脇と底を縫う
中袋は返し口を残して同様に縫う

②

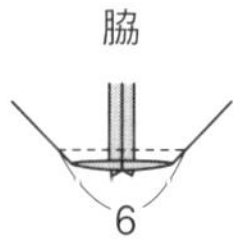

マチを縫う
中袋も同様に縫う

③

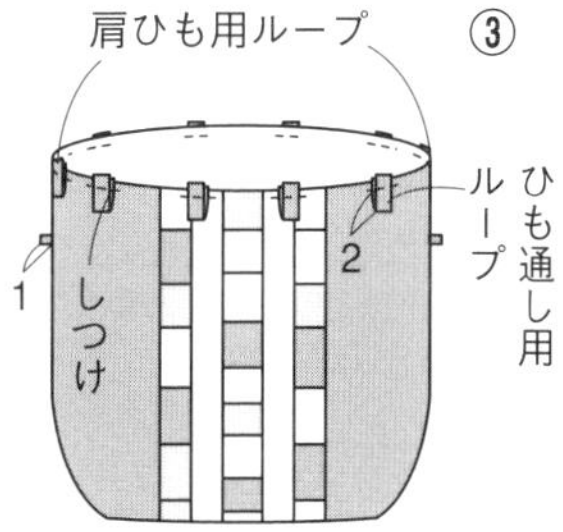

本体の口に二つ折りした
ひも通し用ループと
肩ひも用ループを
重ねて仮留めする

④

本体と中袋を中表に合わせ
口を縫う
表に返して返し口をまつってとじる

⑤

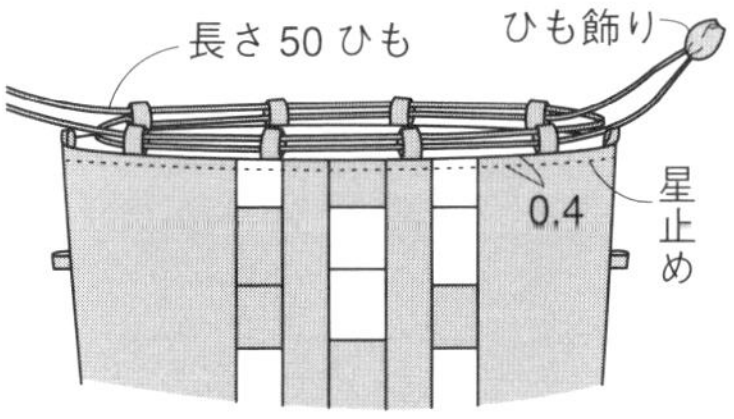

口を星止めし、左右から
ひもを通して先端に
ひも飾りを付ける

ひも飾り２枚

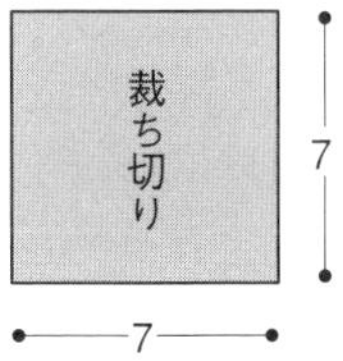

ひも飾りの作り方

①

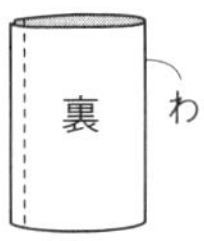

輪に縫う

②

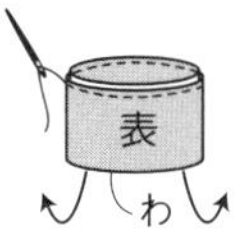

二つに折り
ぐるりと
ぐし縫いをする

③

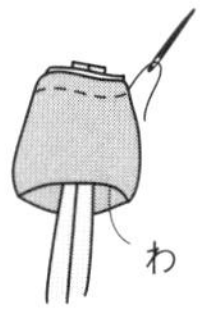

ひもの先端を
はさみ、ぐし縫いを
引き絞って縫い
止める

④

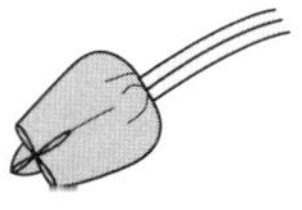

表に返して
先端を十字に
縫い止める

P.36

いろいろコースター

9×9cm　10×10cm　12×12cm
デザイン／吉岡美代子

材料（1点分）

ピーシング用布各種　キルト綿、裏打ち布15×15cm　長さ1.2cm ビーズ1個　刺し子糸適宜

作り方のポイント

●キルティングは好みの色の糸でするとよい。

作り方

①ピーシングをして本体のトップをまとめる。
②キルト綿にトップを重ね、しつけをかけてキルティングする。
③②と裏打ち布を中表に合わせて周囲を縫う。
④表に返して返し口をとじる。
⑤好みでビーズを付ける。

●実物大型紙96、97ページ

C 本体1枚

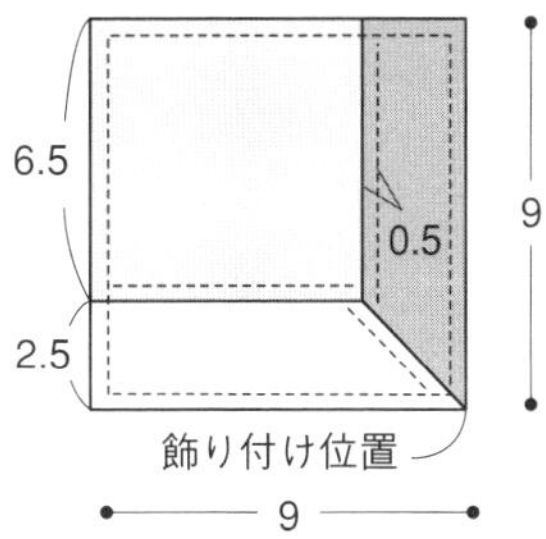

A 本体1枚

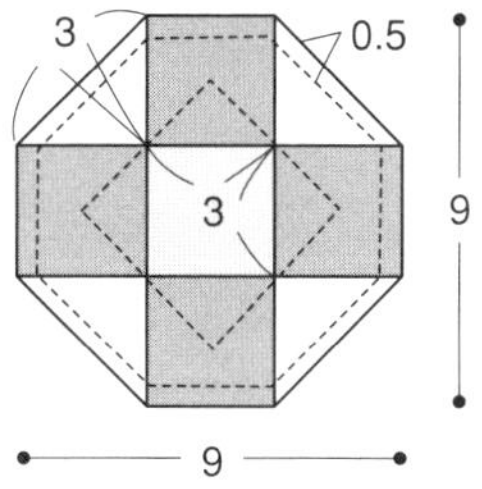

B 本体1枚

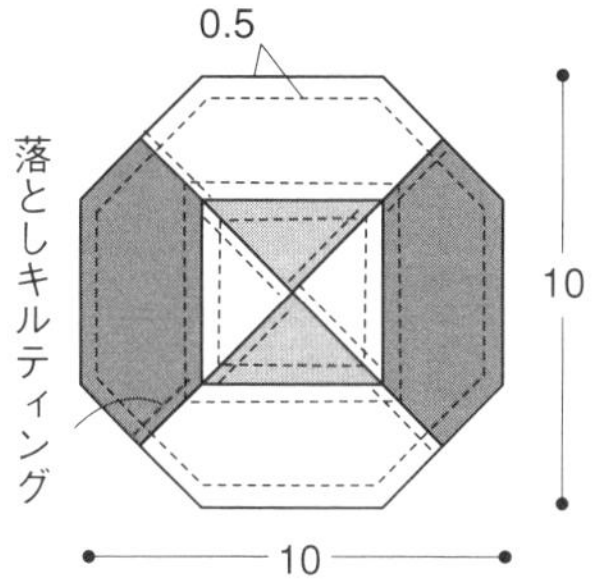

飾りの付け方

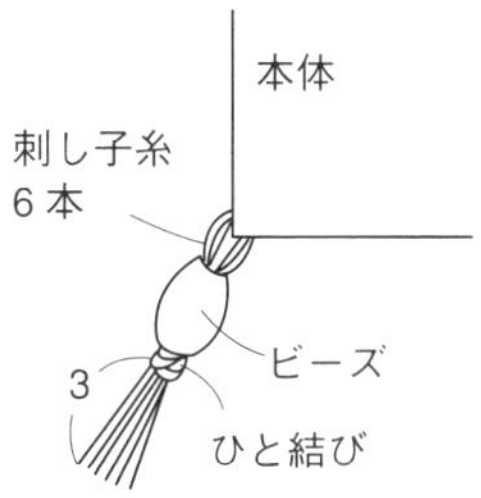

角に刺し子糸を通し
ビーズを通して
ひと結びする

D 本体1枚

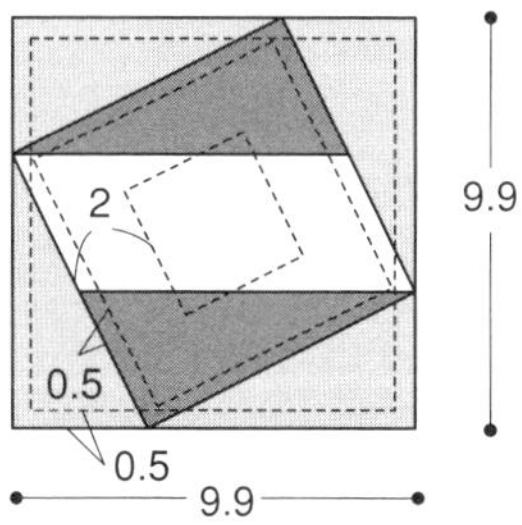

仕立て方

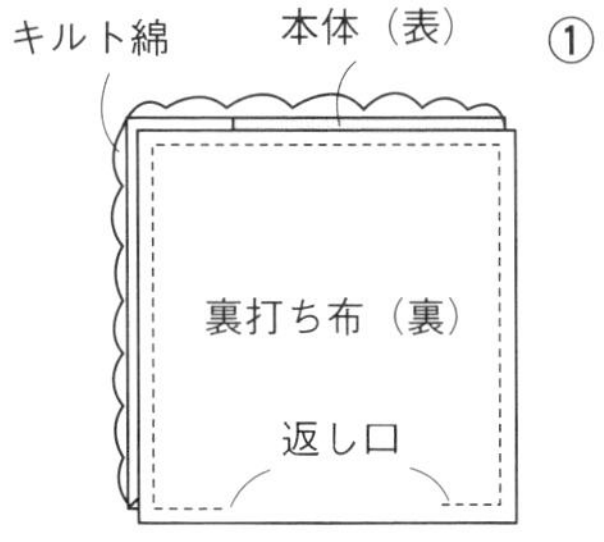

本体と裏打ち布を中表に
合わせて返し口を残して
周囲を縫う

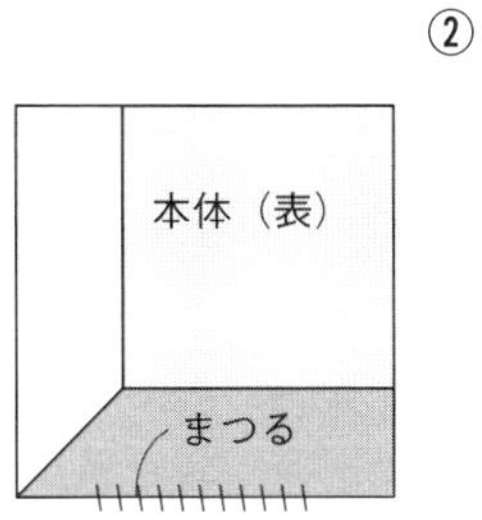

表に返して返し口を
とじてキルティングする

E 本体1枚

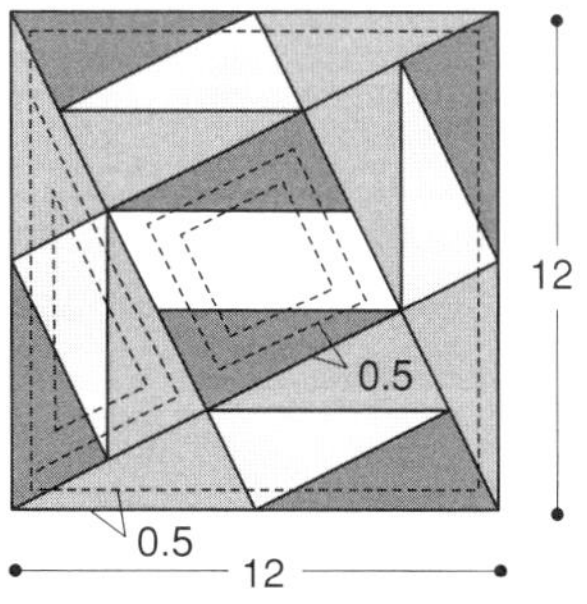

F 本体1枚

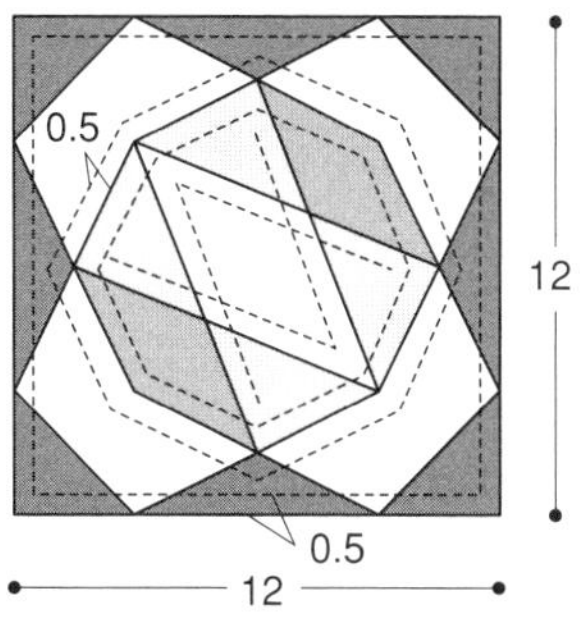

実物大型紙

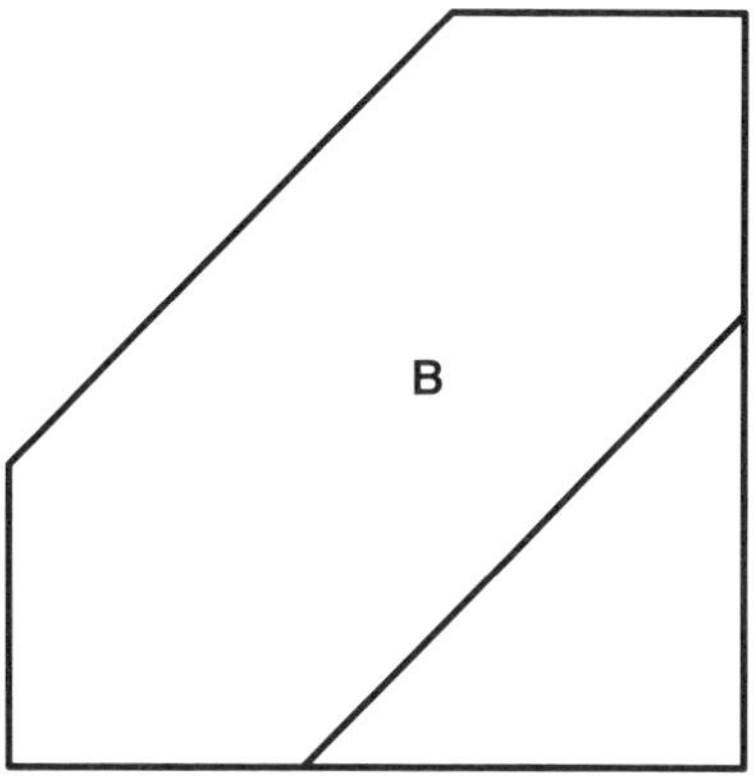

P.48

2ウェイポーチ

14×25cm
デザイン／岡崎光子

材料

バッグ
A用布15×30cm　接着キルト綿25×30cm　本体用布（フリル、持ち手、裏布、留め布、ポケット分含む）35×120cm　接着芯50×35cm　長さ20cmファスナー1本　直径2.5cmスナップボタン、直径2cm縫い付けマグネットボタン各1組
ポーチ
本体用布（ファスナーマチ、マチ、タブ分含む）、接着キルト綿各35×35cm　中袋用布（ファスナーマチ裏布分含む）30×30cm　長さ20cmファスナー1本

作り方のポイント

●周囲のフリルは布を接いで必要な長さにする。
●ポーチの本体とファスナーマチを縫うときは、ファスナーをあけておく。縦横で印から印まで別々に縫うと縫いやすい。

作り方

バッグ
①フリルを作る。
②本体用フリルをはさんで本体のトップを作り、接着キルト綿をはる。
③ポケットA、ポケットBを作り、裏布に付ける。
④持ち手と留め布を作る。
⑤本体に周囲用フリルと持ち手、留め布を仮留めする。
⑥本体と裏布を中表に合わせ、返し口を残して周囲を縫う。
⑦表に返して返し口をとじ、周囲をステッチで押さえる。
ポーチ
①本体、マチ、ファスナーマチ、タブに接着キルト綿をはる。
②タブを作る。
③ファスナーマチを作る。
④タブをはさんでファスナーマチとマチを中表に重ねて縫う。
⑤ファスナーマチと本体を中表に合わせて縫う。
⑥中袋を作る。
⑦本体の内側に中袋をまつり付ける。

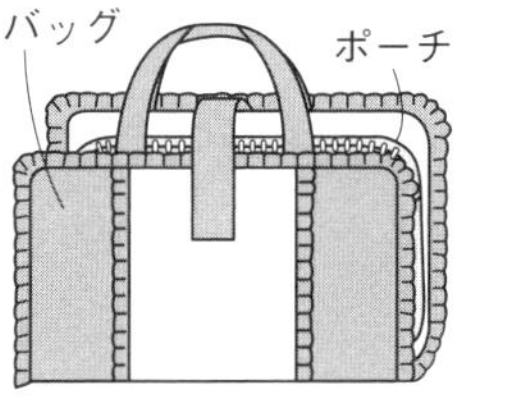

バッグ

本体裏布1枚

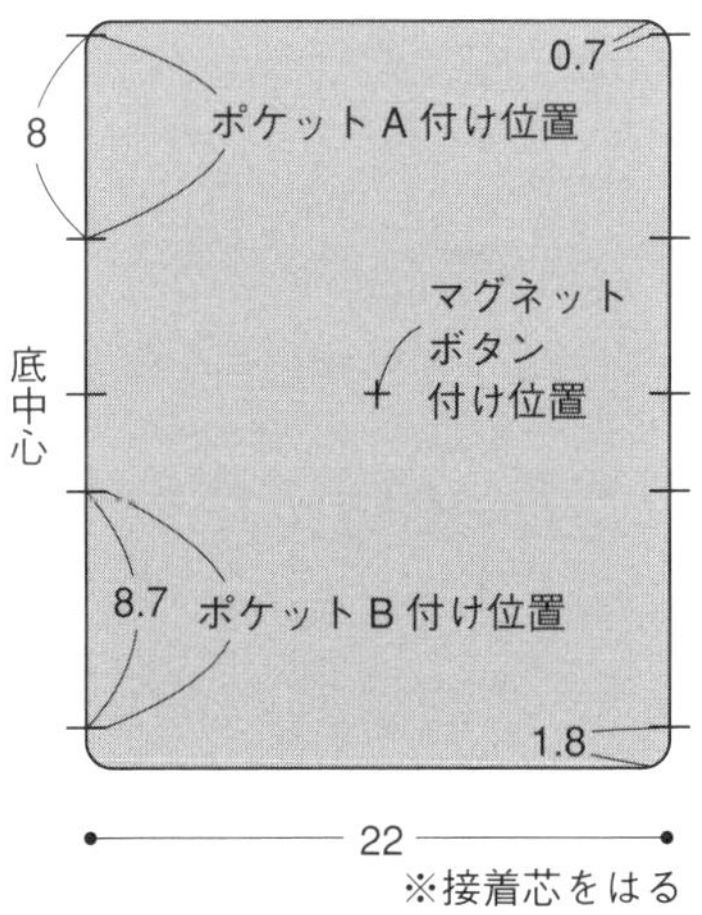

本体1枚

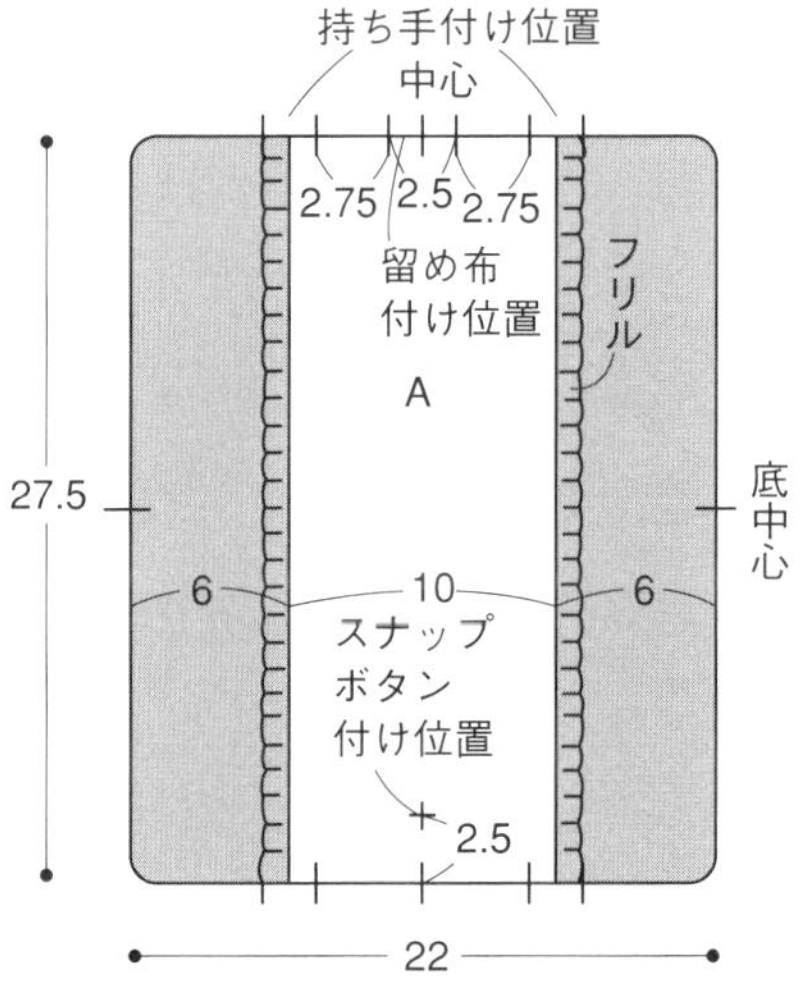

フリル（本体用）2枚

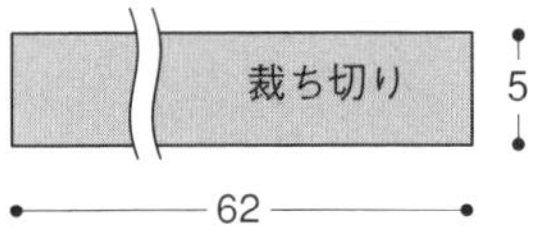

フリル（周囲用）1枚

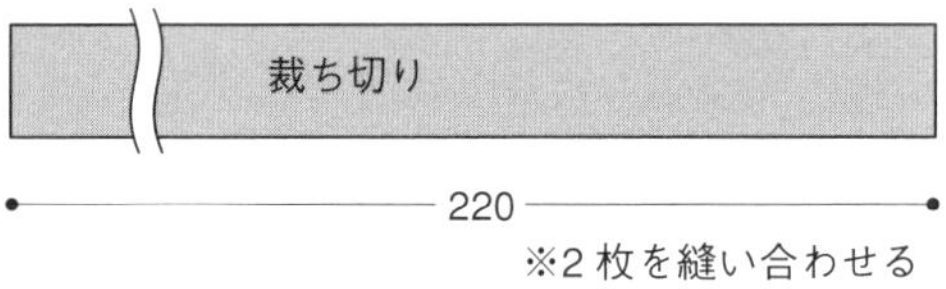

持ち手2枚

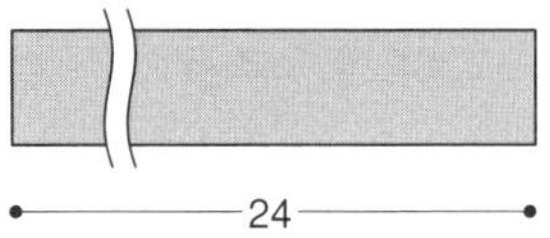

留め布1枚

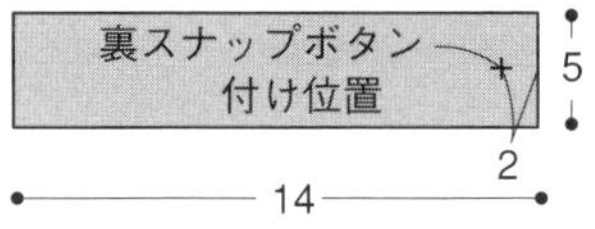

フリルの作り方

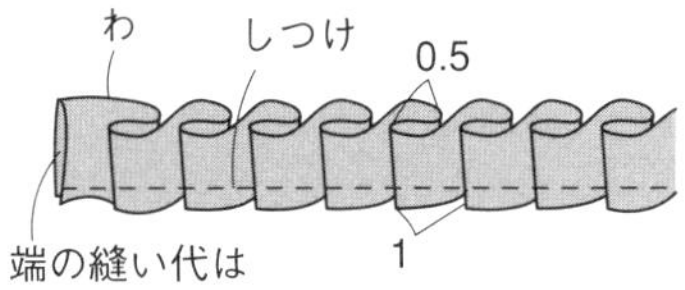

外表に二つ折りし、フリルをたたんでしつけで押さえる

留め布の作り方（持ち手共通）

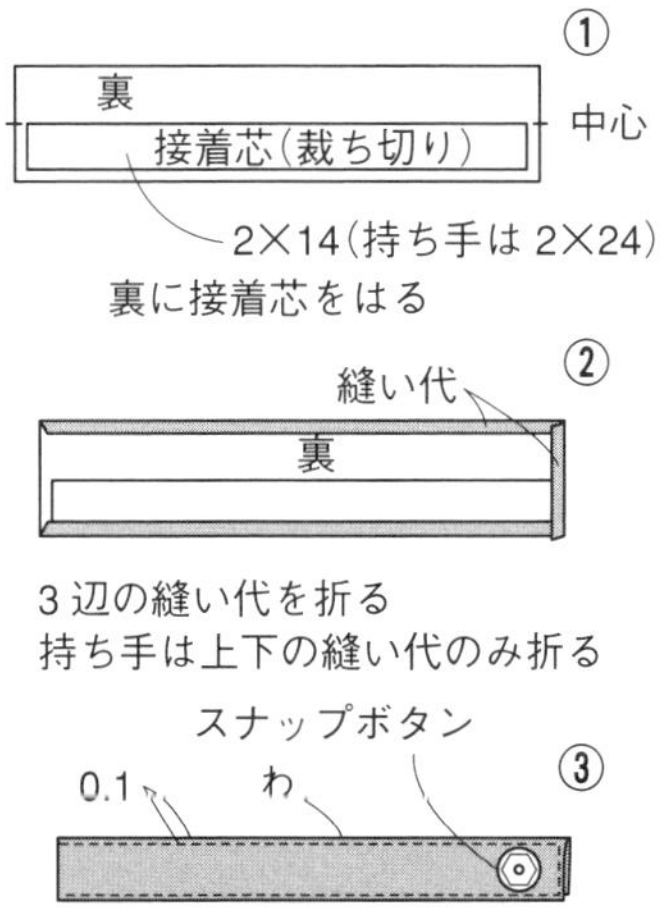

①裏に接着芯をはる
②3辺の縫い代を折る
持ち手は上下の縫い代のみ折る
③外表に二つ折りして縫い
留め布はマグネットボタンを付ける

ポケットAの作り方

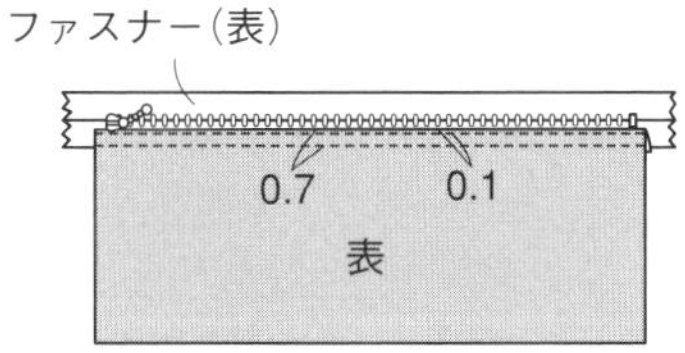

縫い代を折り、ファスナーに
縫い付ける

ポケットB1枚

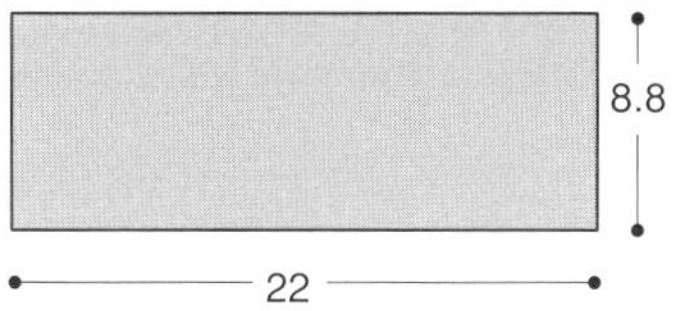

※接着芯をはる
※口の縫い代は 3cm 付ける

ポケットA1枚

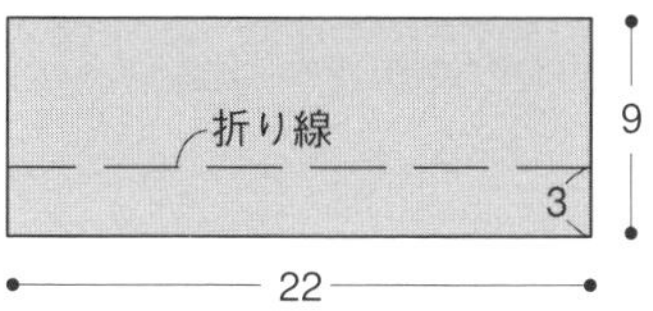

※接着芯をはる

ポケットBの作り方

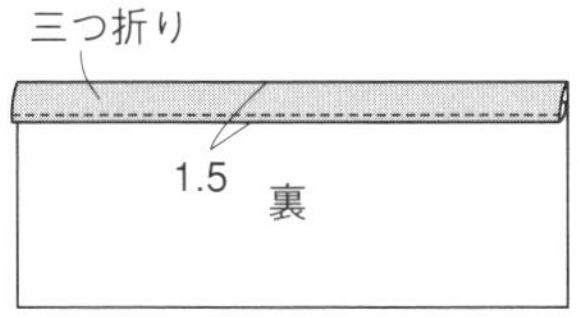

口を三つ折りして縫う

仕立て方

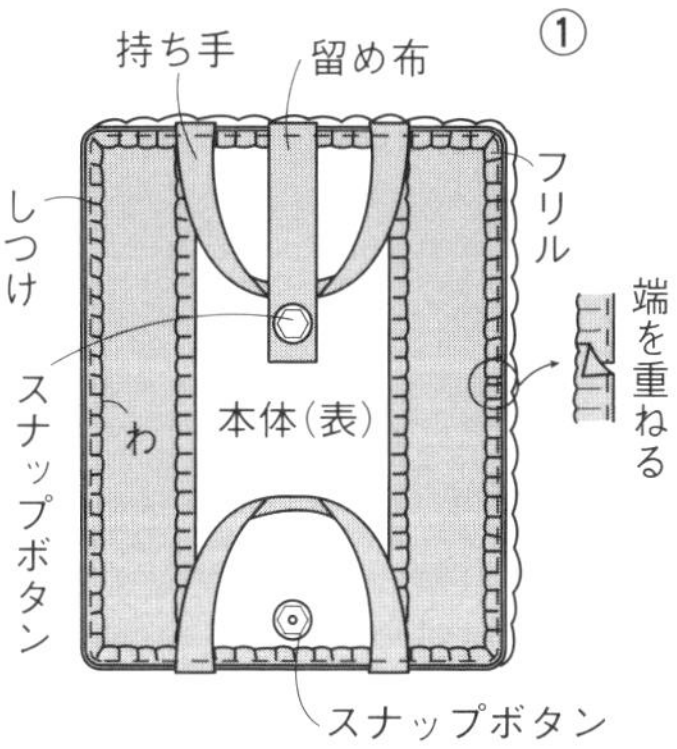

本体の周囲にフリルを仮留めし
持ち手と留め布を上に仮留めする

本体と裏布を中表に合わせ
返し口を残して周囲を縫う

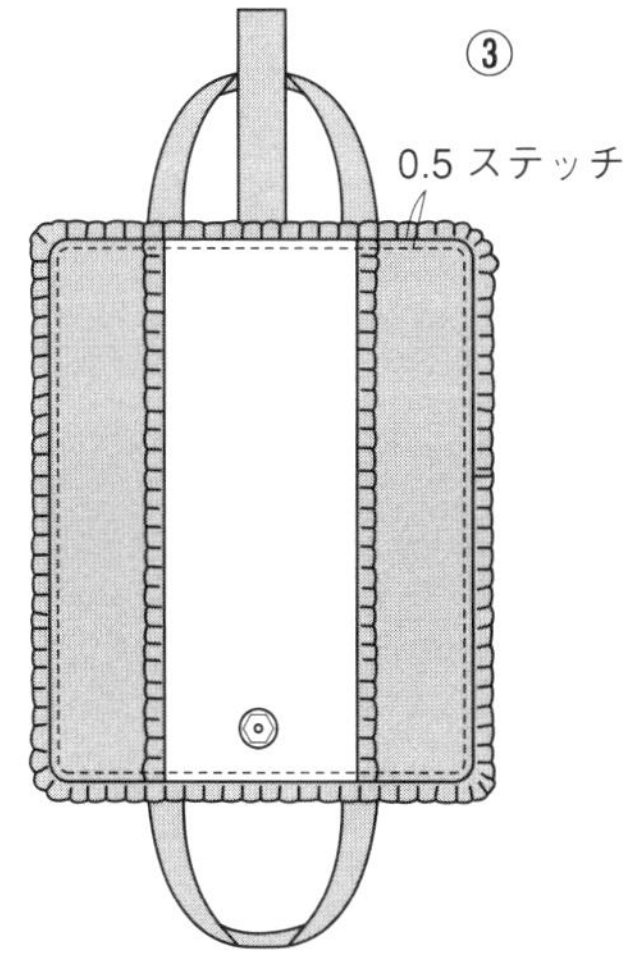

表に返して返し口をまつってとじ
周囲をステッチで押さえる

内側の作り方

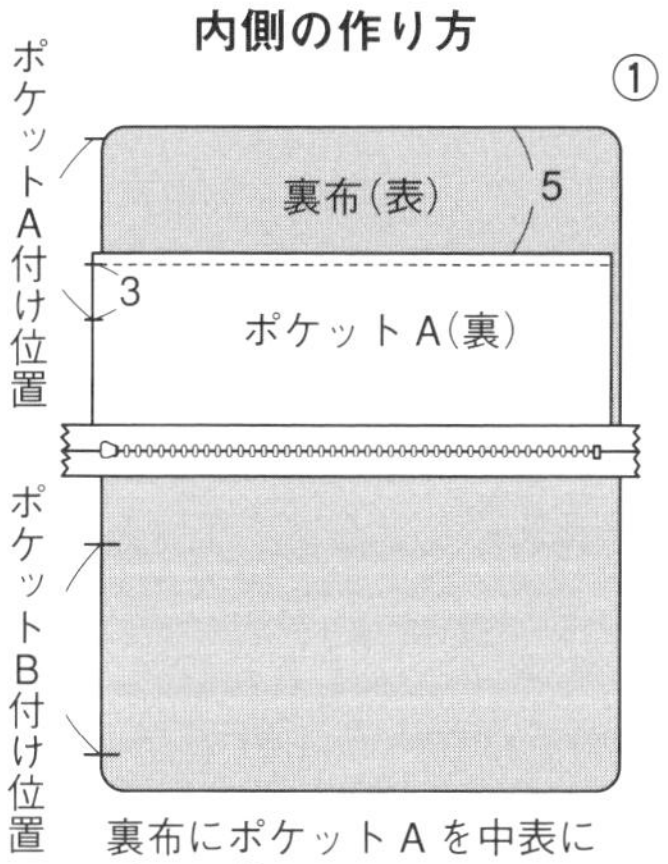

裏布にポケットAを中表に
重ねて縫う

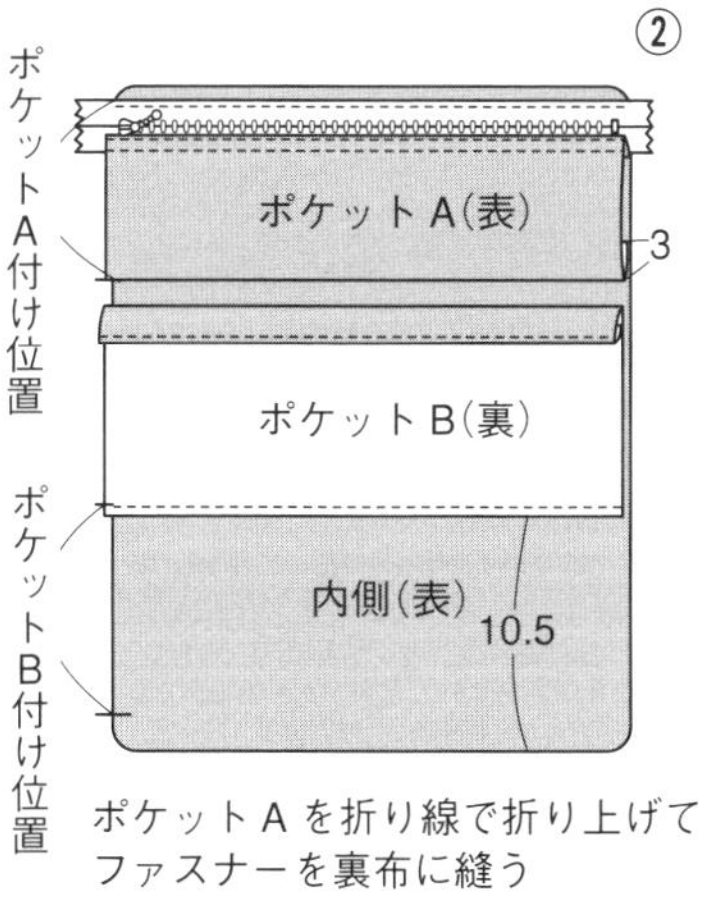

ポケットAを折り線で折り上げて
ファスナーを裏布に縫う
ポケットBを中表に重ねて縫う

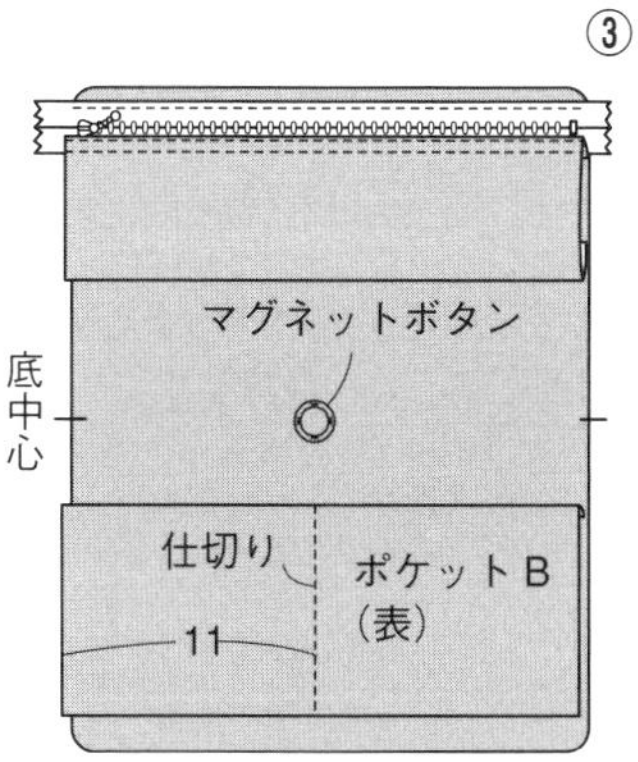

ポケットBを表に返し
仕切りを縫う
マグネットボタンを付ける

本体のカーブ

実物大型紙

タブの作り方

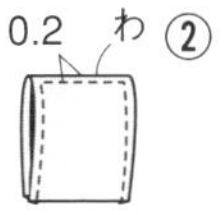

外表に
二つ折りして
縫う

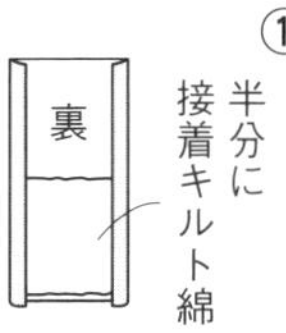

両脇の
縫い代を
折る

タブ２枚

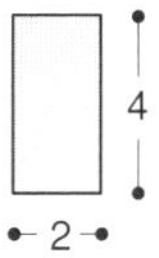

マチ２枚

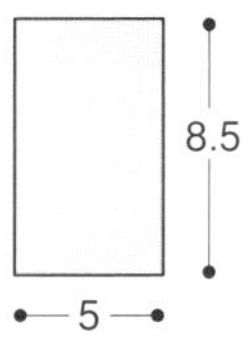

※中袋同寸

ファスナーマチ２枚

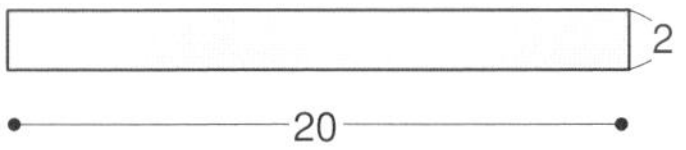

※裏布同寸

ポーチ
本体１枚

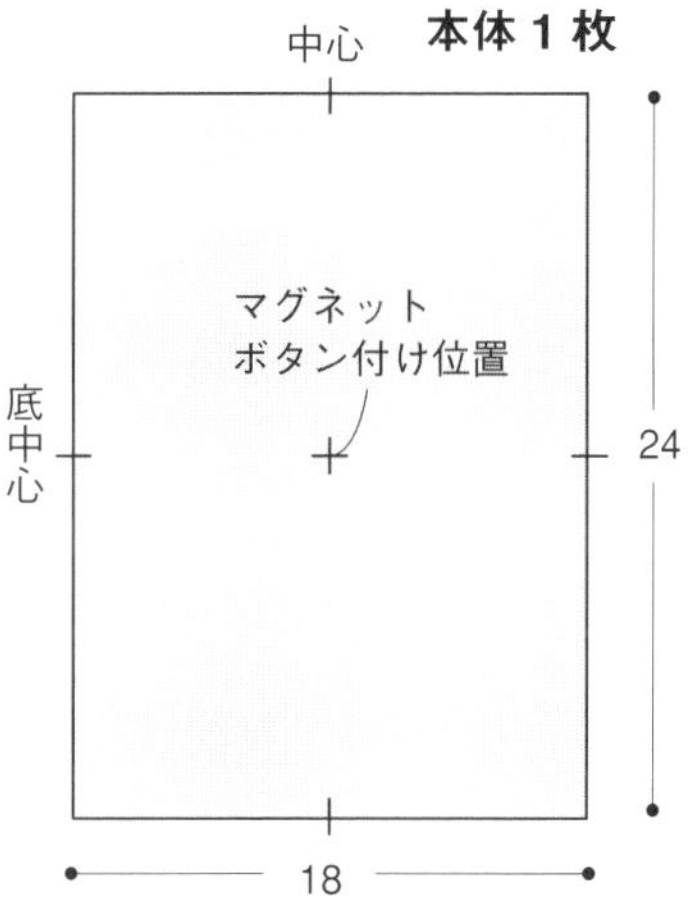

※中袋同寸

仕立て方

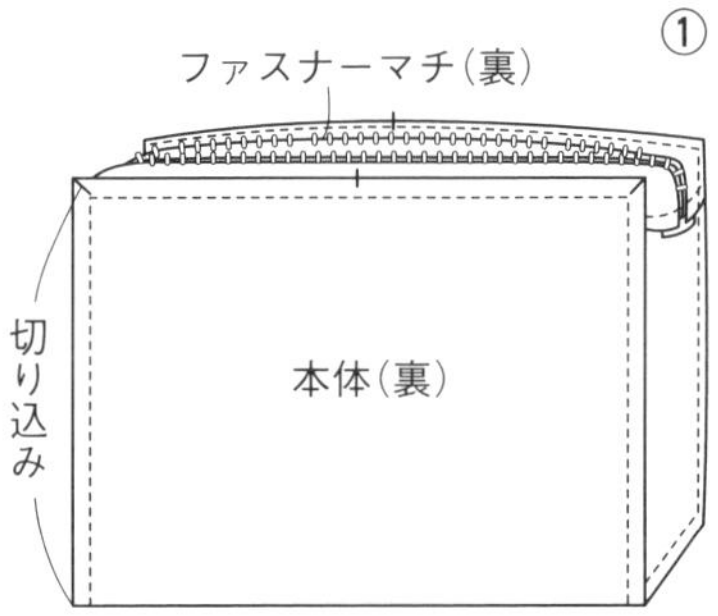

本体とファスナーマチを
中表に合わせて縫う

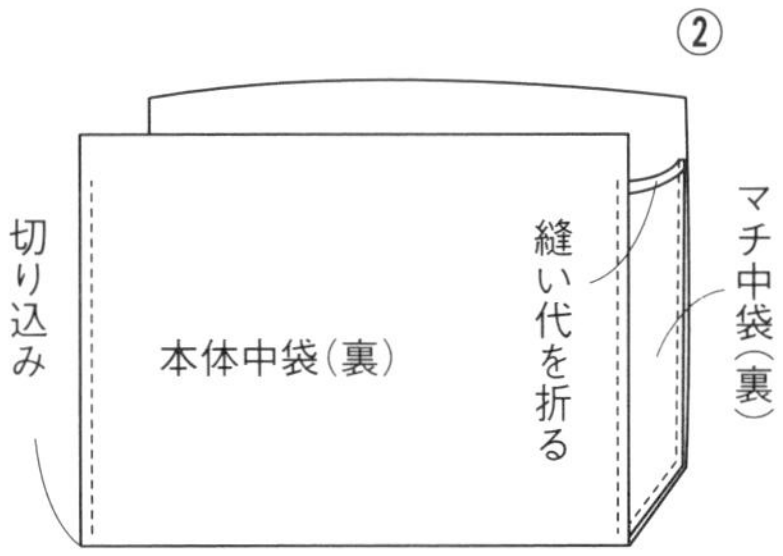

本体とマチの中袋を
中表に合わせて縫う

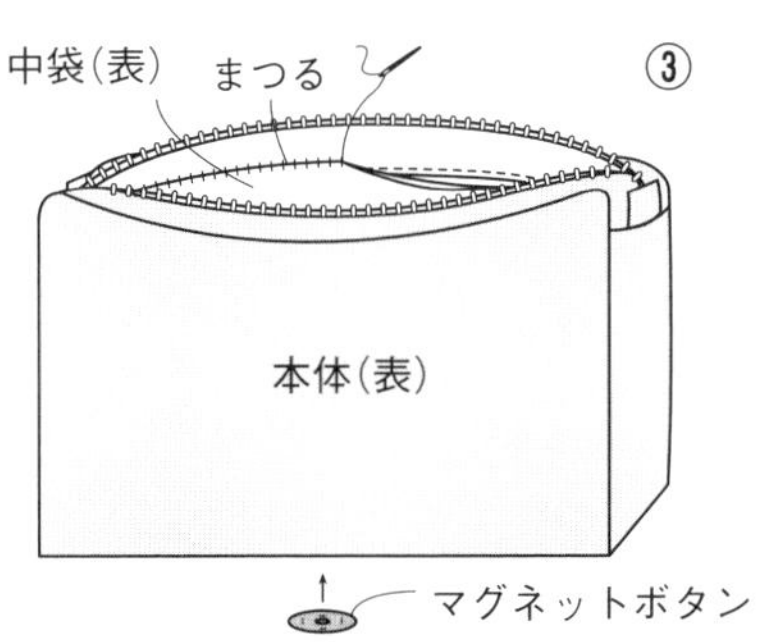

本体の内側に縫い代を折り込んだ
中袋をまつり、底の中心に
マグネットボタンを付ける

ファスナーマチの作り方

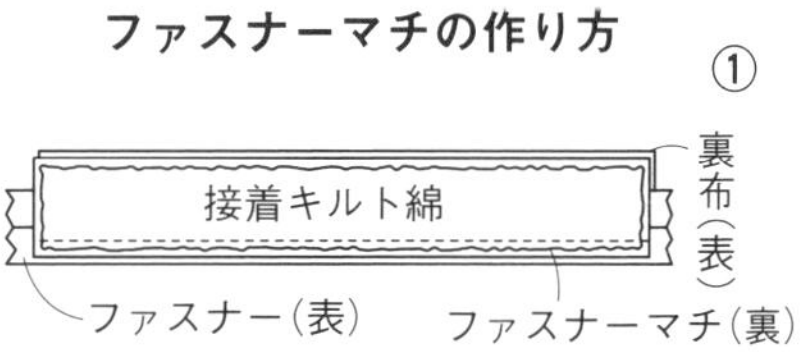

ファスナーマチと裏布を中表に合わせ
ファスナーをはさんで縫う

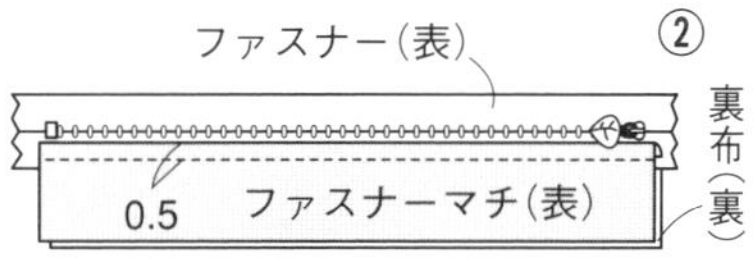

表に返してステッチをする
もう片側も同様に付ける

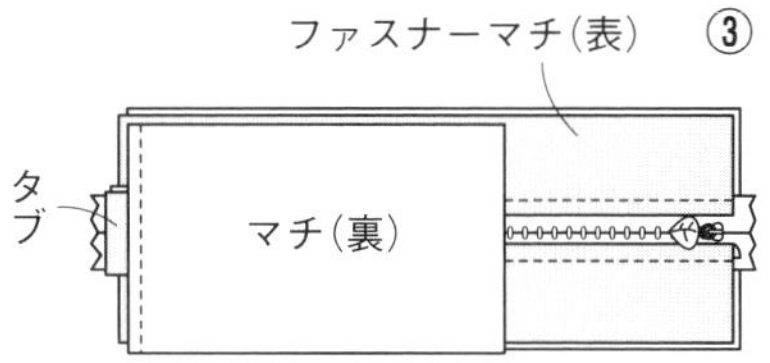

ファスナーマチとマチを中表に
重ね、タブをはさんで縫う

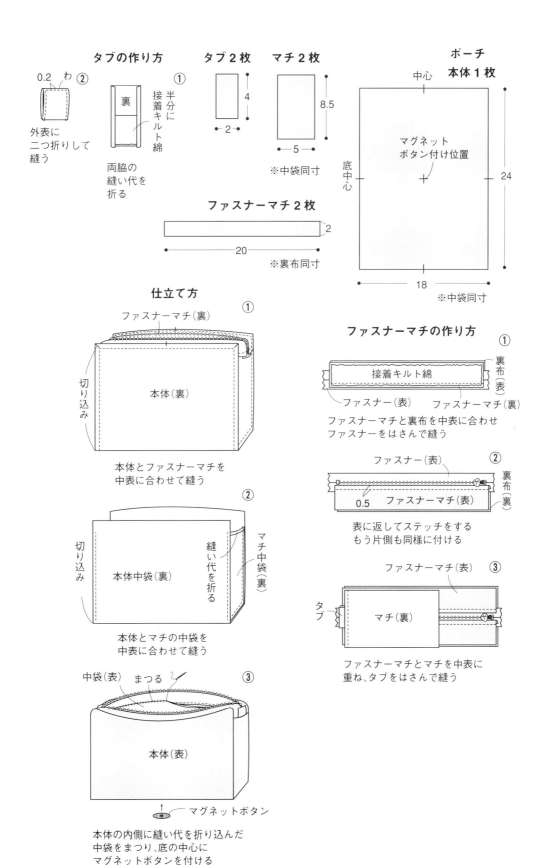

銘仙のがま口バッグ

15×24cm
デザイン／福田浩子

材料

ピーシング用布各種　中袋用布、接着キルト綿各35×40cm　内ポケット用布20×25cm　5.5寸リング付き16.6×6.8cmがま口金1個

作り方のポイント

●がま口の付け方は24ページ参照。

作り方

①ピーシングをし、本体のトップをまとめる。
②本体に接着キルト綿をはる。
③内ポケットを作り、中袋に付ける。
④本体と中袋を中表に合わせて口を縫う。
⑤本体同士、中袋同士が中表になるようにたたみ直し、中袋に返し口を残して両脇を縫う。
⑥マチを縫う。
⑦表に返して返し口をとじる。
⑧口金を付ける。

内ポケット１枚

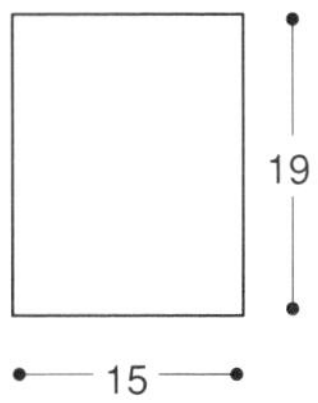

本体１枚

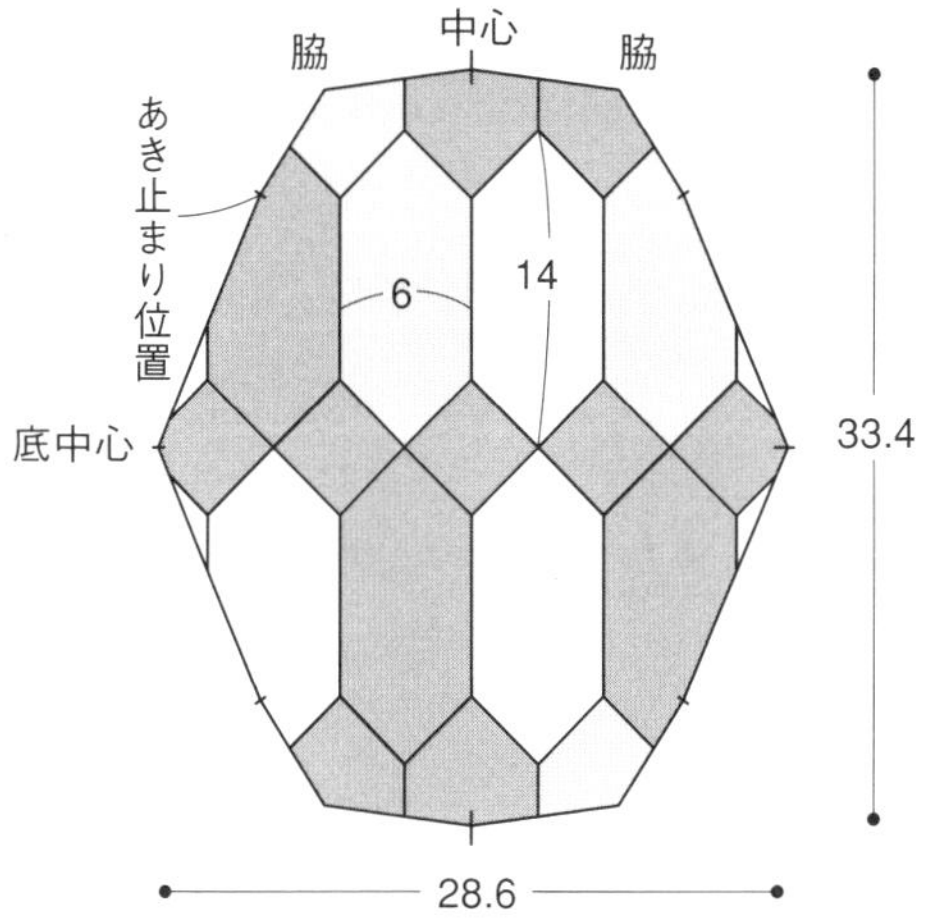

※中袋は同寸の一枚布

内ポケットの作り方

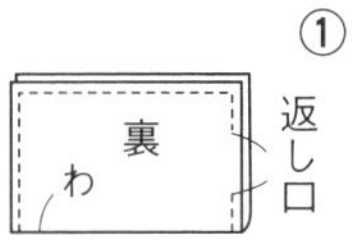

中表に二つ折りし
返し口を残して縫う

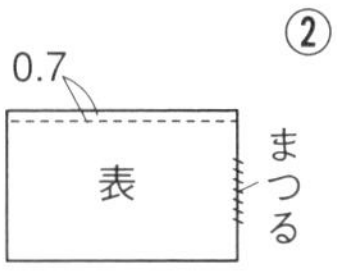

表に返して
返し口をとじ
口をステッチする

ポケット付け位置

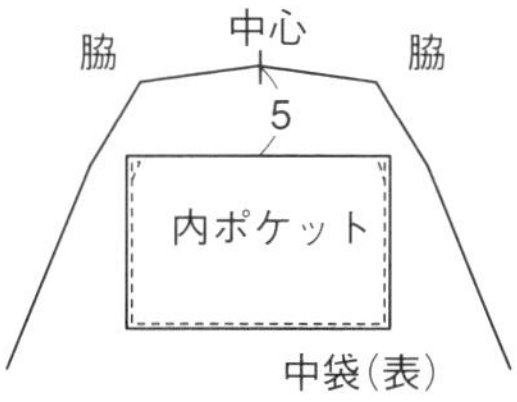

仕立て方

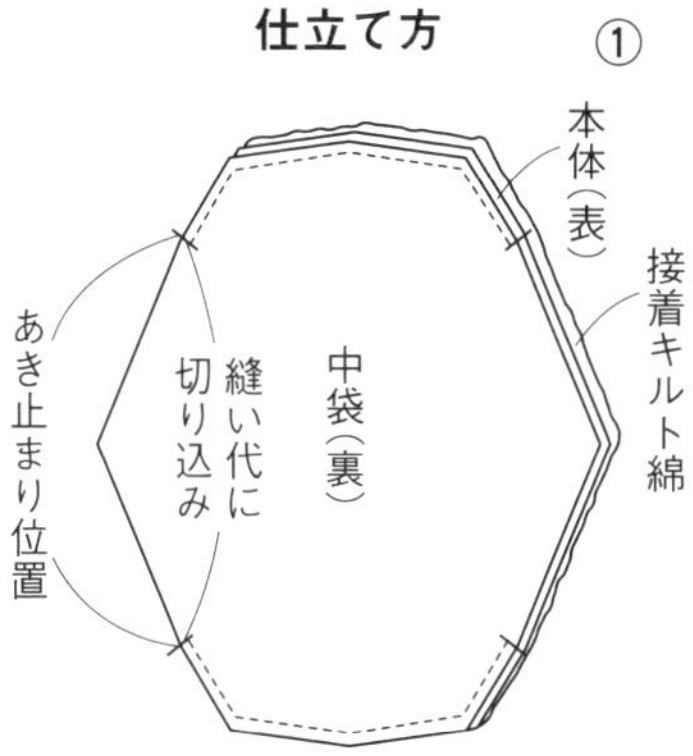

本体と中袋を中表に合わせ
あき止まり位置から
あき止まり位置まで口を縫う

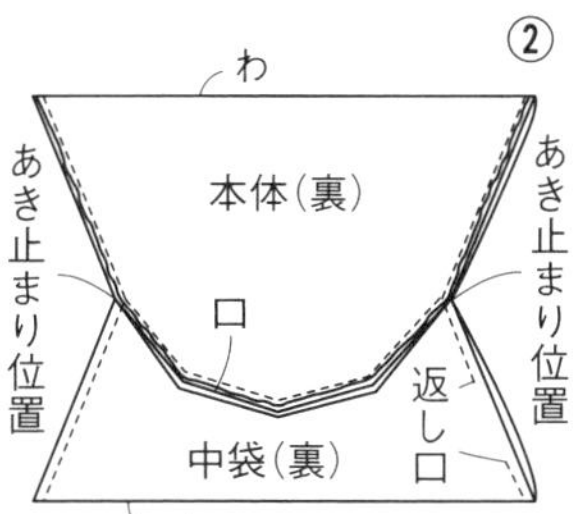

本体同士、中袋同士を中表に
合わせてたたみ直し
中袋に返し口を残して
両脇をそれぞれ縫う

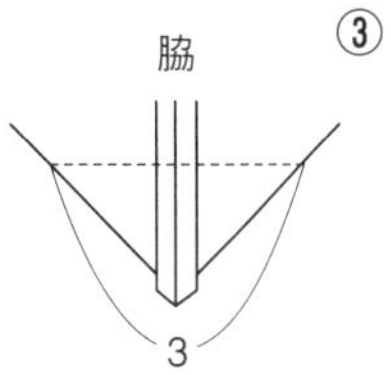

本体と裏布のマチを
それぞれ縫い、表に返して
返し口をまつってとじる

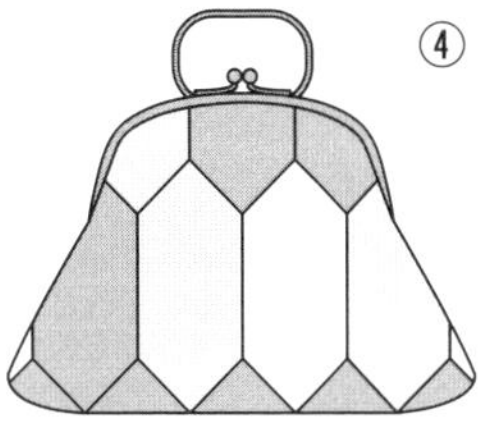

がま口金を付ける

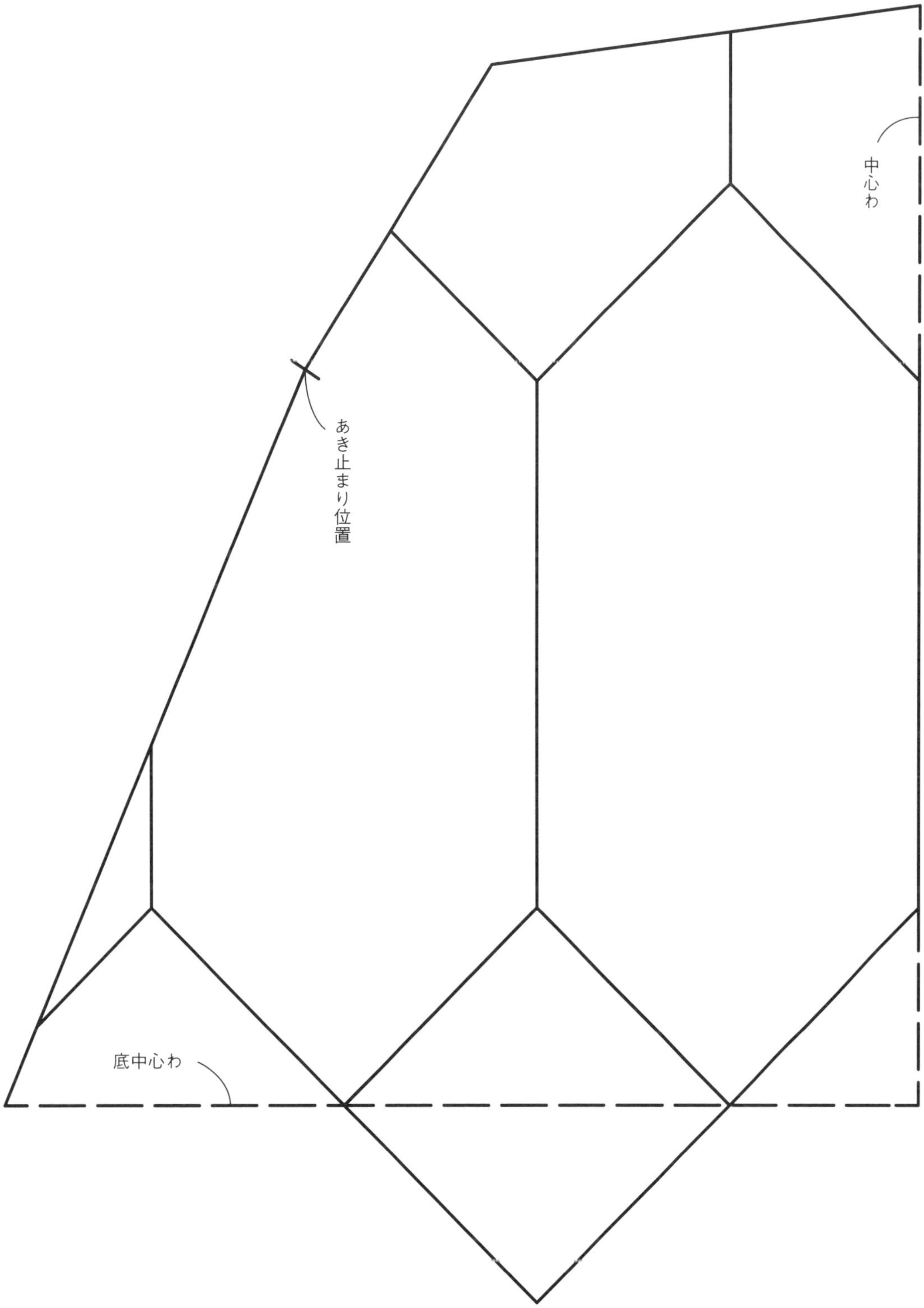
中心わ
あき止まり位置
底中心わ

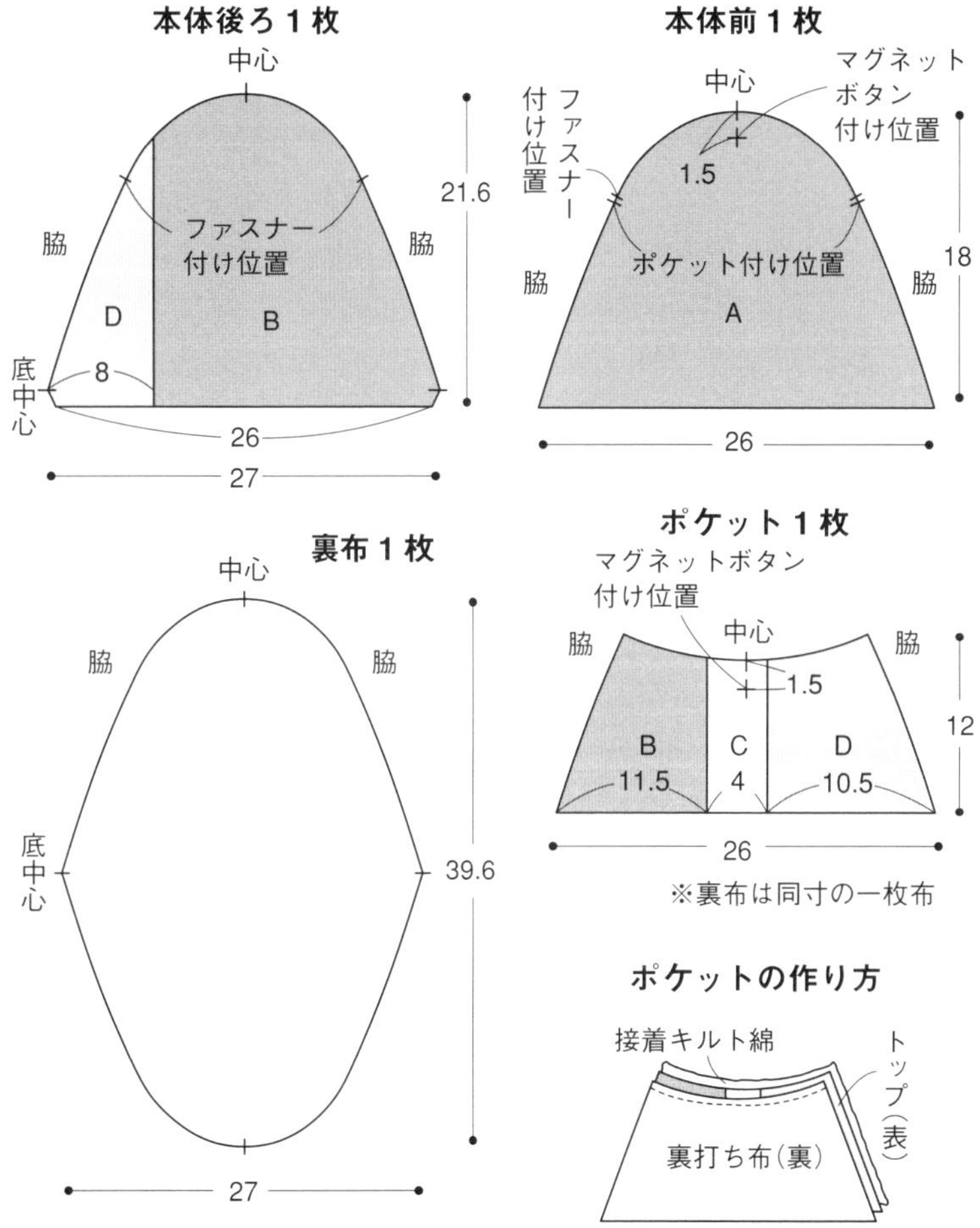

※接着キルト綿同寸

※裏布は同寸の一枚布

ポケットの作り方

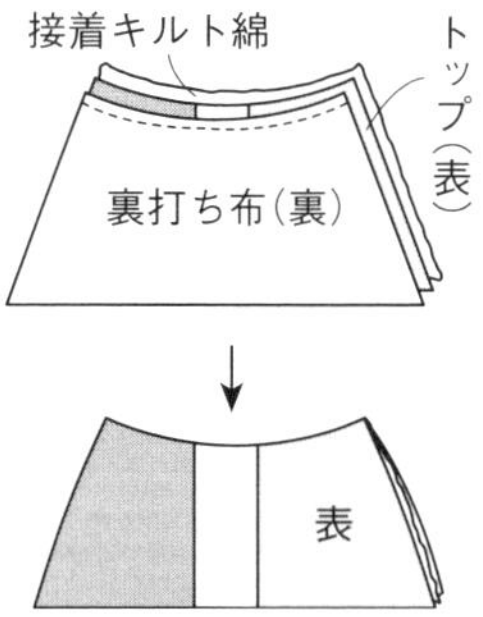

トップに接着キルト綿をはり
裏打ち布を中表に合わせて
ポケット口を縫い、表に返す

仕立て方

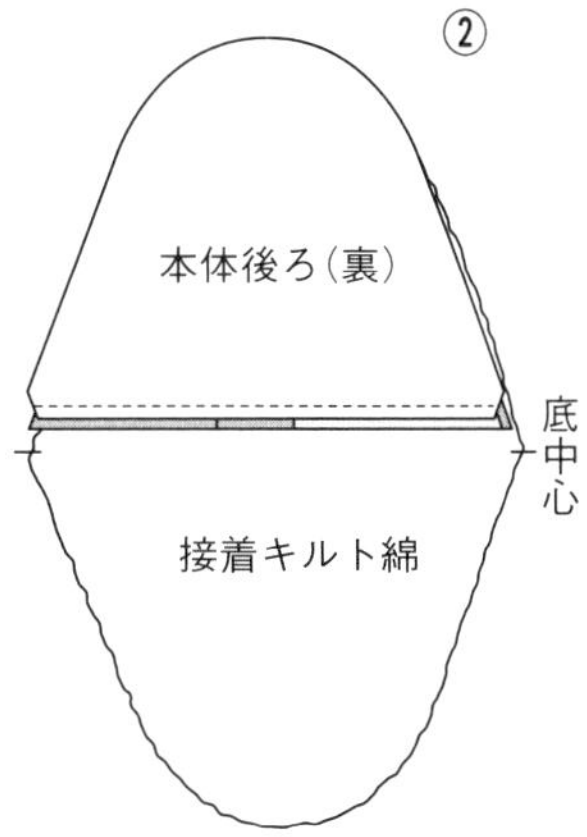

本体後ろを中表に合わせて縫い
表に返してアイロンで接着する

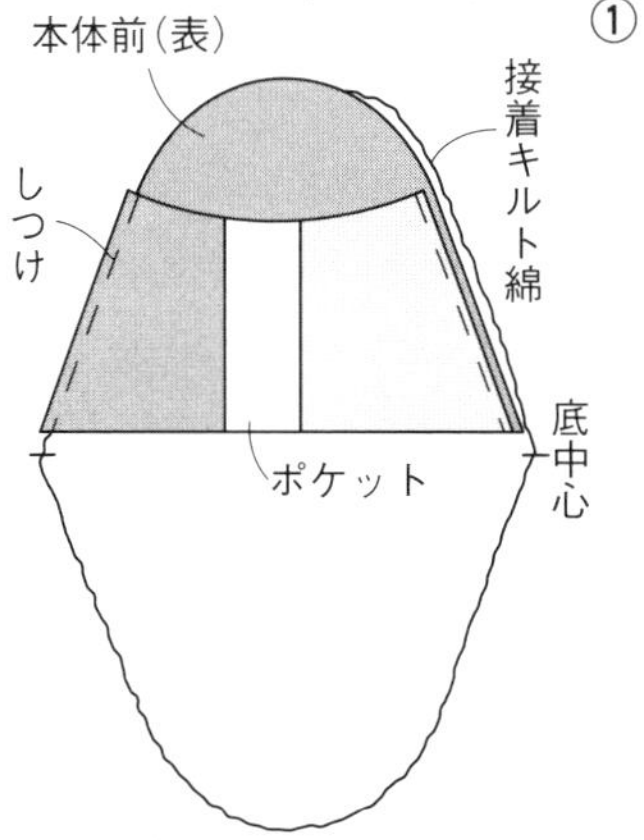

接着キルト綿に本体前を
重ねて接着し、ポケットを
重ねて仮留めする

P.46

銘仙の おしゃれポーチ

12×17cm
デザイン／福田浩子

材料

A用布30×25cm　B用布35×25cm　C用布10×15cm　D用布25×25cm　裏布（当て布分含む）30×45cm　ポケット裏布（当て布分含む）30×20cm　接着キルト綿60×45cm　長さ20cmファスナー1本　直径1.2cmマグネットボタン1組

作り方のポイント

●マグネットボタンの付け方は21ページ参照。

作り方

①ピーシングをしてポケットと本体後ろのトップをまとめる。本体前のトップは一枚布。
②ポケットに接着キルト綿をはり、裏布を中表に合わせて口を縫い、表に返す。
③接着キルト綿に本体前をはり、ポケットを重ねてしつけをかける。
④③に本体後ろを中表に重ねて縫い、表に返してはる。
⑤本体と裏布を中表に合わせ、返し口を残して周囲を縫う。
⑥表に返して返し口をとじる。
⑦本体を外表に二つ折りし、口にファスナーを付ける。
⑧両脇を縫い、マチを縫う。
⑨マグネットボタンを付ける。

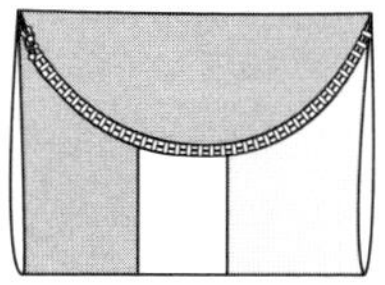

④

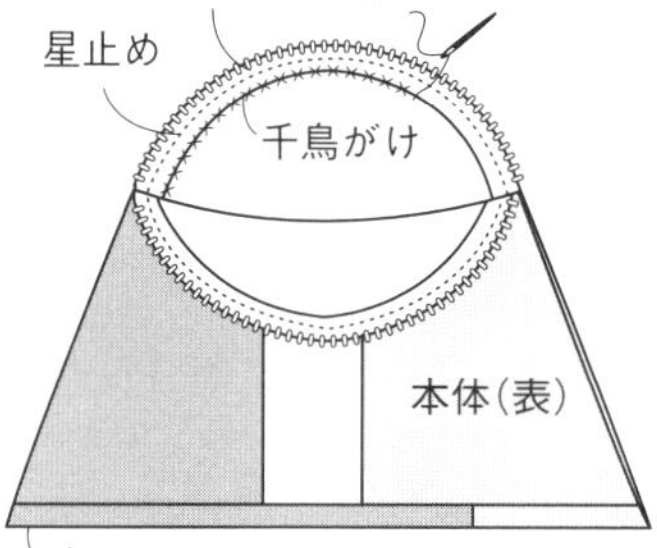

本体を二つ折りし
口にファスナーを付ける

③

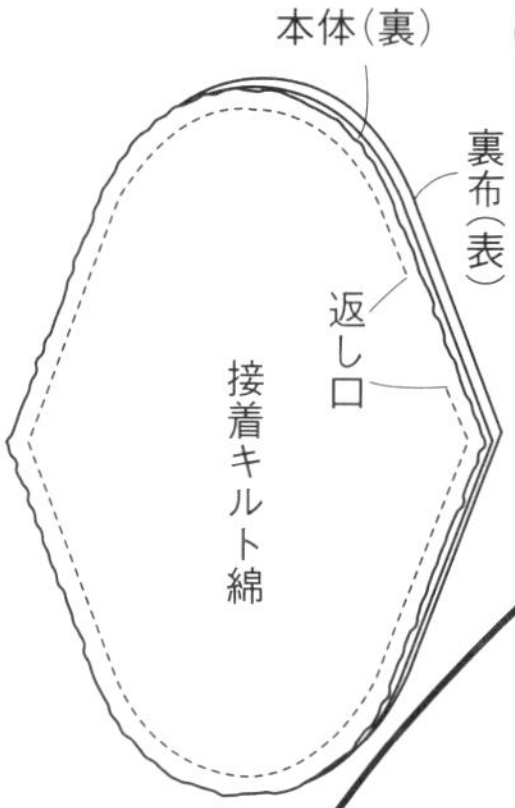

本体と裏布を中表に重ね
返し口を残して周囲を縫う
表に返して返し口を
まつってとじる

⑤

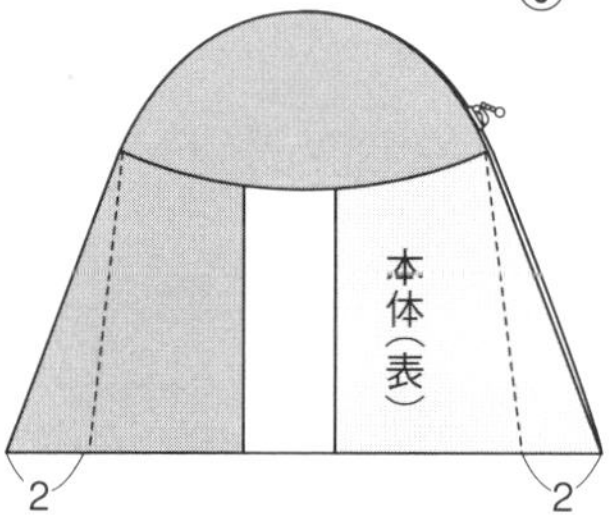

両脇を縫う

⑥

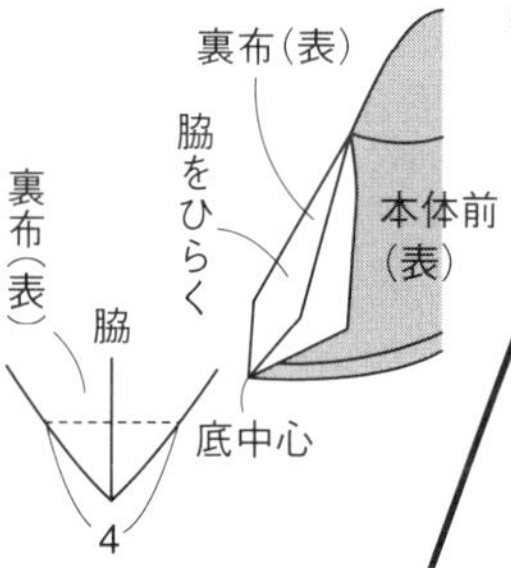

脇を開いて裏返し
内側からマチを
つまんで縫う

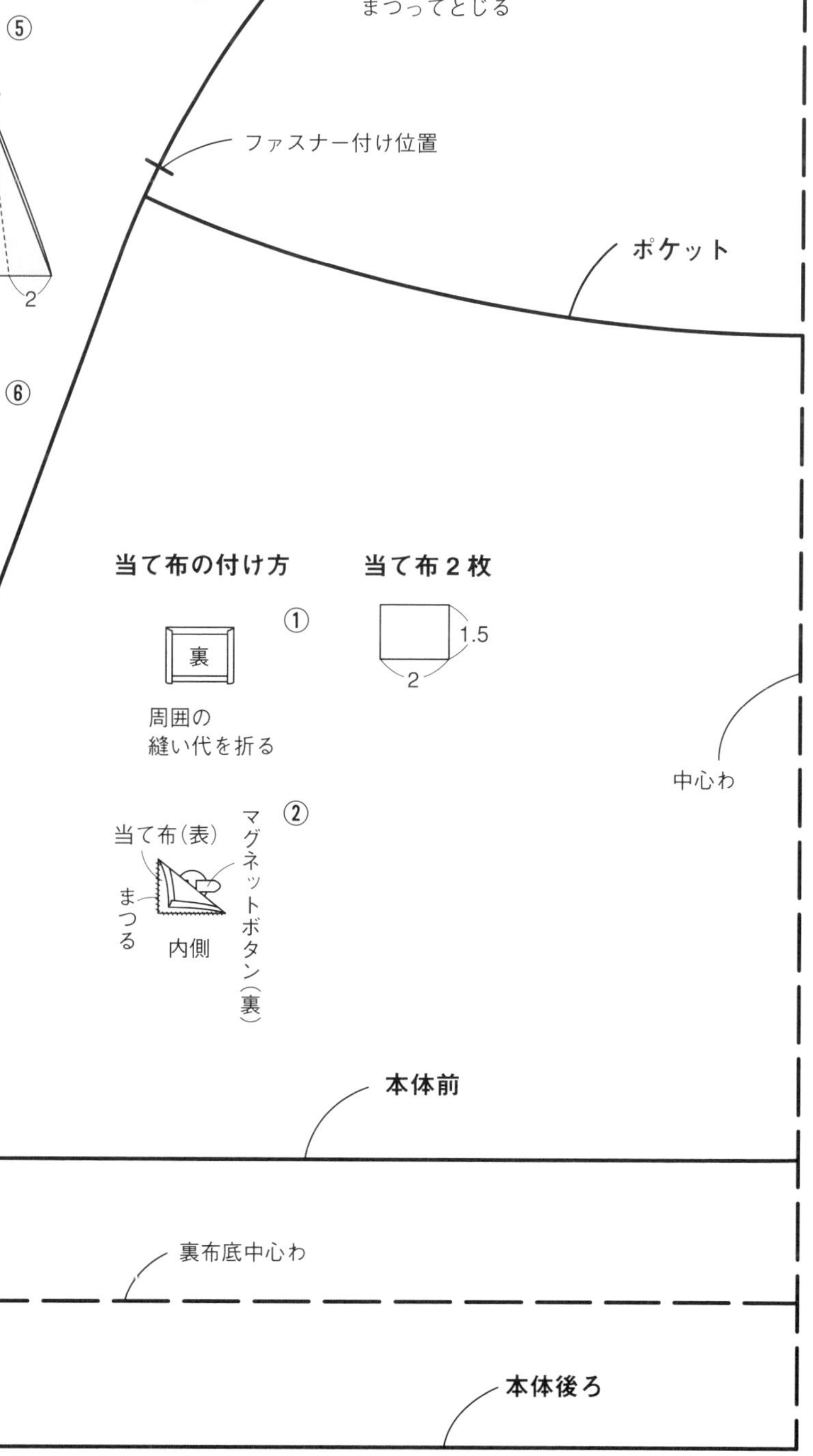

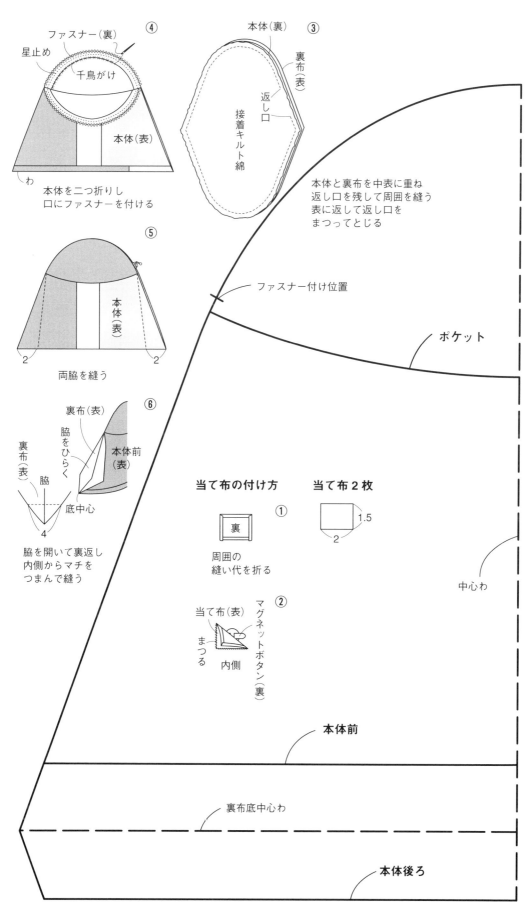

P.50

カレイドスコープのキルト

42×42cm
デザイン／鴨川美佐子

材料

ピーシング、アップリケ用布各種　ボーダー用布30×45cm　キルト綿、裏打ち布各45×45cm　パイピング用幅4cmテープ175cm

作り方のポイント

●ボーダーの三角部分は、ピーシングしたものをボーダーにアップリケする。その後、中央のピーシング部分とボーダーを接ぎ合わせてトップをまとめる。
●明暗を意識して配色する。

作り方

①ピーシング、アップリケをしてトップをまとめる。
②裏打ち布、キルト綿にトップを重ね、しつけをかけてキルティングする。
③周囲をパイピングで始末する。

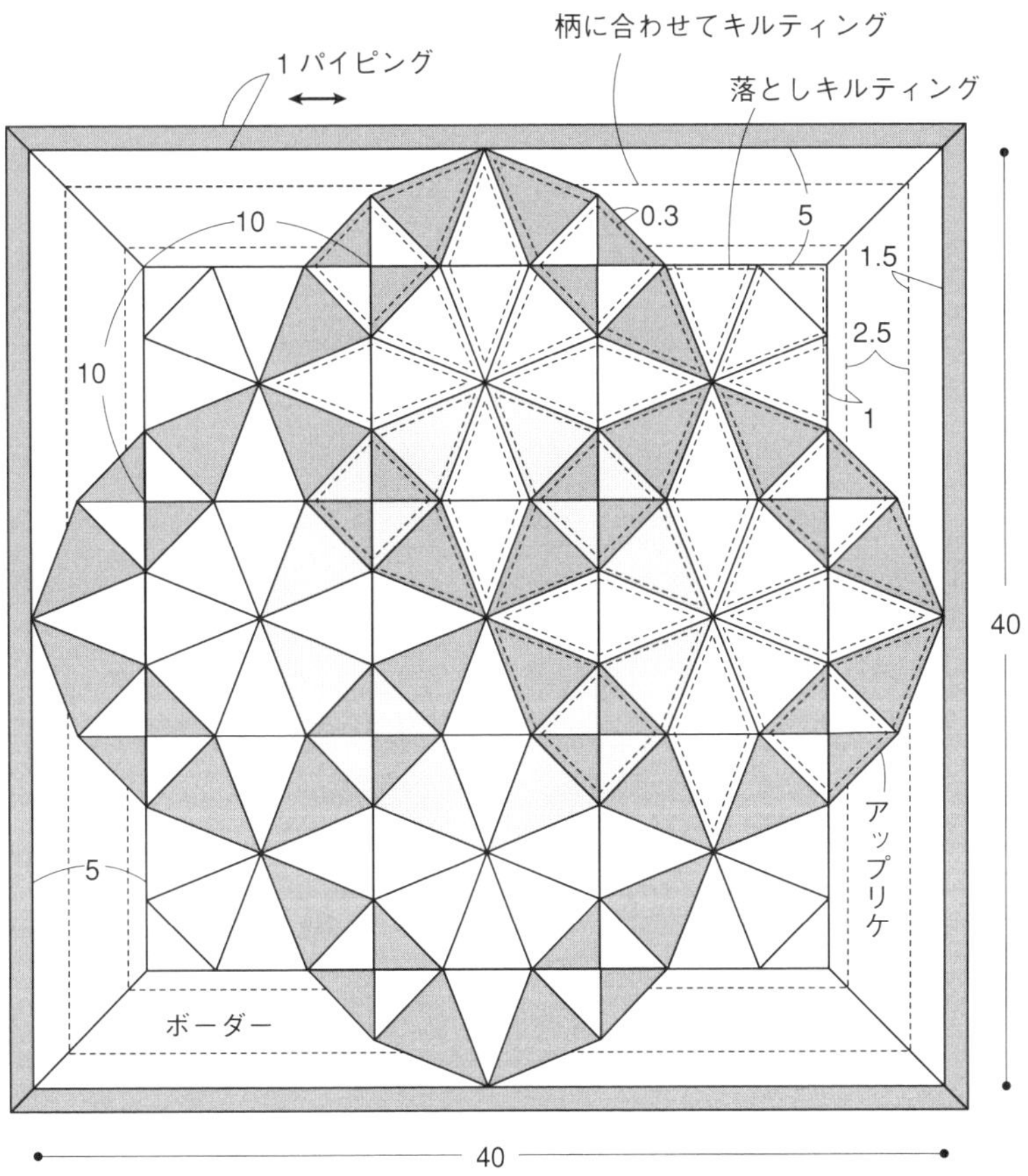

実物大型紙

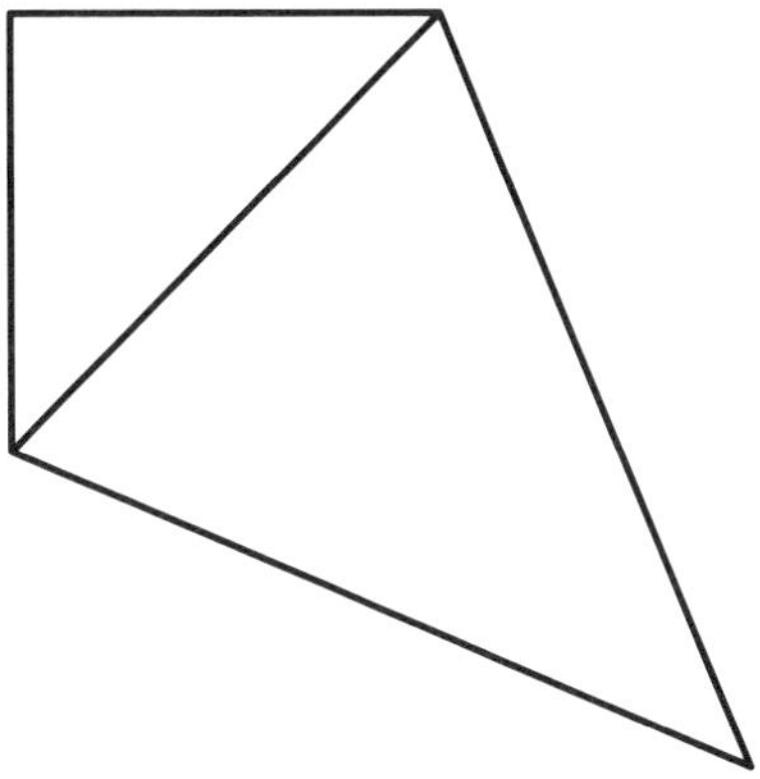

作り方88ページ
D と E のコースター
実物大型紙

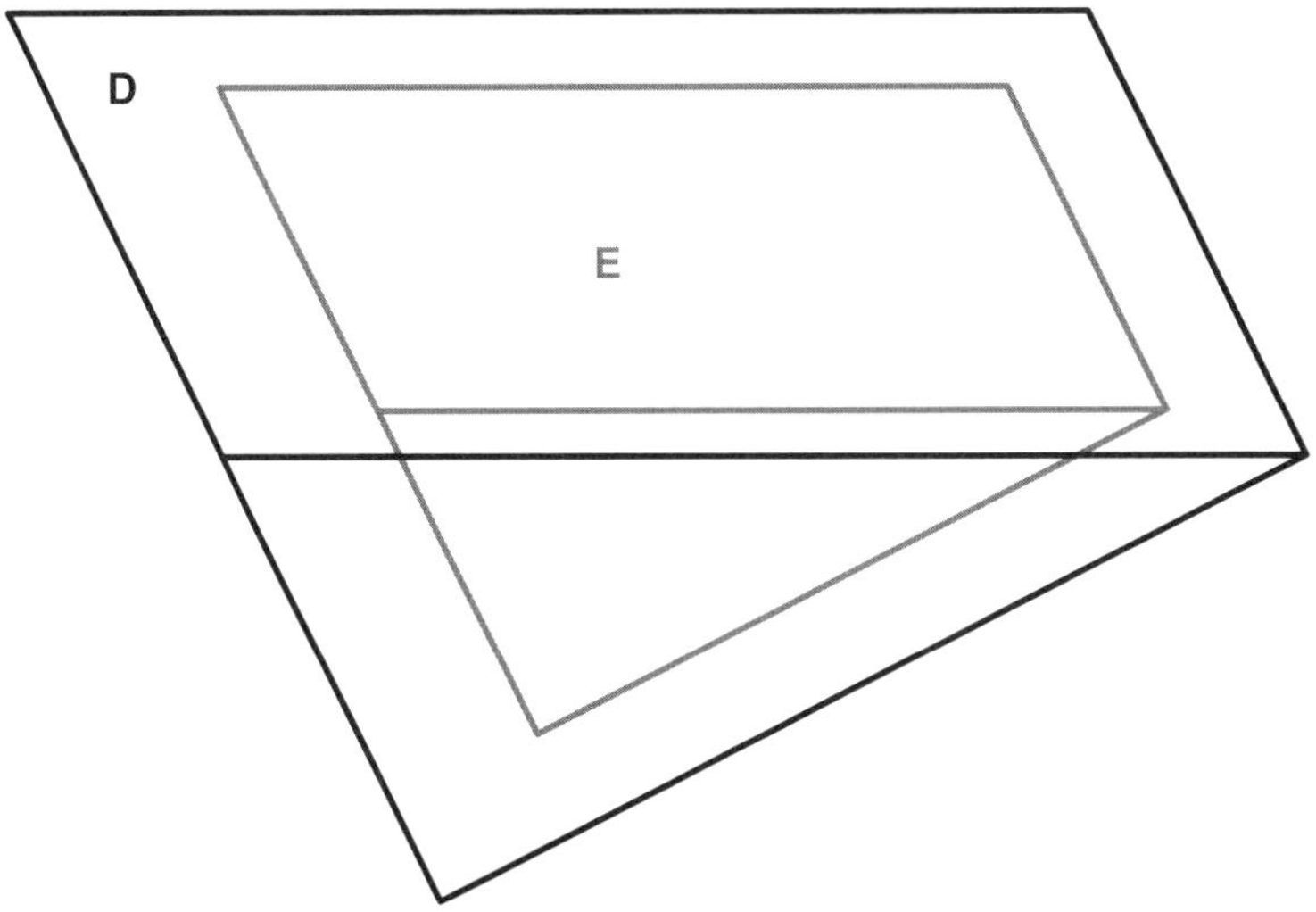

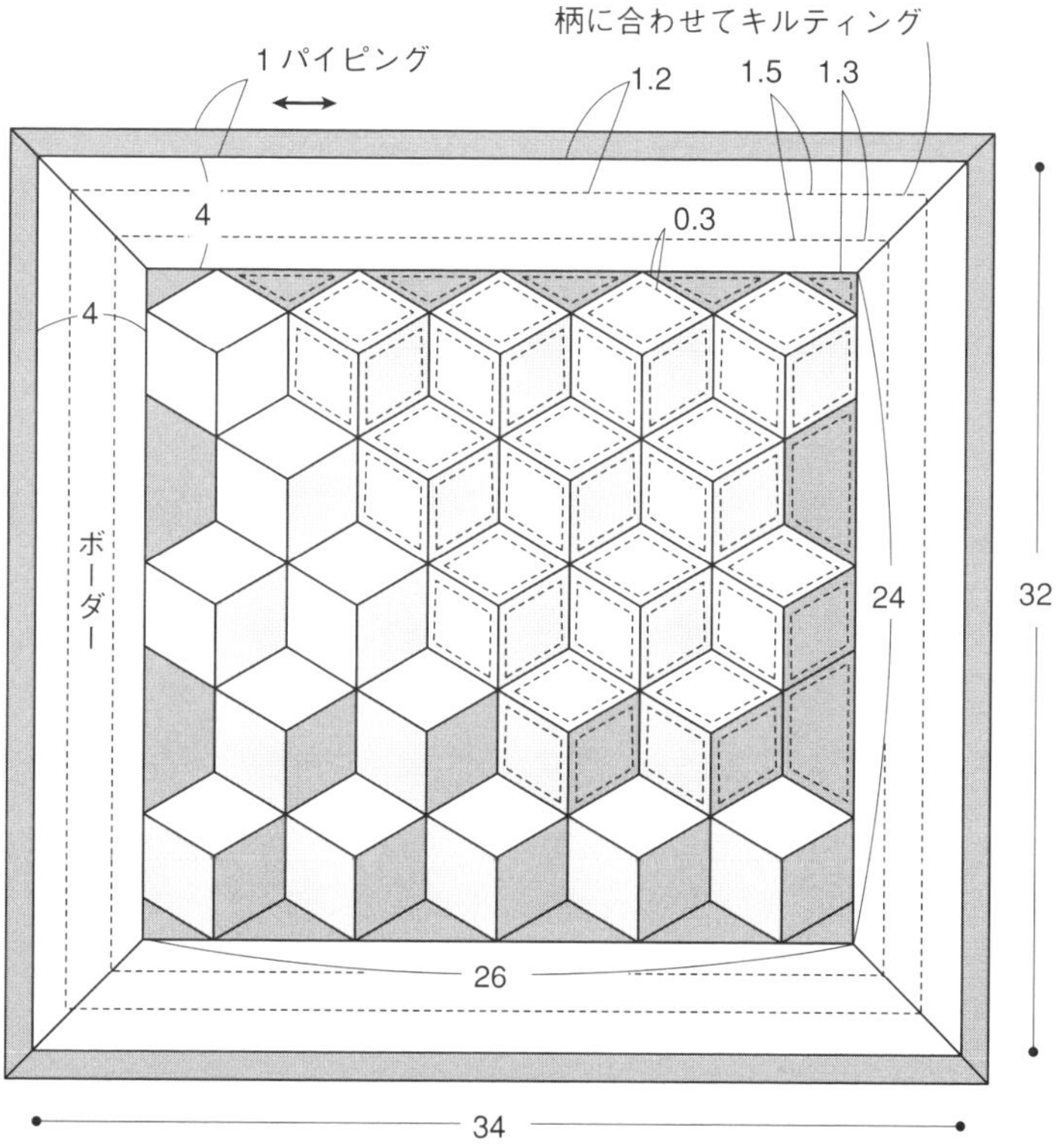

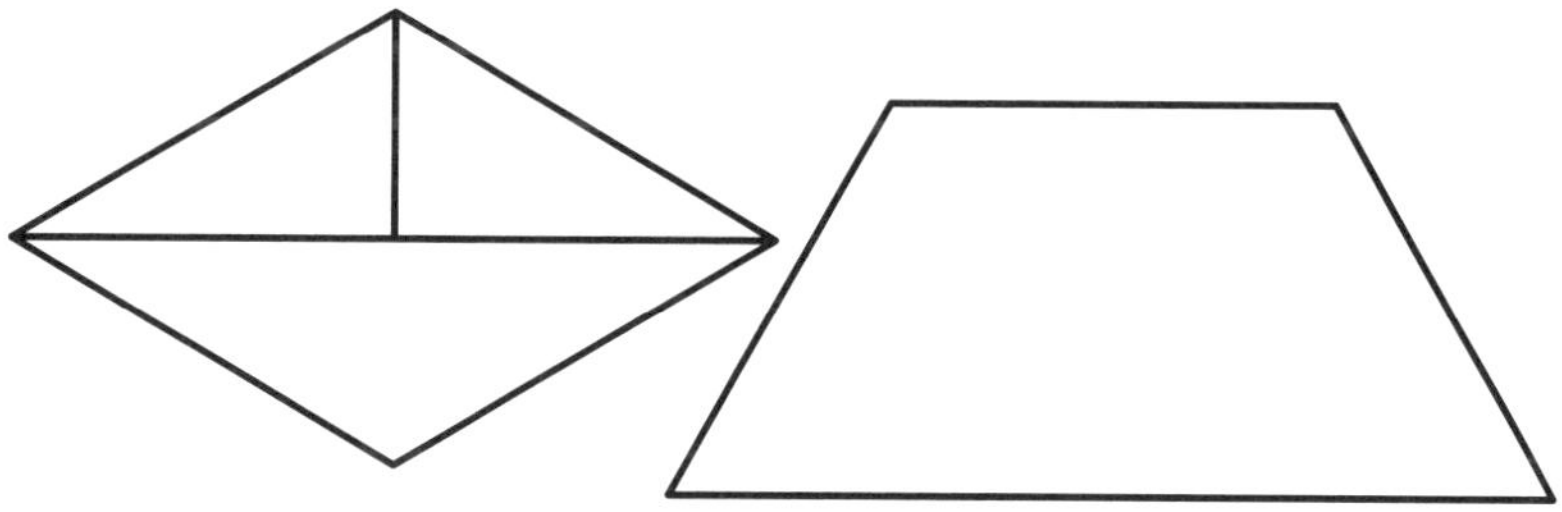

P.51

ベビーブロックのキルト

34×34cm
デザイン／鴨川美佐子

材料

ピーシング用布各種　ボーダー用布25×40cm　キルト綿、裏打ち布各40×40cm　パイピング用幅4cmテープ150cm

作り方のポイント

●明暗を意識して配色する。

作り方

①ピーシングをしてトップをまとめる。
②裏打ち布、キルト綿にトップを重ね、しつけをかけてキルティングする。
③周囲をパイピングで始末する。

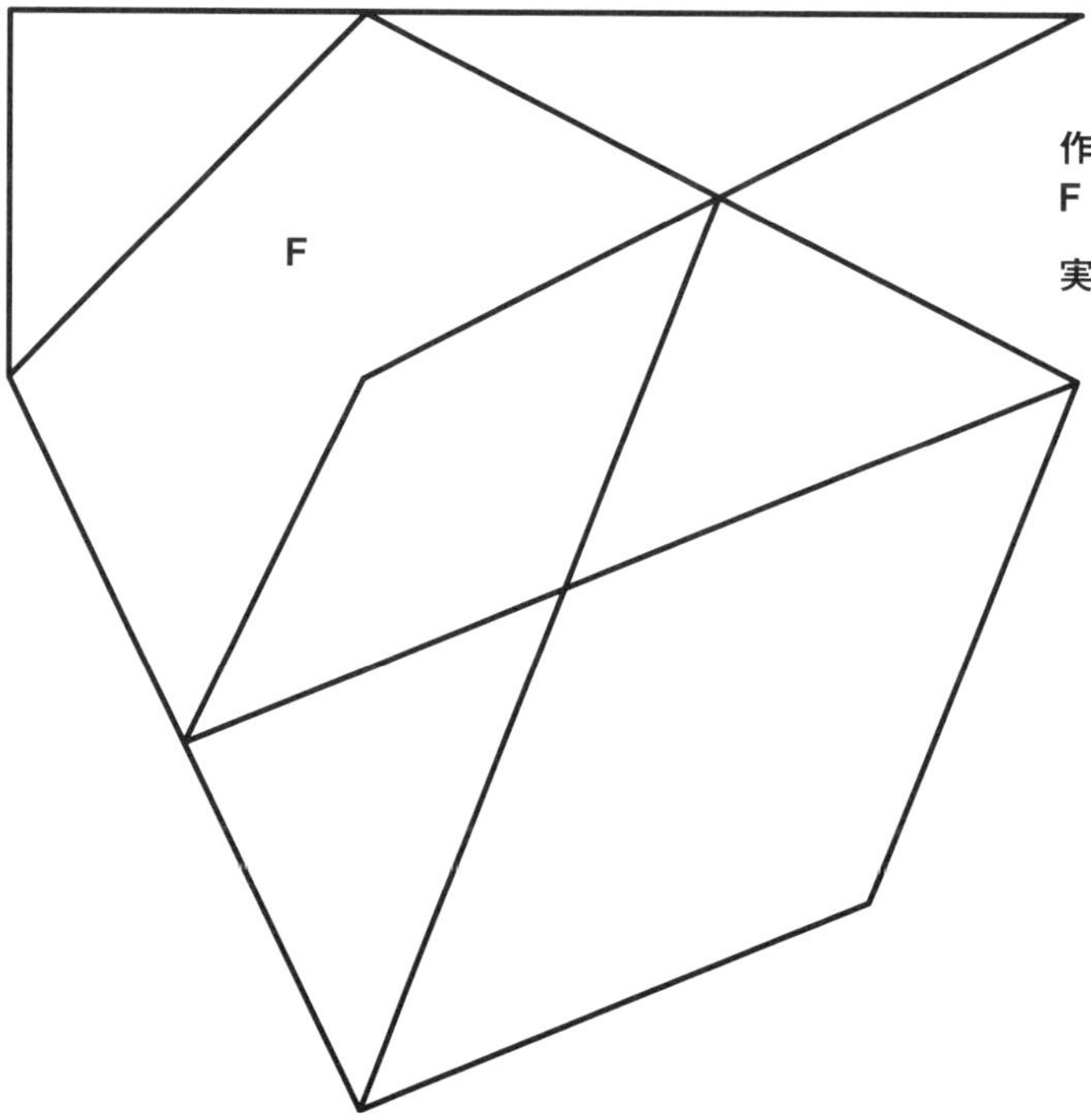

作り方 88 ページ
F のコースター

実物大型紙

留め布1枚

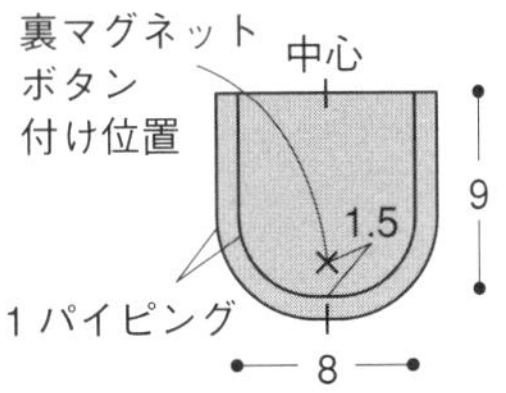

本体2枚

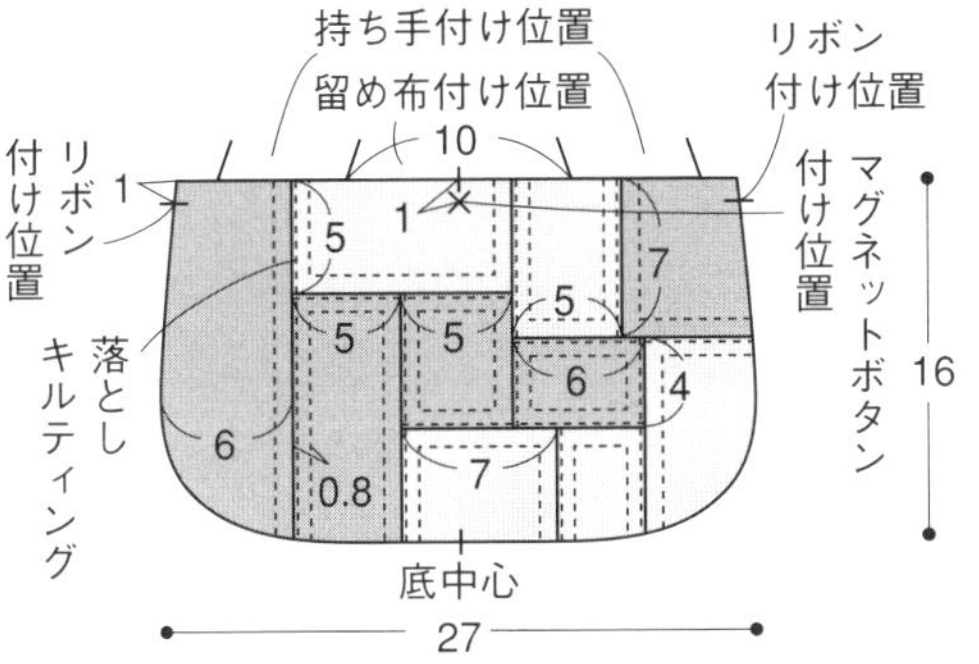

※マグネットボタンは前のみ
留め布は後ろのみ
※中袋は同寸の一枚布

マチ1枚

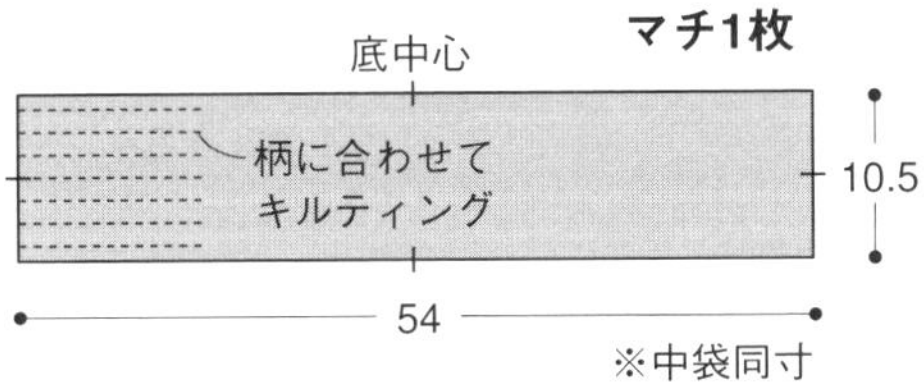

※中袋同寸

持ち手2枚

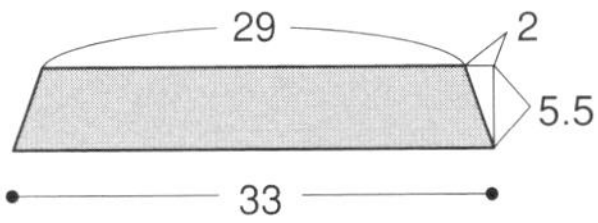

※裏布同寸

持ち手の作り方

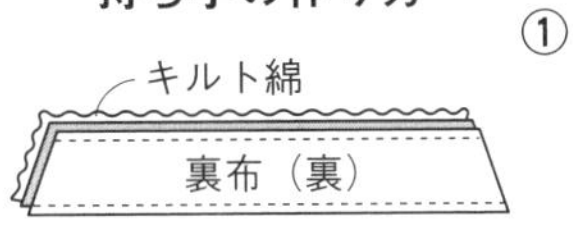

裏布と中表に合わせて
キルト綿に重ねて両端を縫う

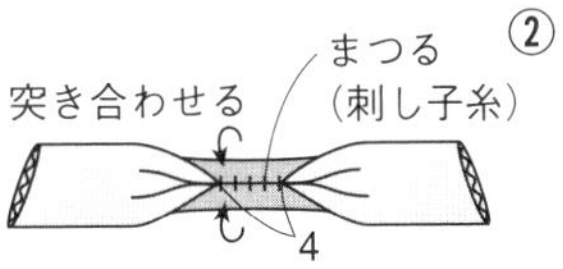

表に返して、中心を
突き合わせてまつる

中袋の作り方

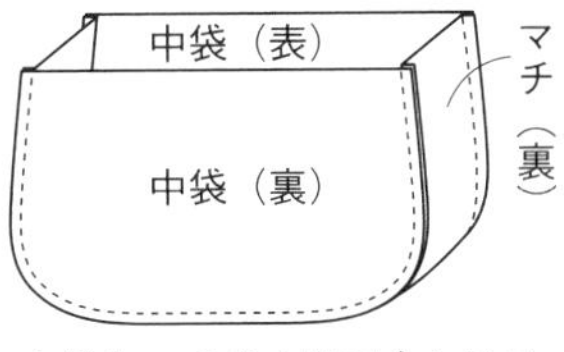

中袋とマチを中表に合わせて
周囲を縫う

パイピングテープ2本

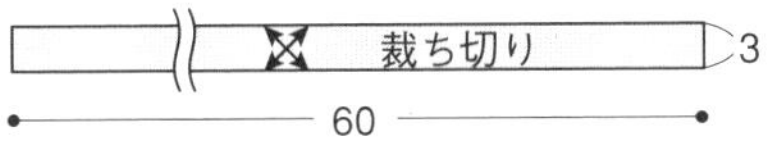

パイピングテープの作り方

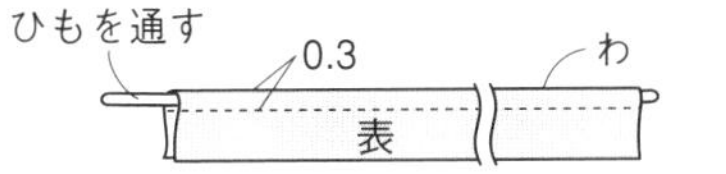

ひもをはさんで外表に二つ折りし
ひものきわを縫う

リボン4本

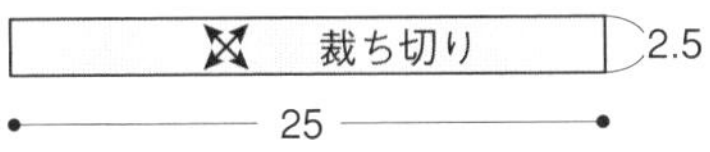

リボンの作り方

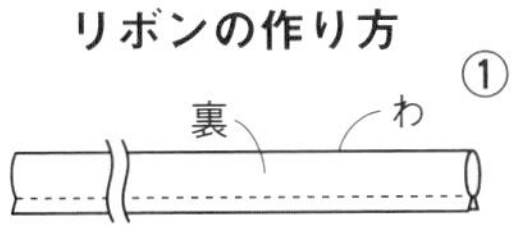

中表に合わせて縫い
表に返す

片方の端をひと結びする

P.52

パッチワーク
ミニバッグ

18×27cm
デザイン／津田広子

材料

ピーシング、留め布パイピング用布各種　マチ用布（留め布、持ち手、ピーシング分含む）35×60cm　パイピングテープ用布（留め布裏打ち布、リボン、ピーシング分含む）35×70cm　持ち手裏布35×20cm　パイピング用幅4cmテープ80cm　中袋、裏打ち布、両面接着キルト綿各35×65cm　キルト綿70×15cm　直径0.3cmひも120cm　直径1.5cmマグネットボタン1組　刺し子糸適宜

作り方のポイント

●持ち手はふっくらとするように、厚手キルト綿か、2枚重ねにするとよい。
●マグネットボタンの付け方は21ページ参照。

作り方

①ピーシングをして本体のトップをまとめる。マチと留め布のトップは一枚布。
②裏打ち布、両面接着キルト綿に本体とマチのトップを重ねてはり、キルティングする。
③留め布の裏打ち布に両面接着キルト綿をはってマグネットボタンを付け、トップを重ねてはり、周囲をパイピングで始末する。
④パイピングテープとリボンを作り、本体の周囲に仮留めする。
⑤マチを中表に合わせて周囲を縫い、口をパイピングで始末する。
⑥持ち手を作り、持ち手と留め布を本体内側に付け、マグネットボタンを付ける。
⑦中袋を本体同様に作る。
⑧中袋を本体に入れてまつる。

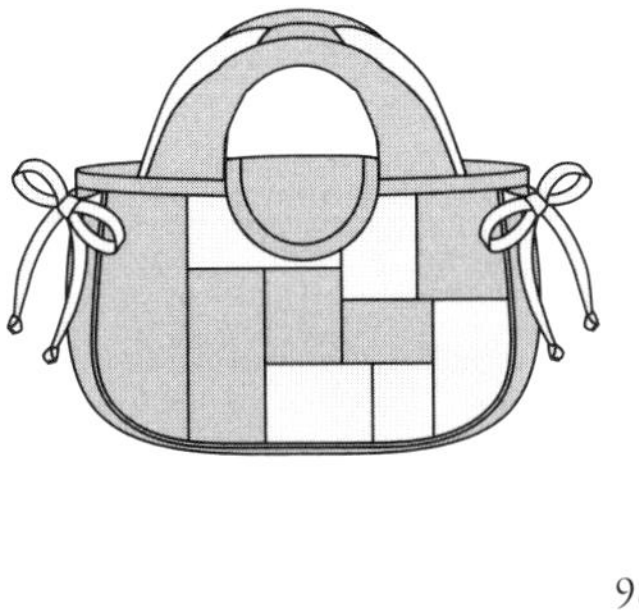

仕立て方

①

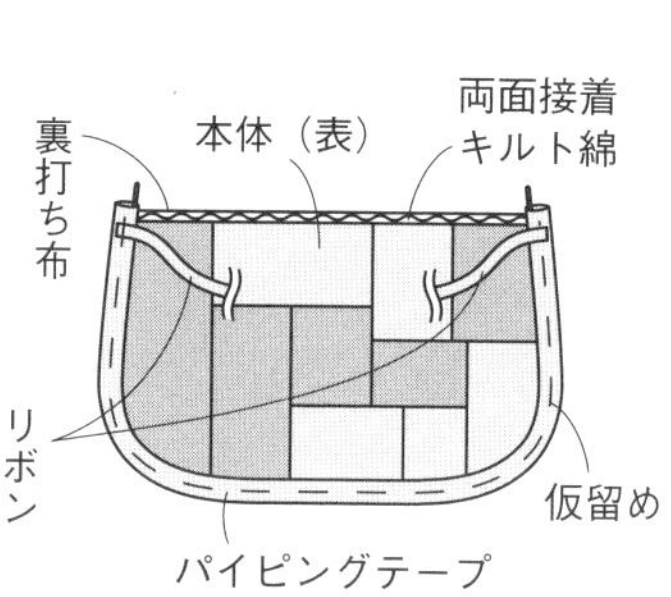

本体の周囲にパイピングテープと
リボンを仮留めする

②

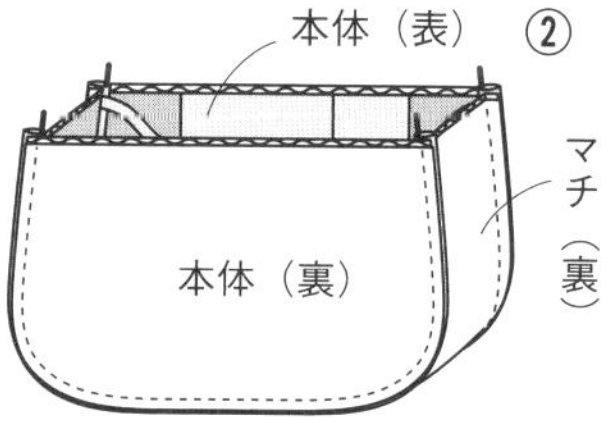

①とマチを中表に合わせて
周囲を縫う

③

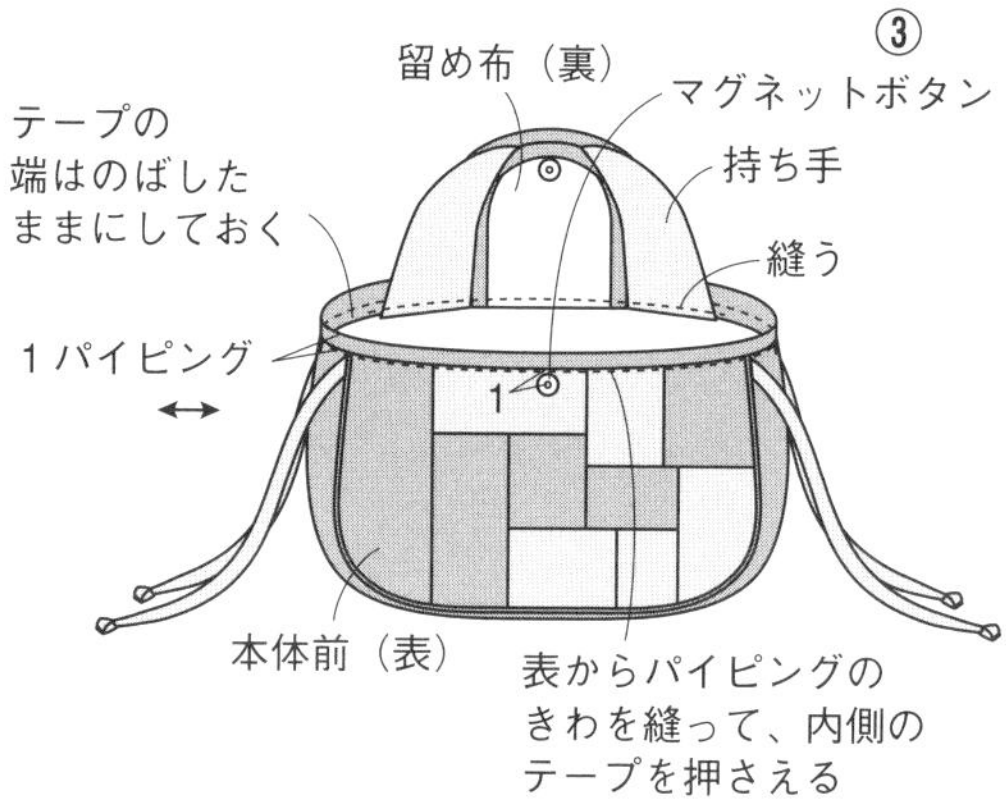

口をパイピングで始末し、持ち手と留め布を表に
ひびかないようにパイピングのきわに縫い付け
マグネットボタンを付ける

④

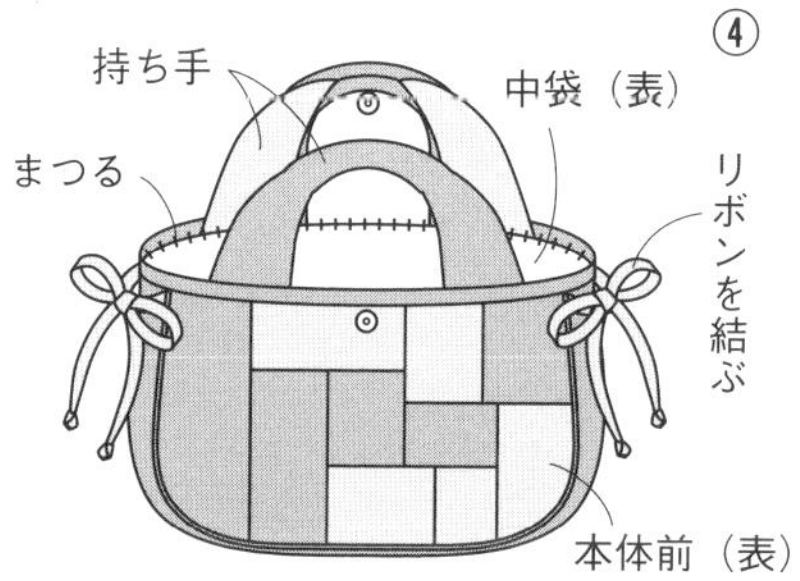

中袋を本体に入れてパイピングにまつる

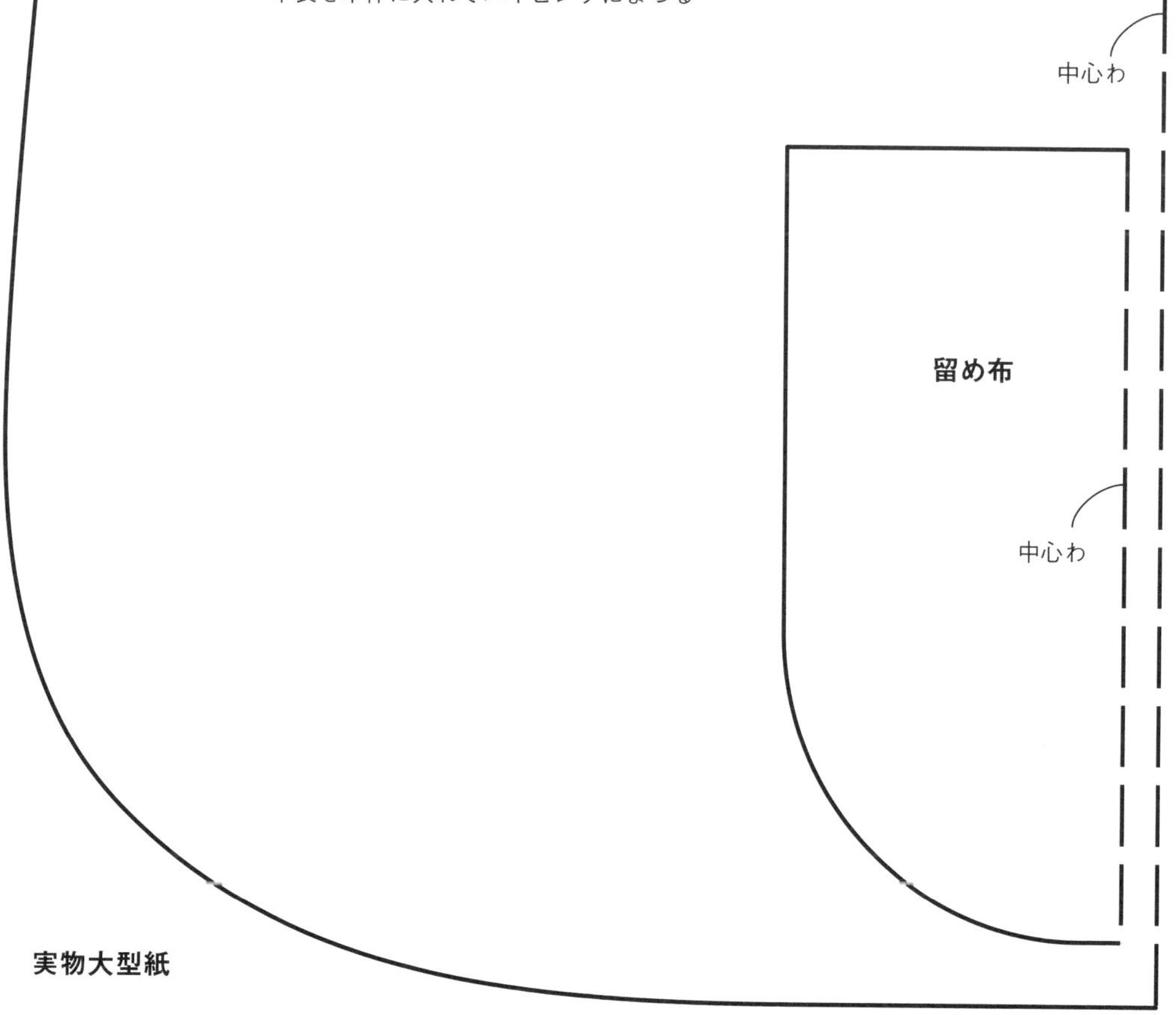

実物大型紙

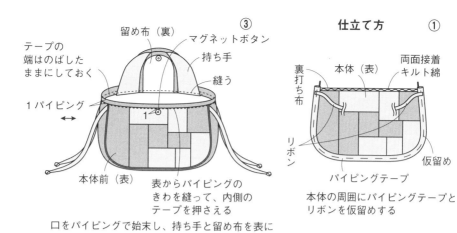

P.53

藍のミニバッグ

16×30cm
デザイン／津田広子

材料

本体用布30×40cm　マチ用布30×30cm　裏打ち布、両面接着キルト綿各100×40cm　中袋用布（内ポケット分含む）35×75cm　持ち手用布（パイピングテープ分含む）35×60cm　パイピング用幅3.5cmバイヤステープ70cm　長さ26cmファスナー1本　直径0.7cmひも110cm　キルト綿適宜

作り方のポイント

●本体とマチはトップのみにステッチをする。
●マチは一枚布でもよい。

作り方

①マチを接ぎ合わせて本体とマチ、持ち手のトップにステッチをする。
②裏打ち布、両面接着キルト綿にトップを重ねてはる。
③マチにタックを寄せる。
④パイピングテープを作る。
⑤本体にパイピングテープを仮留めし、本体とマチを中表に合わせて縫う。
⑥内ポケットを作り、中袋に付ける。
⑦中袋を本体同様に縫う。
⑧持ち手を作る。
⑨本体の口をパイピングで始末し、持ち手を付ける。
⑩口にファスナーを付ける。
⑪中袋をファスナーにまつる。

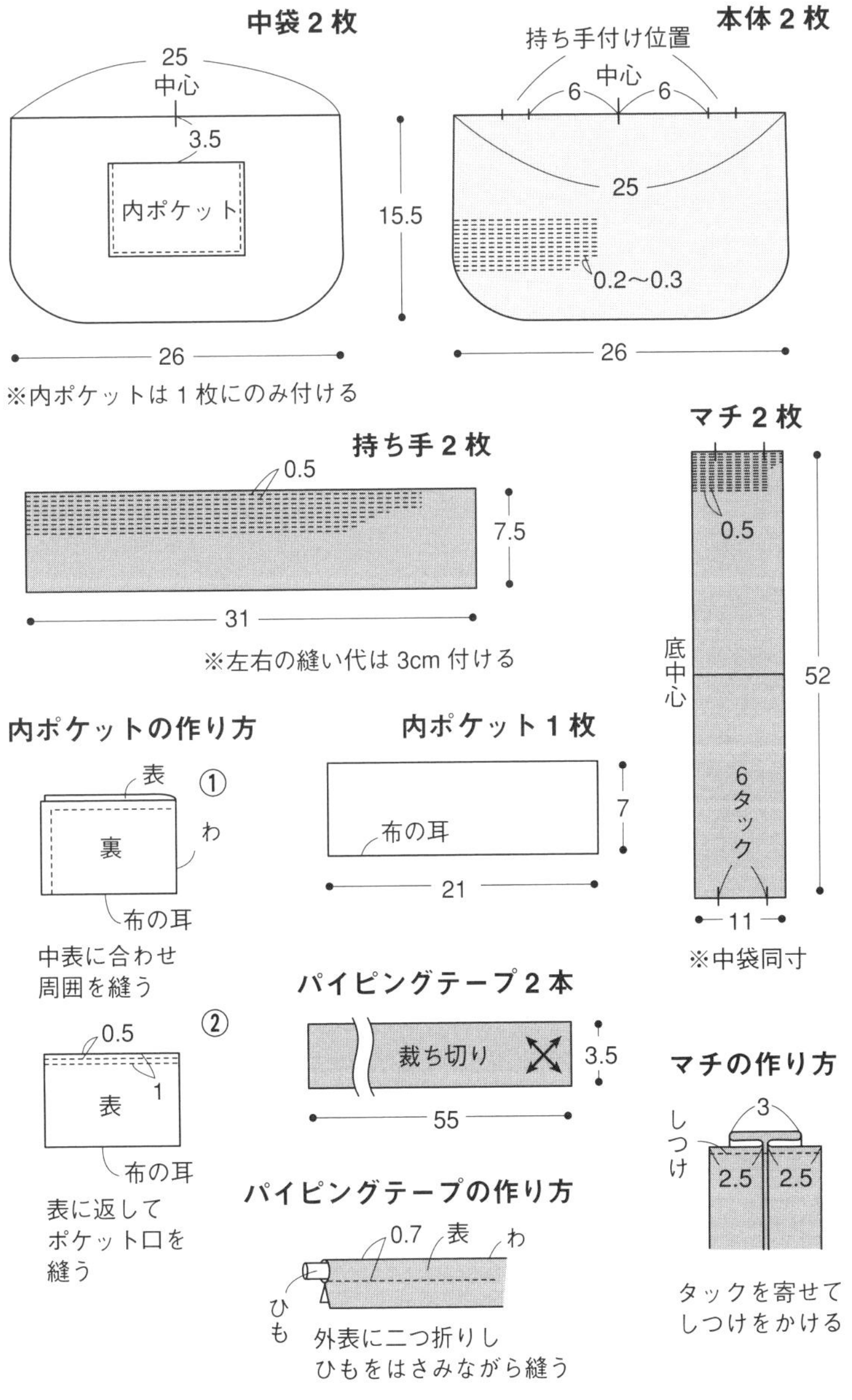

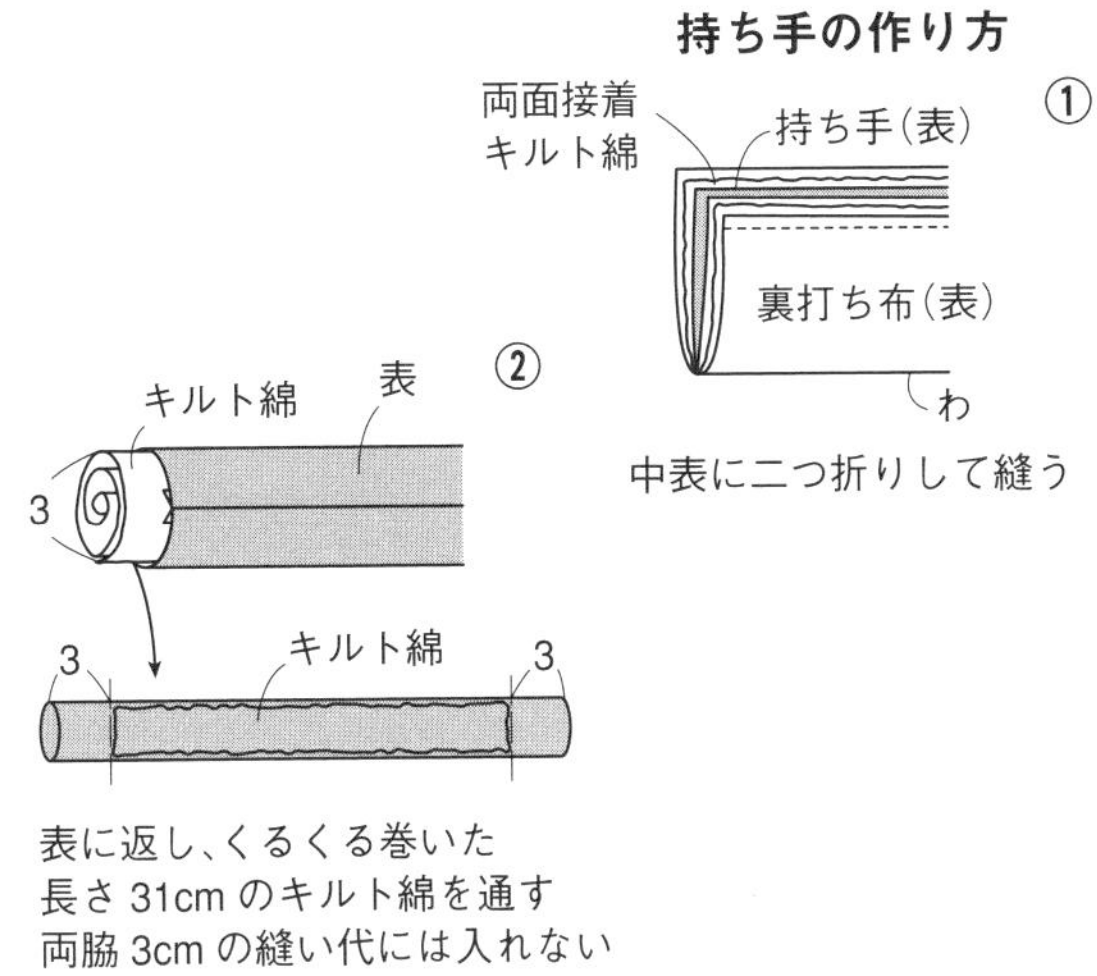

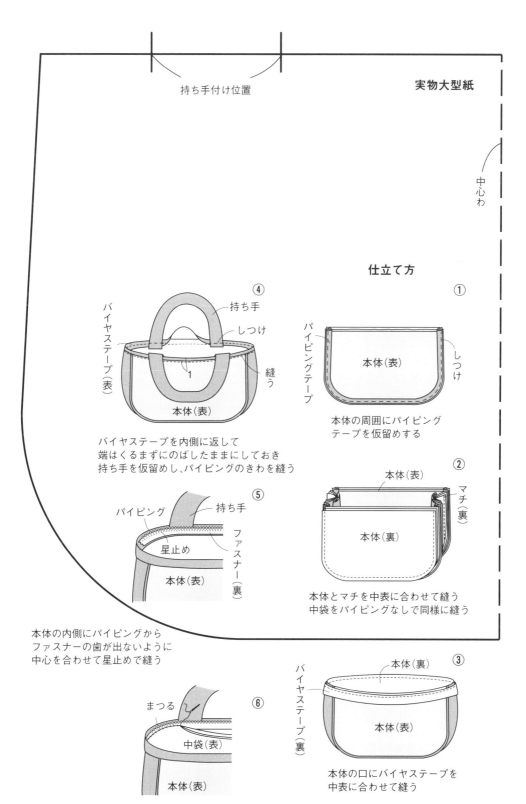

実物大型紙

持ち手付け位置

中心わ

仕立て方

①

本体の周囲にパイピング
テープを仮留めする

②

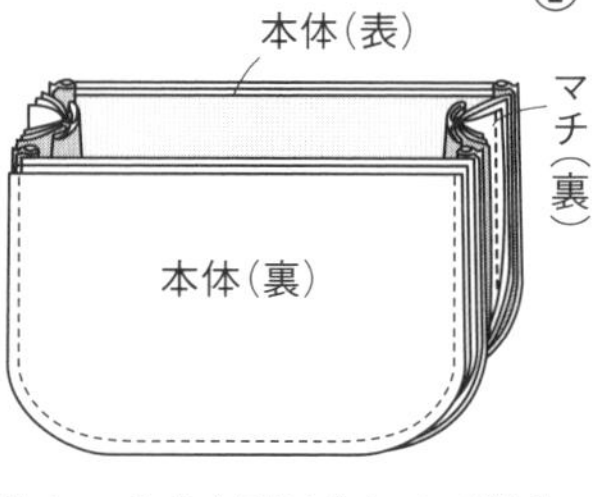

本体とマチを中表に合わせて縫う
中袋をパイピングなしで同様に縫う

③

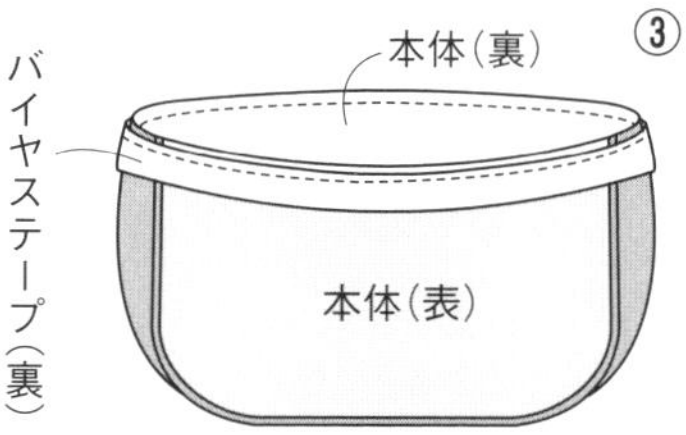

本体の口にバイヤステープを
中表に合わせて縫う

④

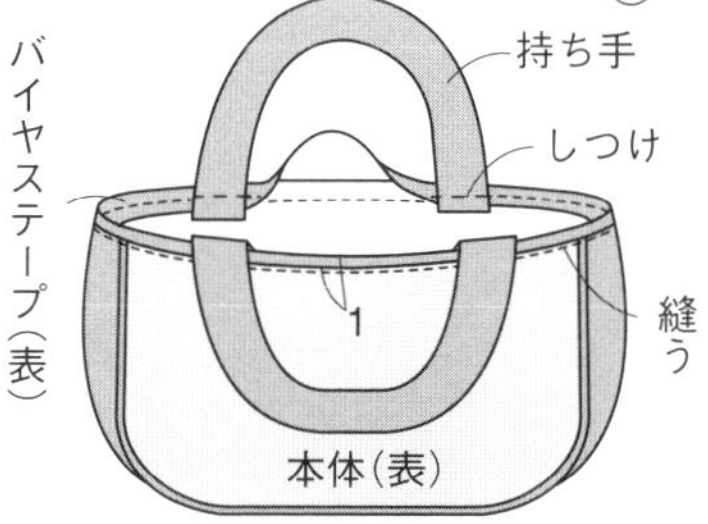

バイヤステープを内側に返して
端はくるまずにのばしたままにしておき
持ち手を仮留めし、パイピングのきわを縫う

⑤

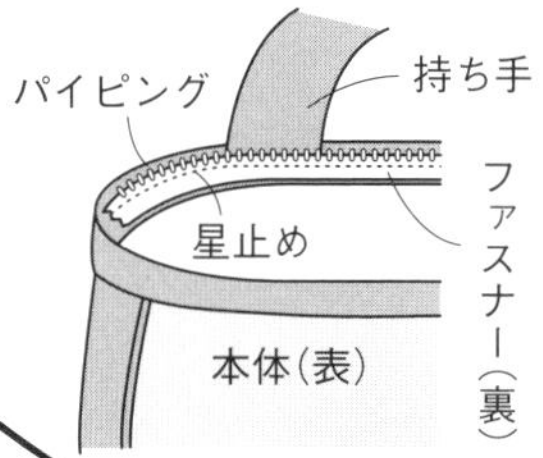

本体の内側にパイピングから
ファスナーの歯が出ないように
中心を合わせて星止めで縫う

⑥

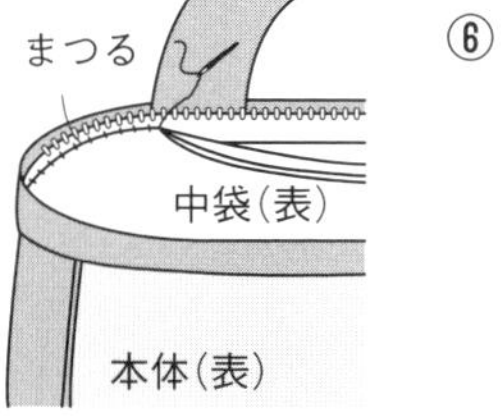

本体の内側に中袋を
合わせてまつり付ける

P.54

18枚つなぎのポーチ

11×28cm
デザイン／斎藤八穂子

材料

本体用布、接着キルト綿、裏布各35×45cm　こはぜ1枚

作り方のポイント

●ループの作り方は54ページ参照。

作り方

①ピーシングをして本体のトップをまとめる。
②本体に接着キルト綿をはり、周囲をカットする。
③本体と裏布を中表に合わせ、返し口を残して周囲を縫い、周囲をカットする。
④表に返して返し口をとじる。
⑤周囲を星止めする。
⑥合印同士を合わせて縫う。
⑦こはぜを縫い付け、ループを作る。

本体1枚

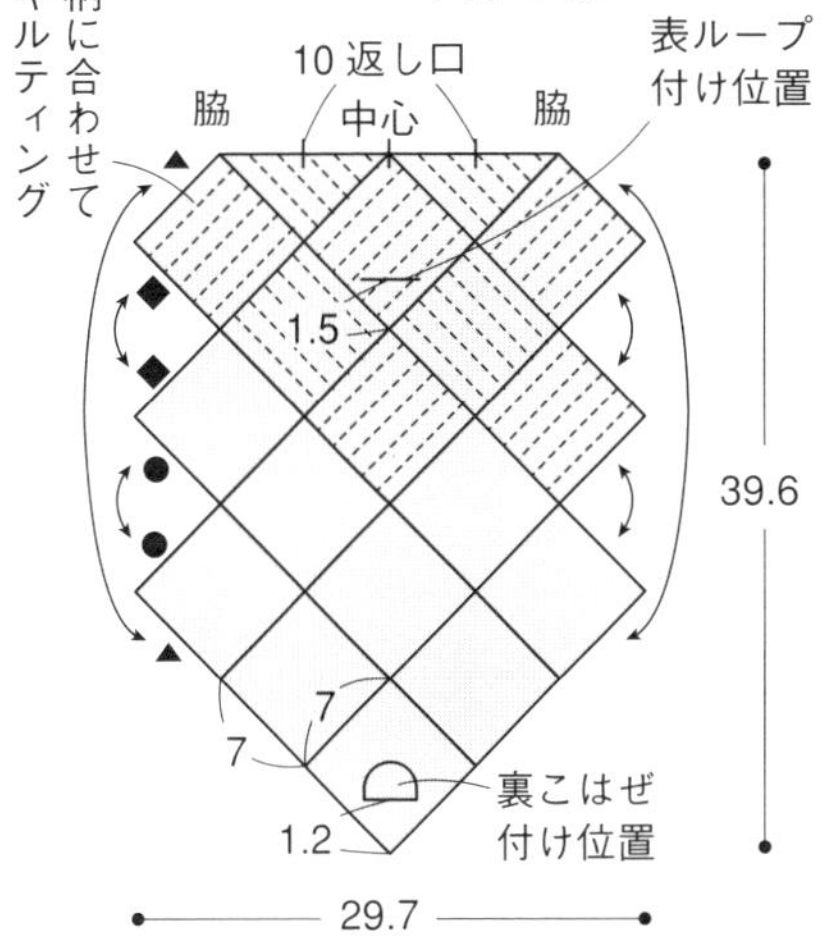

仕立て方

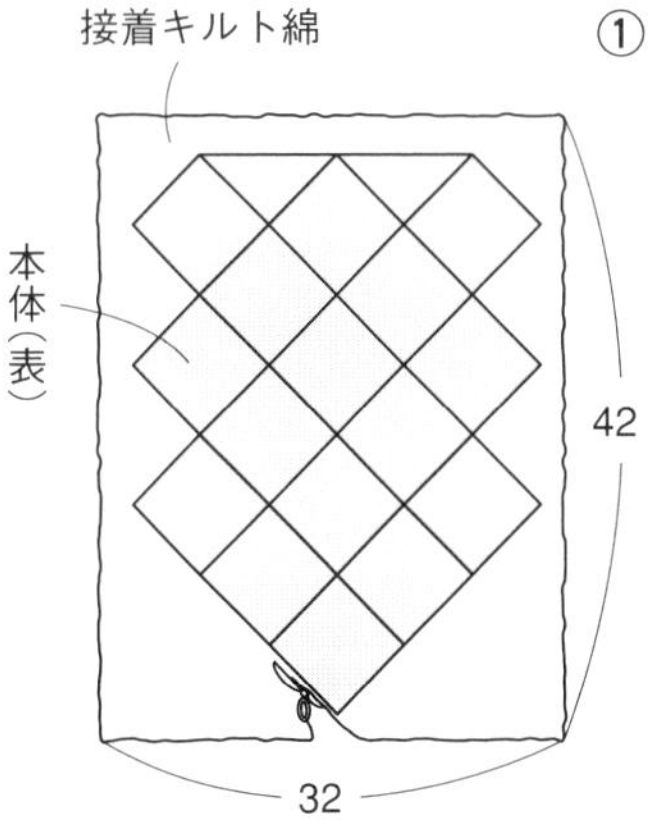

本体に接着キルト綿をはり
本体の形にカットする

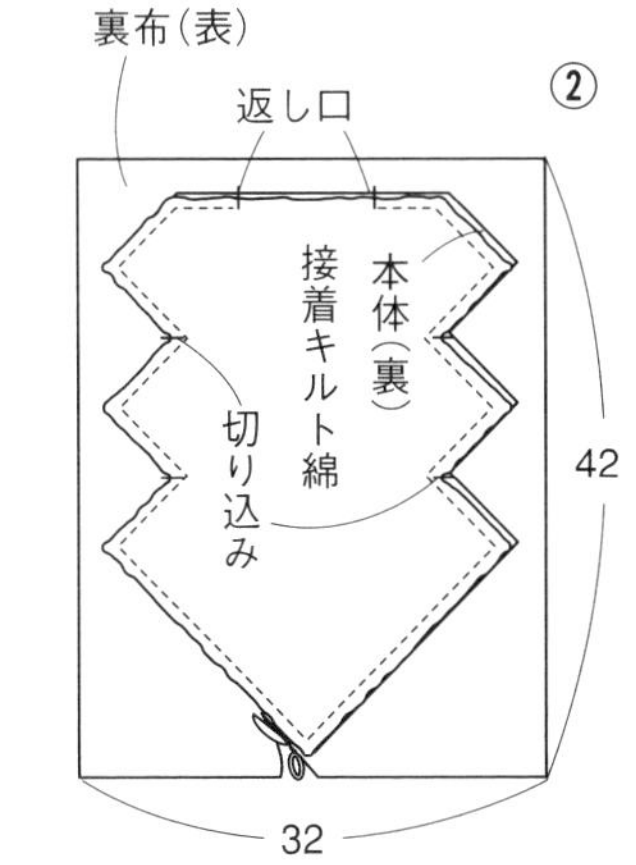

本体と裏布を中表に合わせ
返し口を残して周囲を縫い
裏布を本体に合わせてカットする
縫い代に切り込みを入れる

表に返して返し口をとじ
周囲を星止めで押さえる

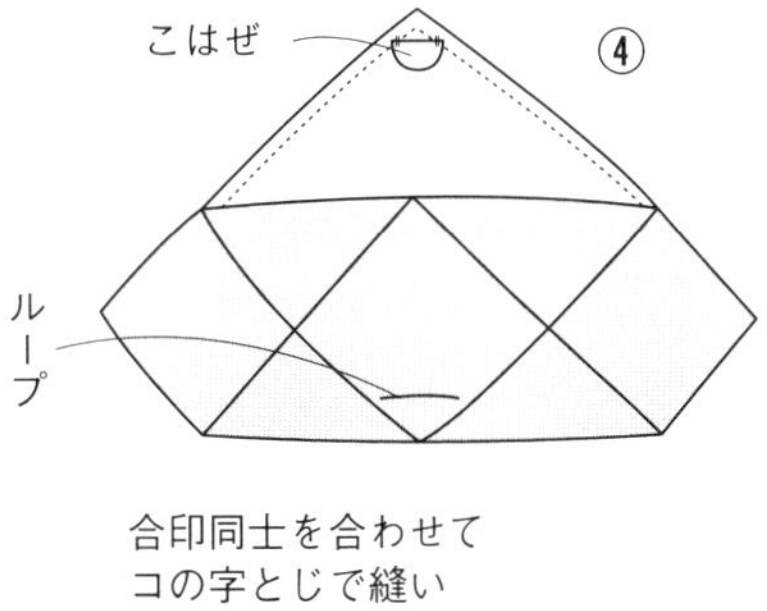

合印同士を合わせて
コの字とじで縫い
こはぜを付けてループを作る

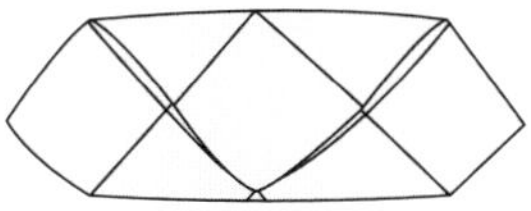

P.56

10枚つなぎのバッグ

24×30cm
デザイン／斎藤八穂子

材料

ピーシング用布8種各10×15cm　本体後ろ用布（本体前1種分含む）35×35cm　見返し（本体1種分含む）35×20cm　中袋35×50cm　持ち手用布35×20cm　接着キルト綿70×35cm

作り方

①ピーシングをして本体のトップをまとめる。本体後ろのトップは一枚布。
②見返しを接いで中袋を作る。
③持ち手を作る。
④本体に持ち手を仮留めし、中袋を中表に合わせて口を縫う。
⑤本体同士、中袋同士になるように中表に重ね、返し口を残して周囲を縫う。
⑥表に返して返し口をとじる。
⑦口をステッチで押さえる。

本体後ろ１枚

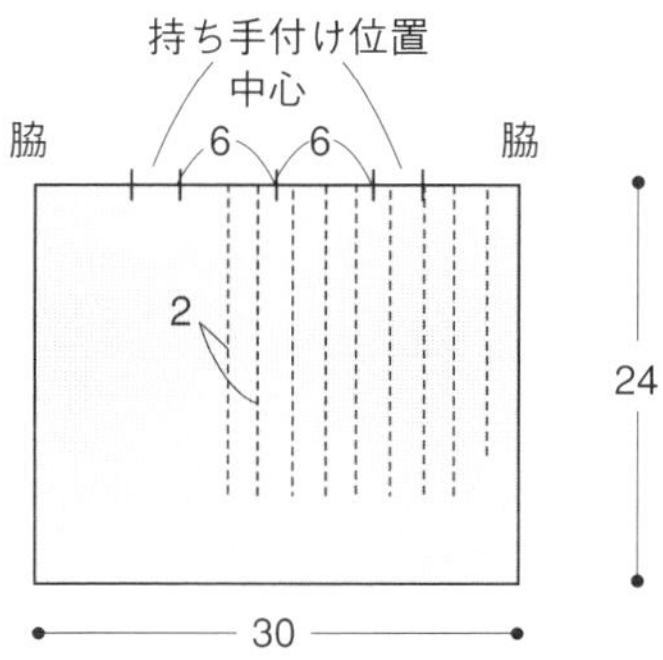

本体前１枚

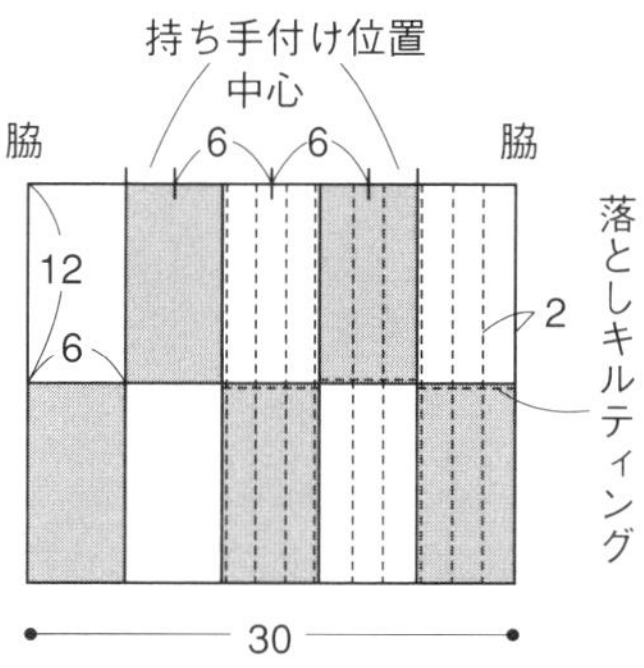

持ち手２枚

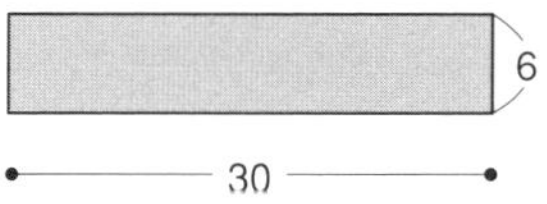

中袋２枚

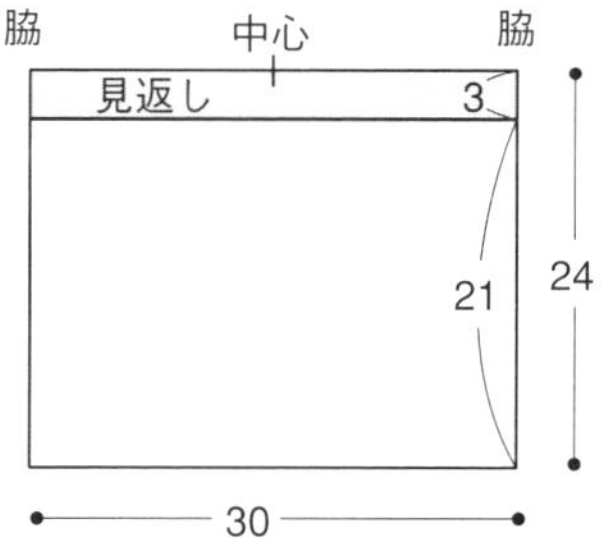

持ち手の作り方

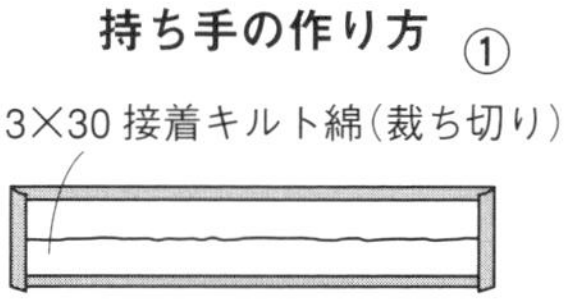

接着キルト綿をはり
周囲の縫い代を折る

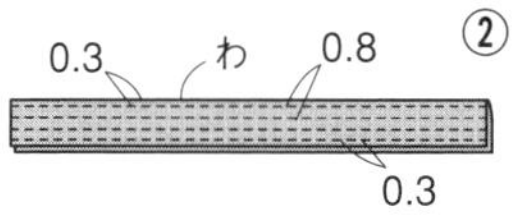

二つ折りしステッチする

仕立て方

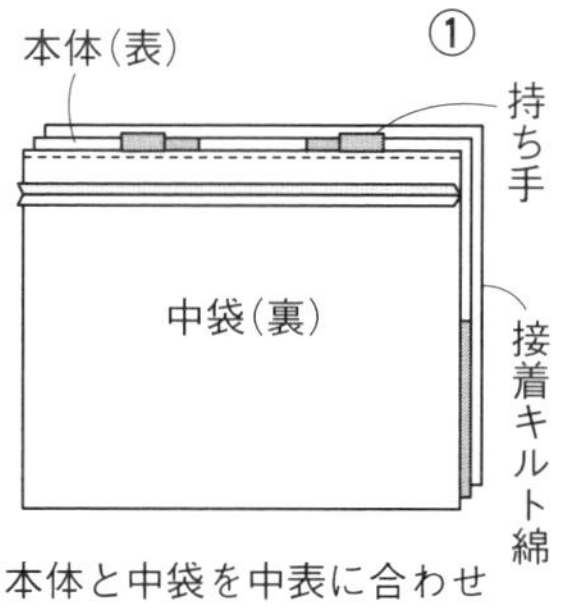

本体と中袋を中表に合わせ
持ち手をはさんで縫う

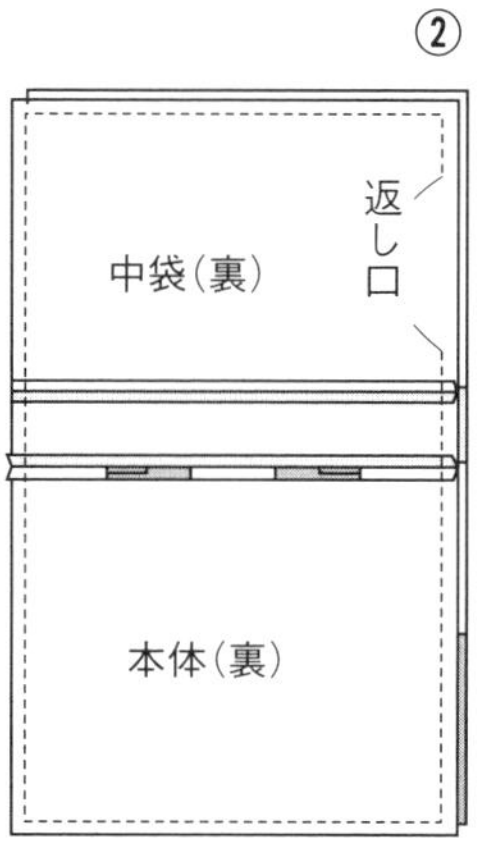

本体同士、中袋同士を
中表に合わせ、中袋に
返し口を残して周囲を縫う

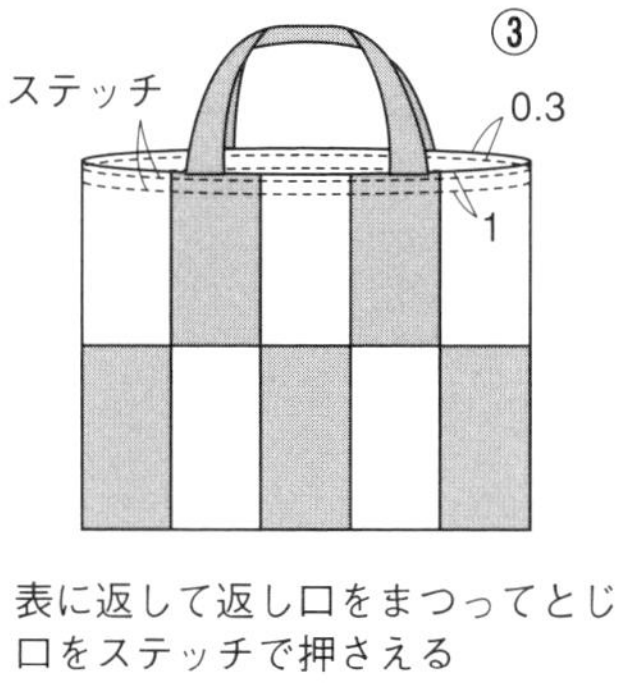

表に返して返し口をまつってとじ
口をステッチで押さえる

P.58

クッションとコースター

36×36cm　10×10cm
デザイン／正能和代

材料

クッション　ピーシング用布各種　本体後ろ用布30×80cm　キルト綿、裏打ち布各40×40cm　36×36cmヌードクッション1個
コースター　ピーシング用布各種　接着芯、裏布各15×15cm

作り方のポイント

●クッションの本体後ろの縫い代は2cm付ける。周囲の縫い代を多めに裁っておき、縫い代をくるむ。

作り方

クッション
①ピーシングをして本体前のトップをまとめる。
②裏打ち布、キルト綿にトップを重ね、しつけをかけてキルティングする。
③本体後ろを作る。
④本体前と後ろを中表に合わせて周囲を縫い、縫い代を始末する。
⑤ヌードクッションを入れる。
コースター
①ピーシングをしてトップをまとめる。
②トップに接着芯をはる。
③裏布を中表に合わせ、返し口を残して周囲を縫う。
④表に返して返し口をとじる。

クッション

本体後ろ2枚

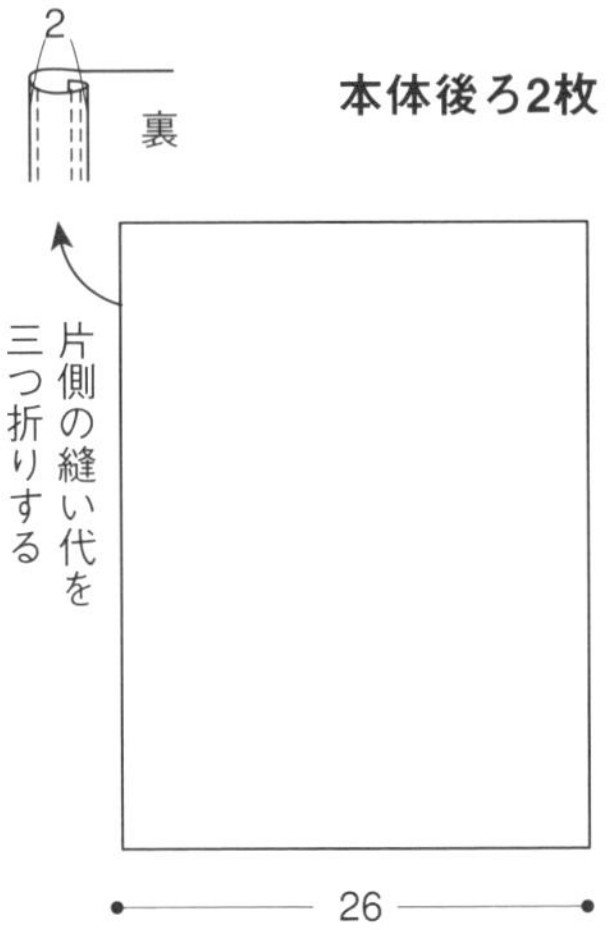

本体前1枚

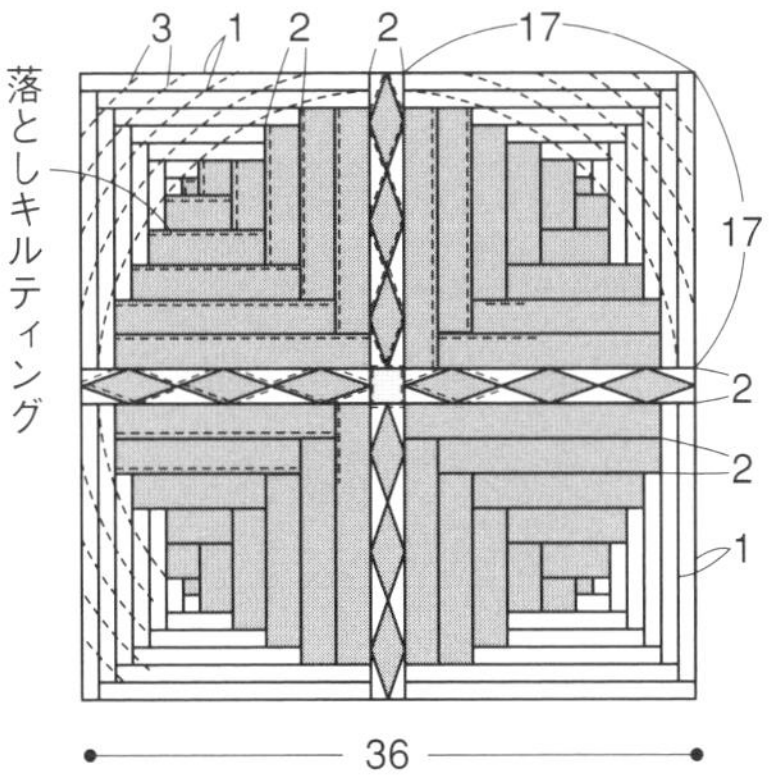

仕立て方

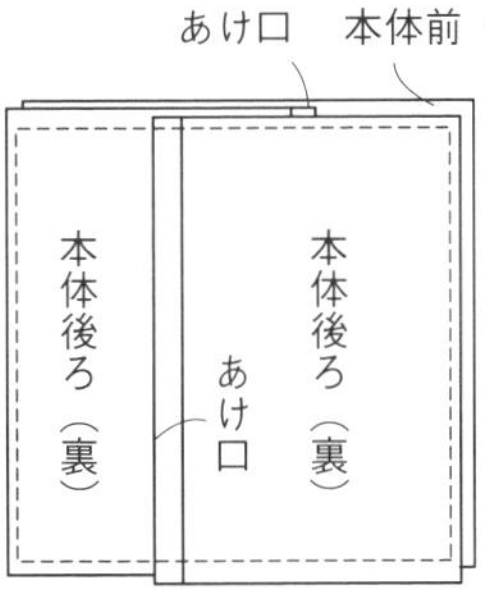

前と後ろを中表に合わせて周囲を縫う

ログキャビンのパターン

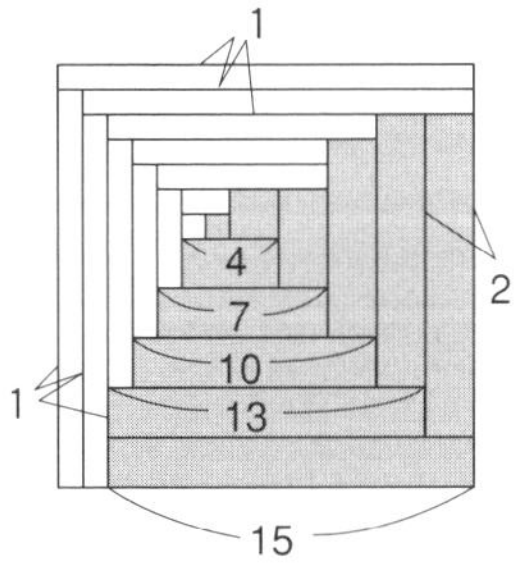

縫い代の始末のしかた

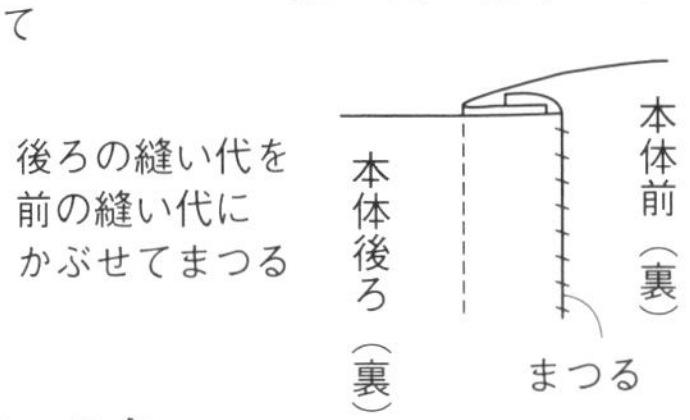

仕立て方

本体と裏布を中表に合わせ、返し口を残して周囲を縫う

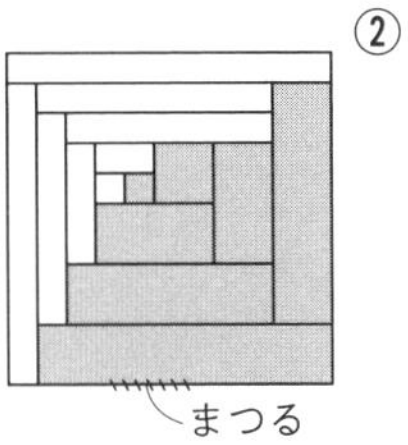

表に返して返し口をとじる

コースター
本体1枚

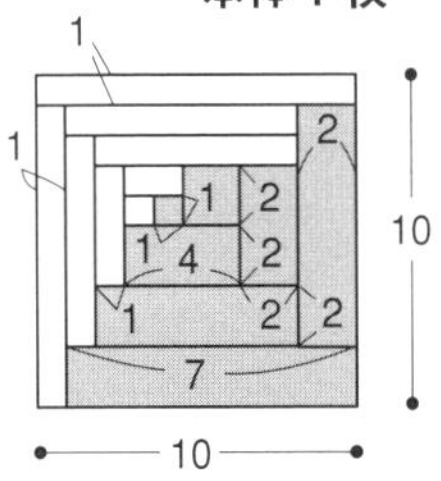

※接着芯をはる
※裏布は同寸の一枚布

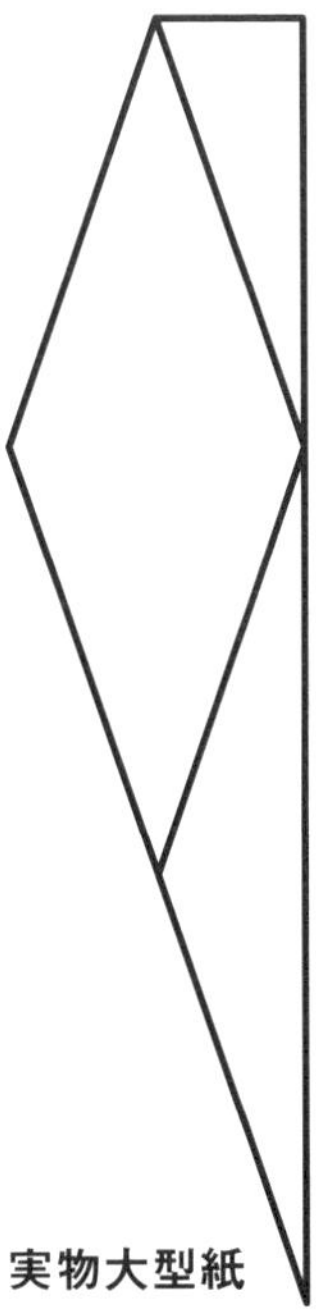

実物大型紙

クッション

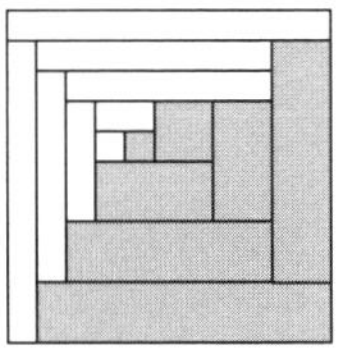

コースター

P.60

katasodeバッグ

26.5×33cm
デザイン／豊重ゆかり

材料

本体用布（中袋分含む） 36（着物幅）×110cm 持ち手用布36（着物幅）×40cm

作り方のポイント

●縫い代は1cm。
●本体、中袋、持ち手の幅は布幅をそのまま生かして使うとよい。

作り方

①持ち手を作る。
②本体と中袋を中表に合わせ、持ち手をはさんで縫う。
③本体同士、中袋同士が中表になるようにたたみ、中袋に返し口を残して両脇を縫う。
④表に返して返し口をとじる。

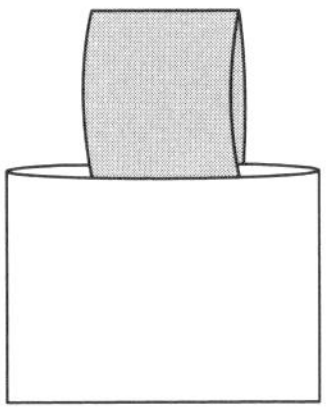

持ち手１枚

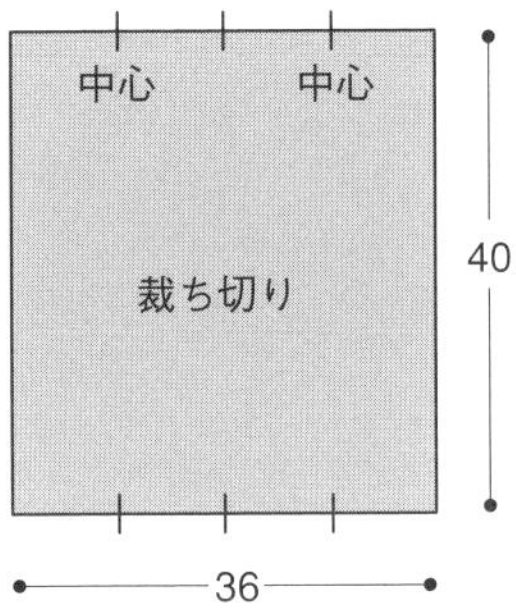

本体１枚

※中袋同寸

仕立て方

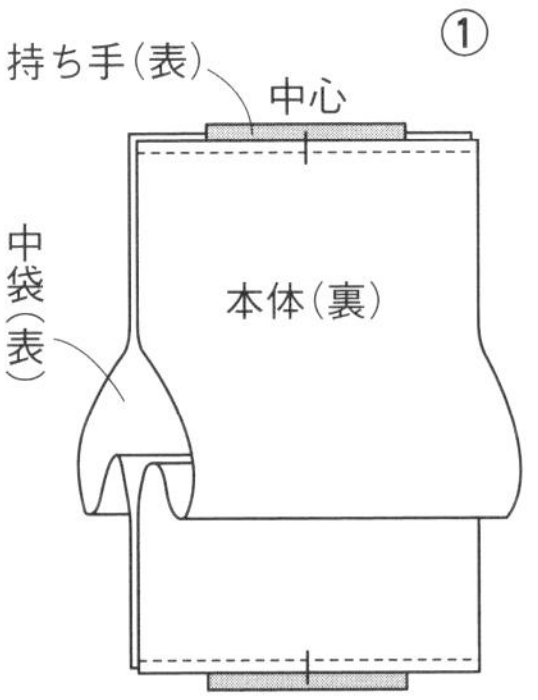

本体と中袋を
中表に合わせて
持ち手をはさんで
口を縫う

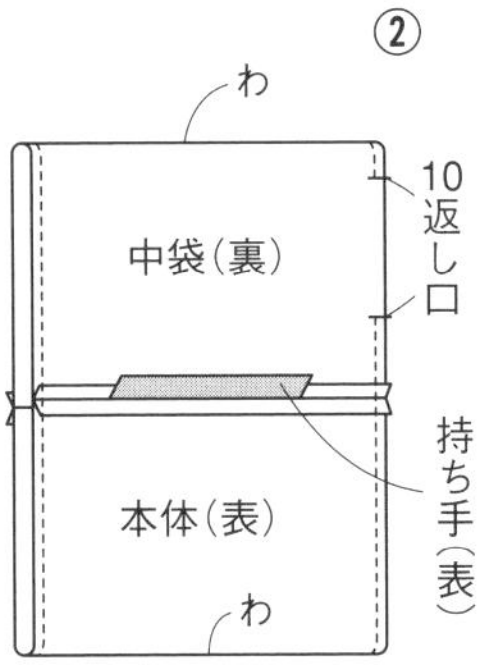

本体同士、中袋同士が
中表になるようにたたみ
中袋に返し口を残して
両脇を縫う

表に返して返し口を
とじる

持ち手の作り方

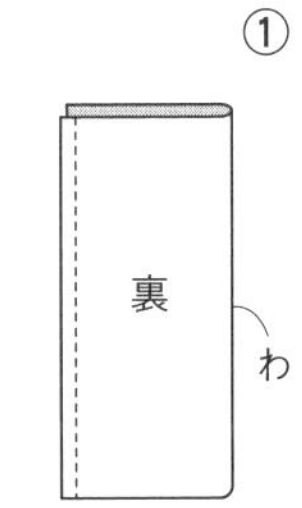

中表に二つ折り
して筒に縫う

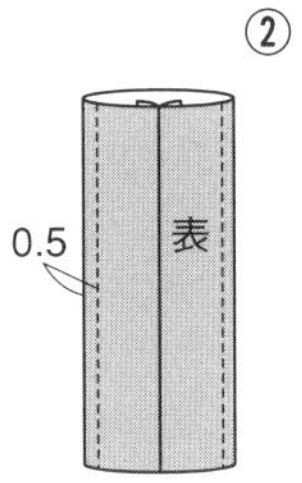

表に返して
縫い目を中央に
折り直す
両端にステッチ
をする

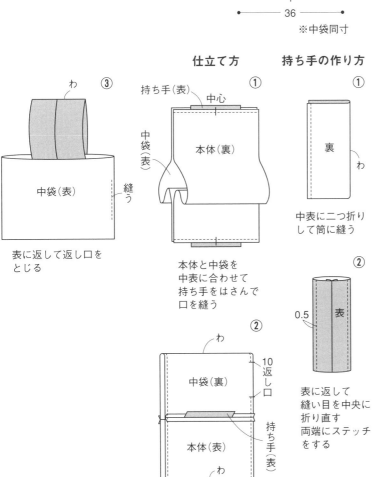

P.62

伊勢木綿のがま口バッグ

13.5×18cm
デザイン／出口えつ子

材料

小花用布各種　A用布25×10cm　B用布25×20cm　C、D、E用布各25×5cm　フリル用布45×15cm　裏打ち布（パイピング用幅3cmバイヤステープ、口金通し分含む）30×60cm　キルト綿25×30cm　直径0.3cmビーズ4個　8×14.5cmベンリー口金1個　長さ47cmナスかん付き持ち手1本　25番刺しゅう糸適宜

作り方のポイント

●刺しゅうの刺し方は109ページ参照。
●口金の通し方は43ページ参照。

作り方

①ピーシングをして本体のトップをまとめる。
②裏打ち布、キルト綿にトップを重ね、しつけをかけてキルティングする。
③周囲をパイピングで始末する。
④小花を作ってまつり付け、刺しゅうをする。
⑤フリルを作り、本体の口に付ける。
⑥口金通しを作り、本体の内側にまつり付ける。
⑦本体を中表に二つ折りし、脇を巻きかがりで縫い合わせる。
⑧マチを縫う。
⑨口金を通し、持ち手を付ける。

フリル2枚

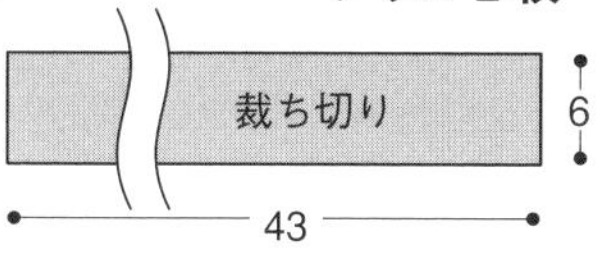

フリルの作り方

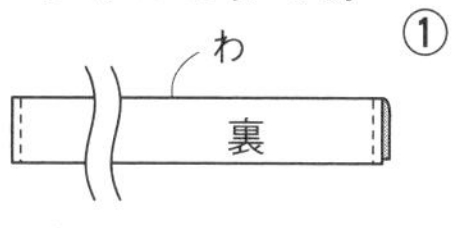

中表に二つ折りし
両脇を縫う

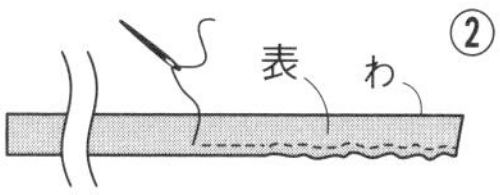

表に返して輪と反対側を
ぐし縫いし、引き絞って
21cmに縮める

本体1枚

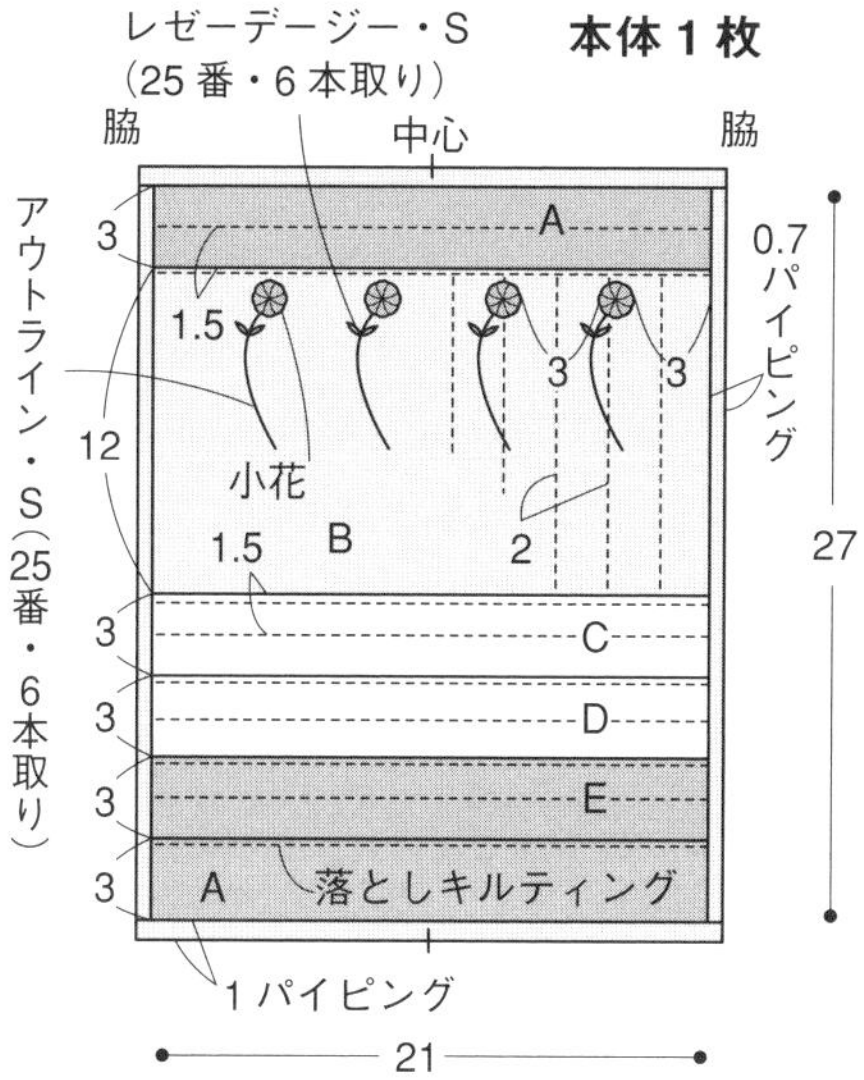

口金通し2枚

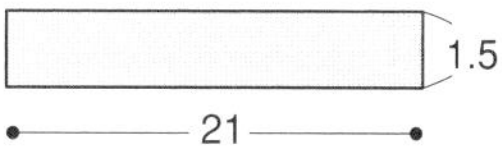

口金通しの作り方

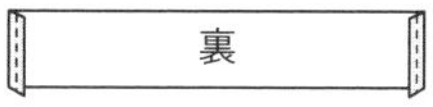

両端の縫い代を折る

フリルの付け方

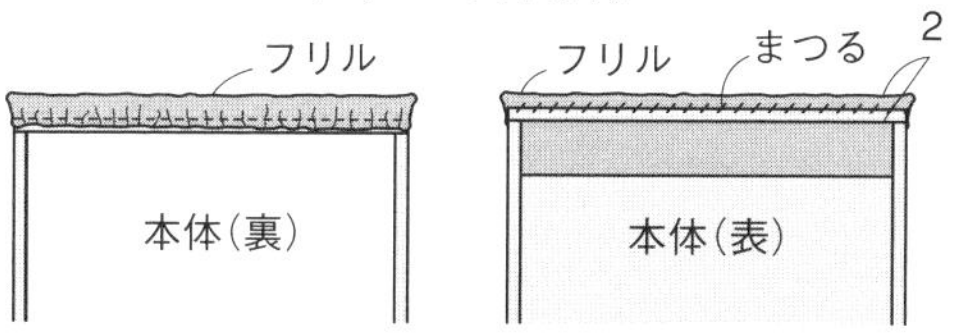

フリルを本体の裏側の口に
重ねて縫い付け、表側をまつる

仕立て方

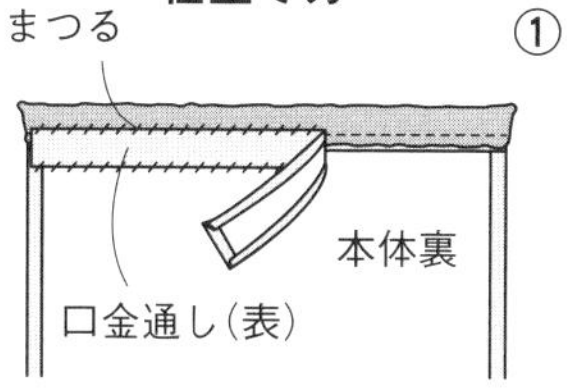

口金通しの上下の縫い代を
折り、フリルの付け根に
かぶせてまつる

口金の付け方

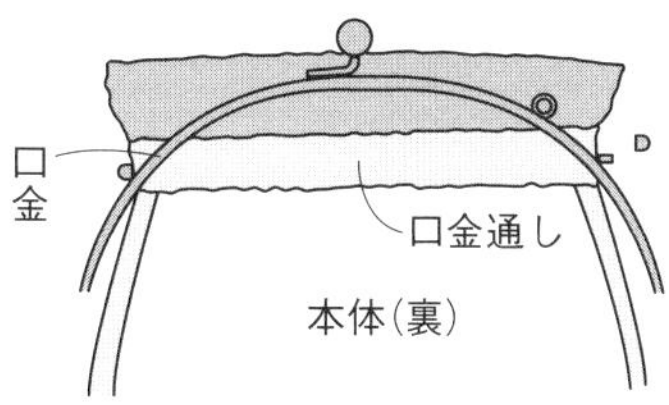

口金通しに口金を通し
持ち手を付ける

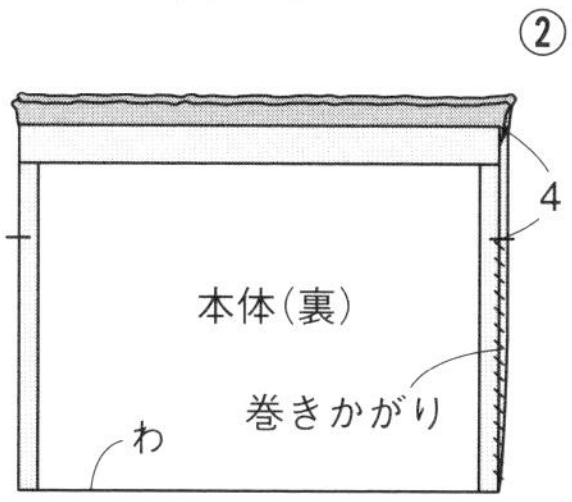

本体を中表に二つ折りし
両脇を底から巻きかがりで
縫い合わせる

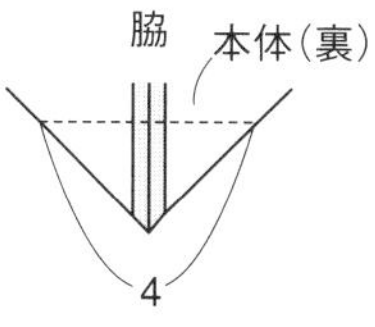

マチを縫う

小花の作り方

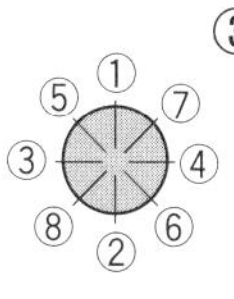

番号順に
糸を渡し
花形を作る

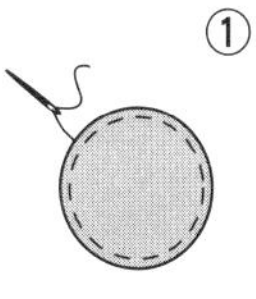

周囲を
ぐし縫いする

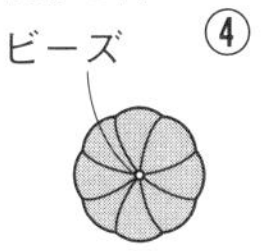

中心に
ビーズを
付ける

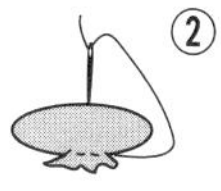

ぐし縫いを引き絞り
底から針を出して
頂点に刺す

小花4枚

裁ち切り

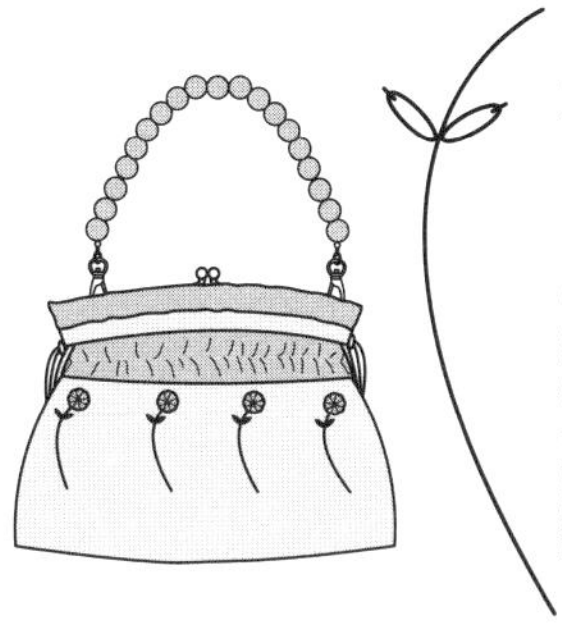

刺しゅうの実物大型紙

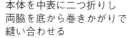

P.62

伊勢木綿のがま口ポーチ

9×10.5cm
デザイン／出口えつ子

材料

A用布、B用布各30×10cm　キルト綿、裏打ち布、裏布各30×15cm　4.5×8.5cm縫い付けがま口金1個　直径0.2cmビーズ6個　幅0.3cmひし形ビーズ、25番刺しゅう糸各適宜

作り方のポイント

- ●小花の作り方は、106ページ参照。
- ●刺しゅうの刺し方は109ページ参照。すべて6本取りで刺す。
- ●縫い代は0.7cm付ける。
- ●口金は2本取りの糸で付ける。

作り方

①ピーシングをして本体のトップをまとめる。
②裏打ち布、キルト綿にトップを重ね、しつけをかけてキルティングする。
③刺しゅうをし、小花を作ってまつり付ける。
④本体と裏布を中表に合わせ、返し口を残して周囲を縫う。
⑤表に返して返し口をとじる。
⑥本体2枚を中表に合わせ、周囲を巻きかがりでとじる。
⑦本体の口に口金を付ける。

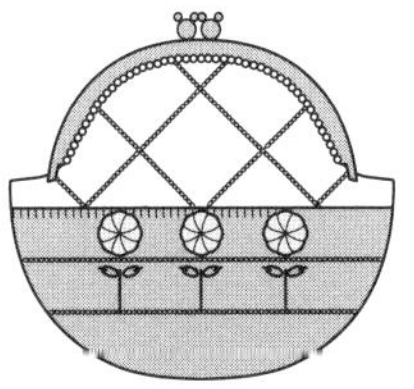

本体2枚

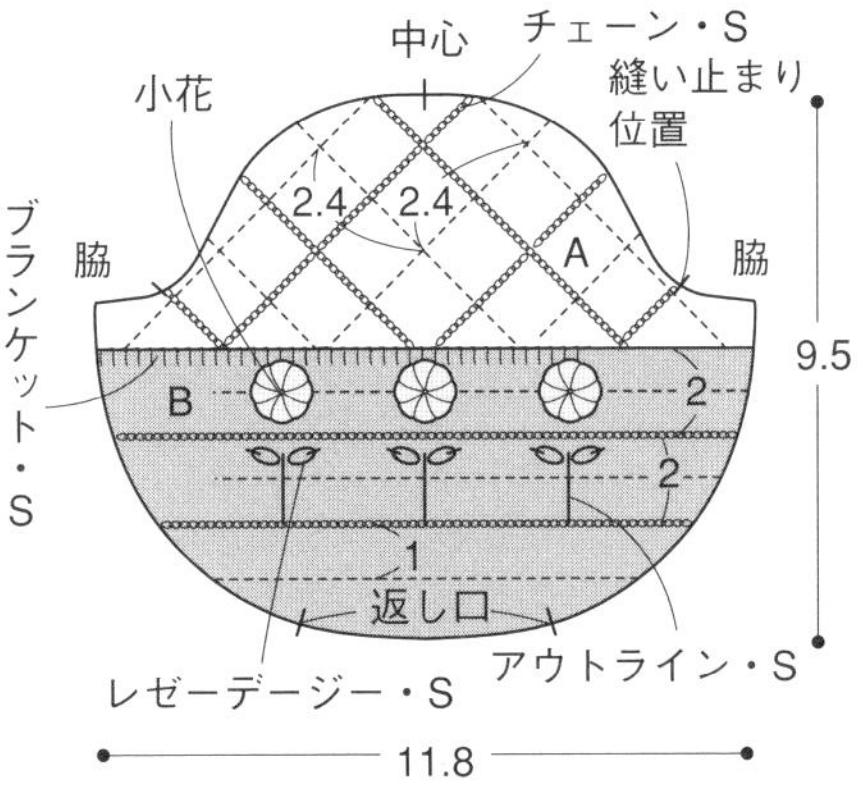

※裏布は同寸の一枚布

口金の付け方

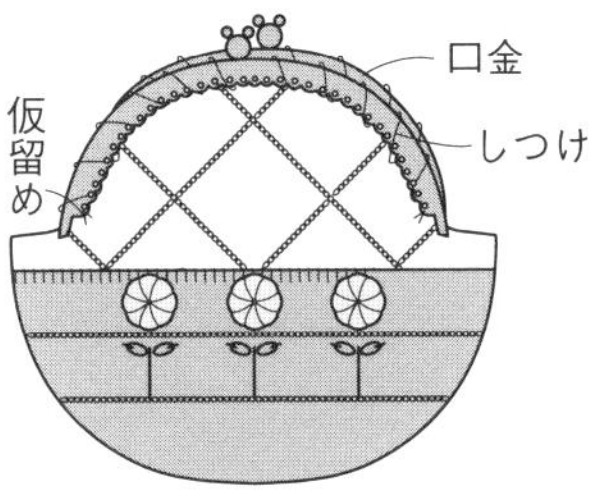

口金に本体を差し込み
しつけでぐるぐると
仮留めする

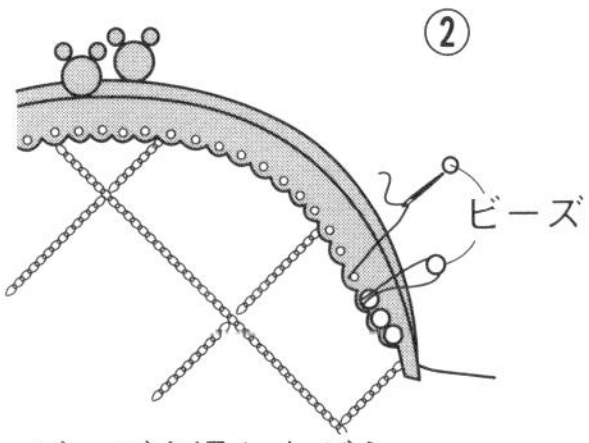

ビーズを通しながら
口金を縫い止める

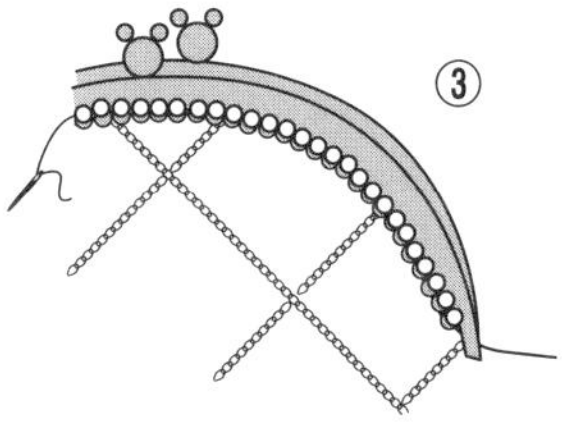

再度、端からビーズのみに
糸を通し、ビーズを固定する
しつけ糸をはずす

仕立て方

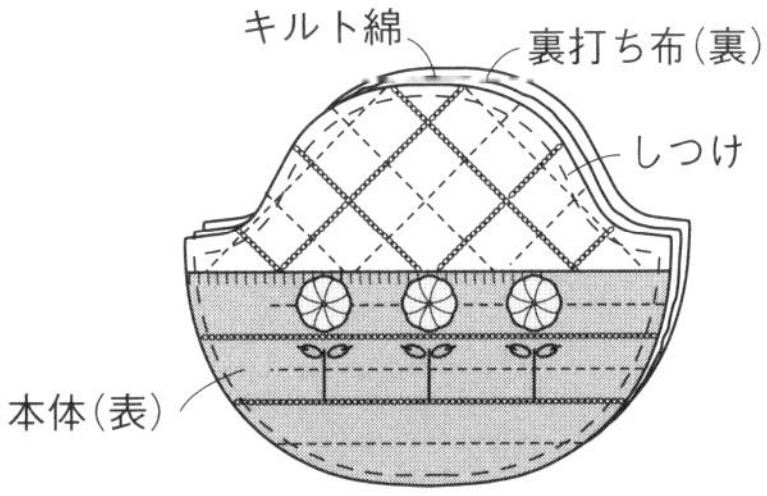

裏打ち布、キルト綿にトップを
重ね、周囲にしつけをかけ
刺しゅうやキルティングをし
小花を作って付ける

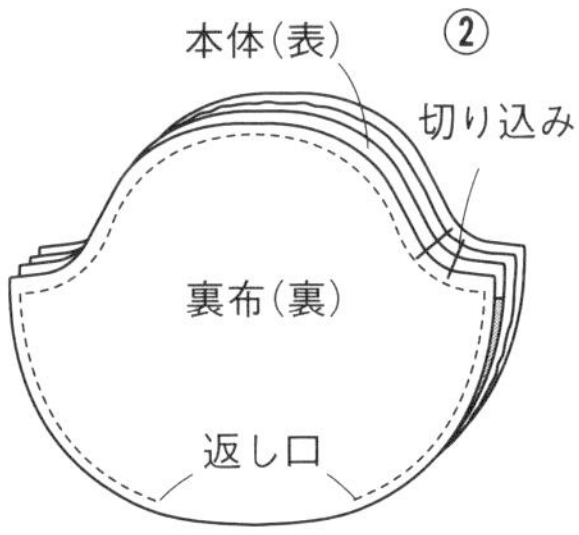

本体と裏布を中表に合わせて
周囲を縫い、表に返して返し口を
まつってとじる

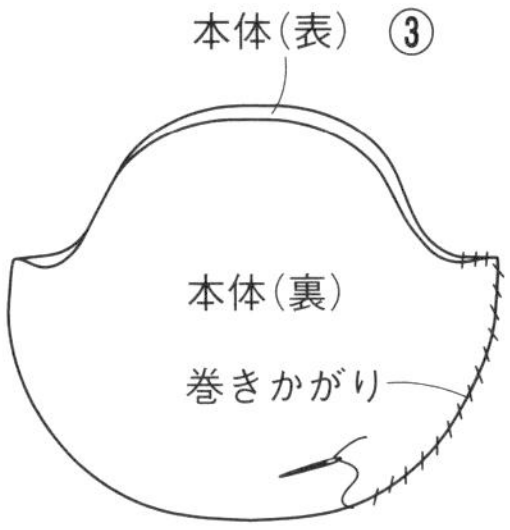

本体同士を中表に合わせ
表布同士を巻きかがりし
次に裏布同士を巻きかがりする

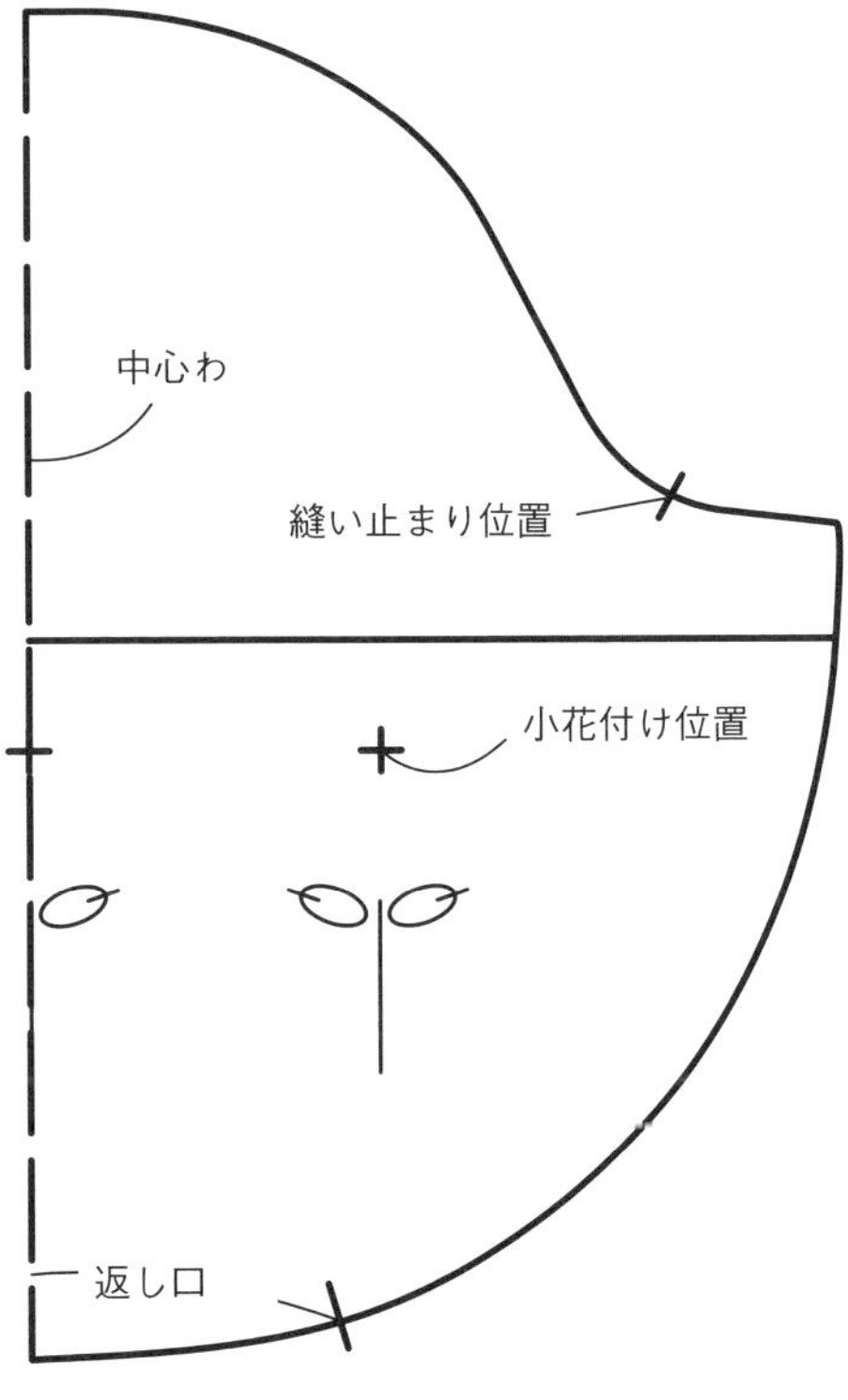

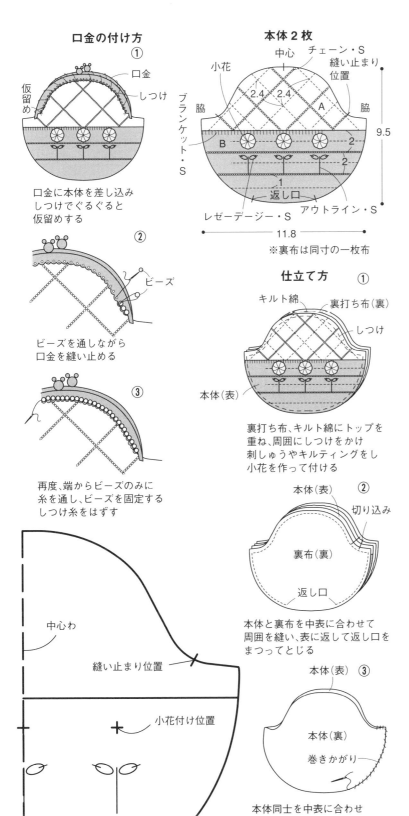

P.63

花かご風バッグ

27×35cm
デザイン／出口えつ子

材料

アップリケ用布各種　A用布（底分含む）90×20cm　B用布30×25cm　C用布30×15cm　D用布20×30cm　キルト綿、裏打ち布各95×30cm　中袋用布（底裏布、幅4cmバイヤステープ分含む）70×70cm　長さ38cm持ち手1組　直径5cmつつみボタン5個　25番刺しゅう糸適宜

作り方のポイント

- ●縫い代は1cm付ける。
- ●持ち手やつつみボタンを付けるときは、糸2本取りにするとよい。
- ●刺しゅうは6本取りで刺す。
- ●つつみボタンの作り方は68ページ参照。
- ●持ち手は表側にひびかないように内側に縫い付ける。

作り方

①ピーシング、アップリケをして本体のトップをまとめる。底のトップは一枚布。
②裏打ち布、キルト綿にトップを重ね、しつけをかけてキルティングする。
③本体と中袋をそれぞれ中表に合わせ、重ねて脇を縫う。
④表に返して裏布を重ねた底を外表に重ねて縫う。
⑤底と口の縫い代をパイピングで始末する。
⑥本体の内側に持ち手を縫い付ける。
⑦つつみボタンを作り、持ち手の付け根にかぶせてまつる。
⑧マグネットボタンを付ける。

本体前１枚

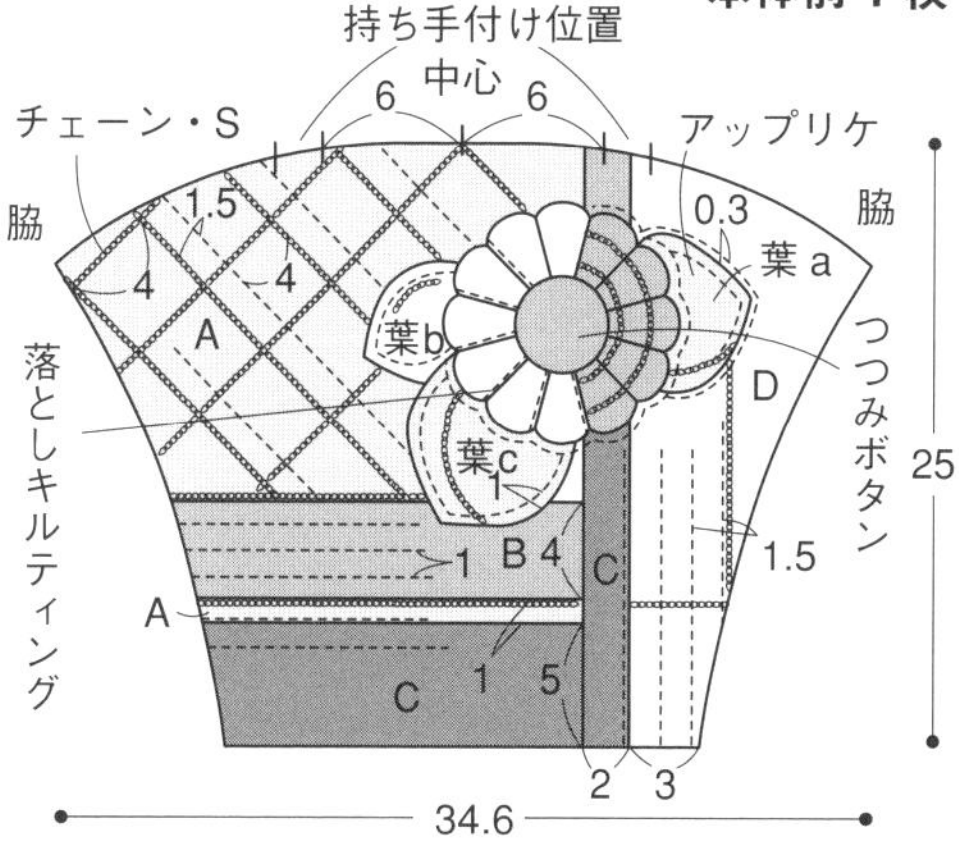

※中袋は同寸の一枚布

本体後ろ１枚

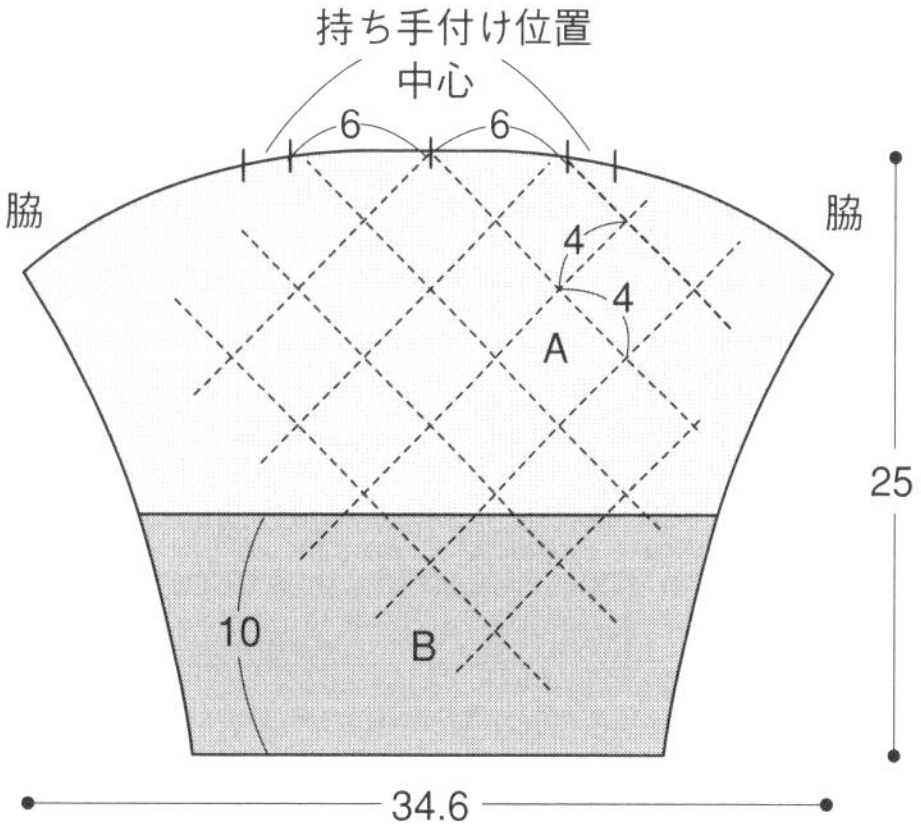

※中袋は同寸の一枚布

底１枚

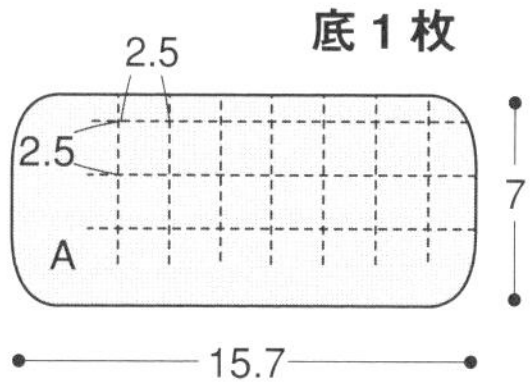

※裏布同寸

仕立て方

①

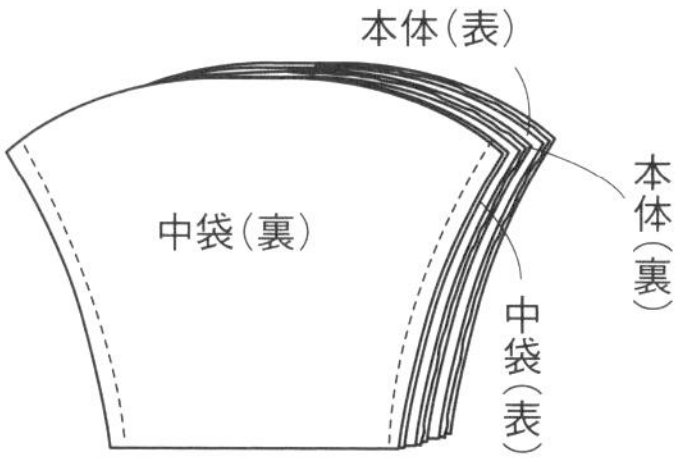

本体前と後ろ、中袋２枚をそれぞれ中表に合わせ
重ねて４枚にして脇を縫う
中袋１枚を表に返して
本体と合わせる

②

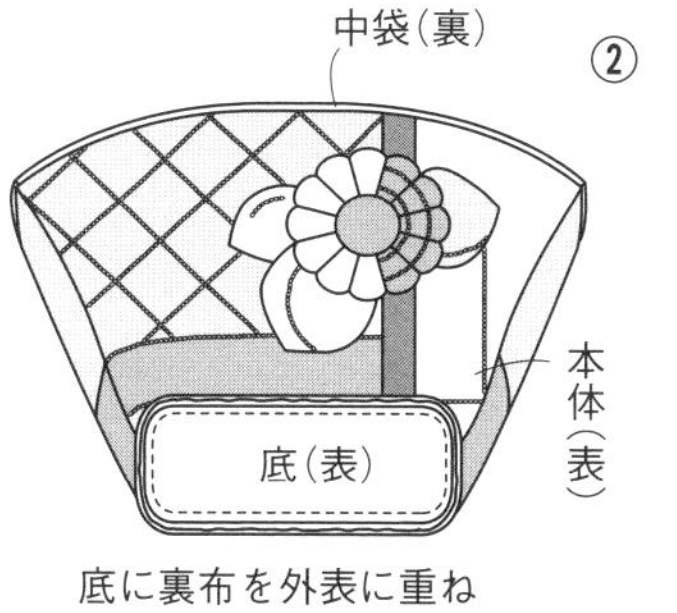

底に裏布を外表に重ね
本体と底を中表に合わせて縫う

③

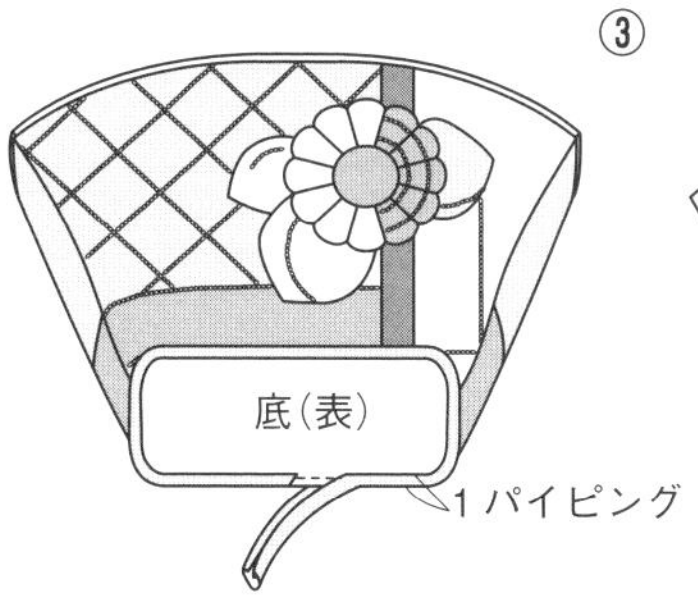

本体と底の縫い代を
パイピングで始末する

④

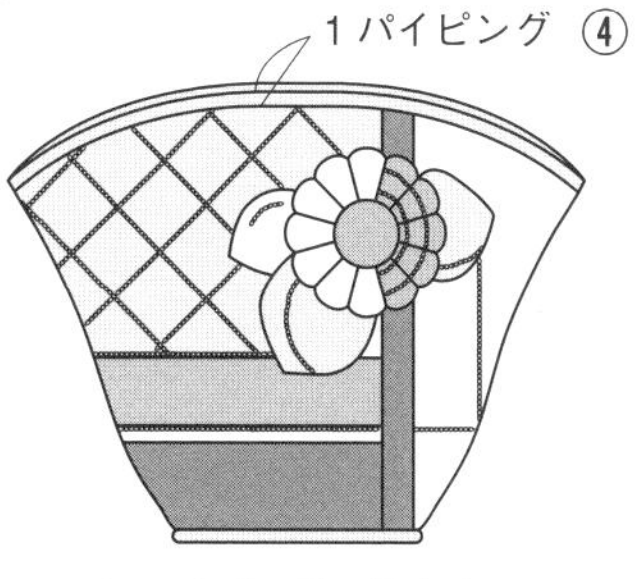

口をパイピングで始末する

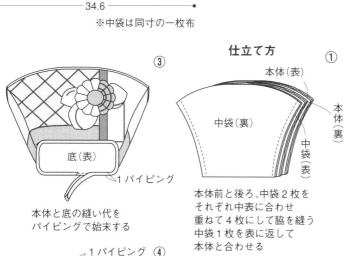

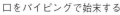

80%縮小型紙
125%拡大してご使用ください

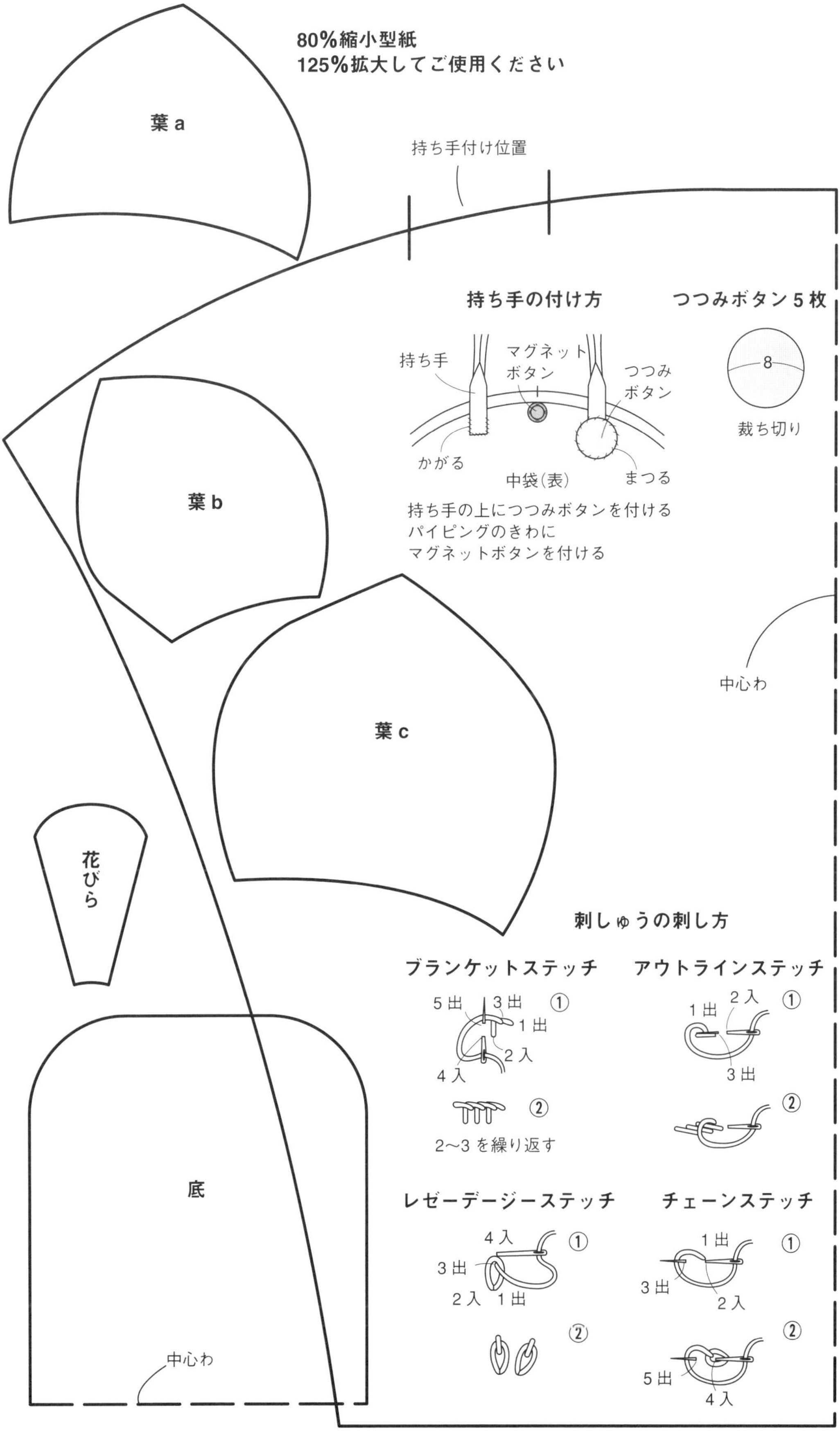

実物大型紙

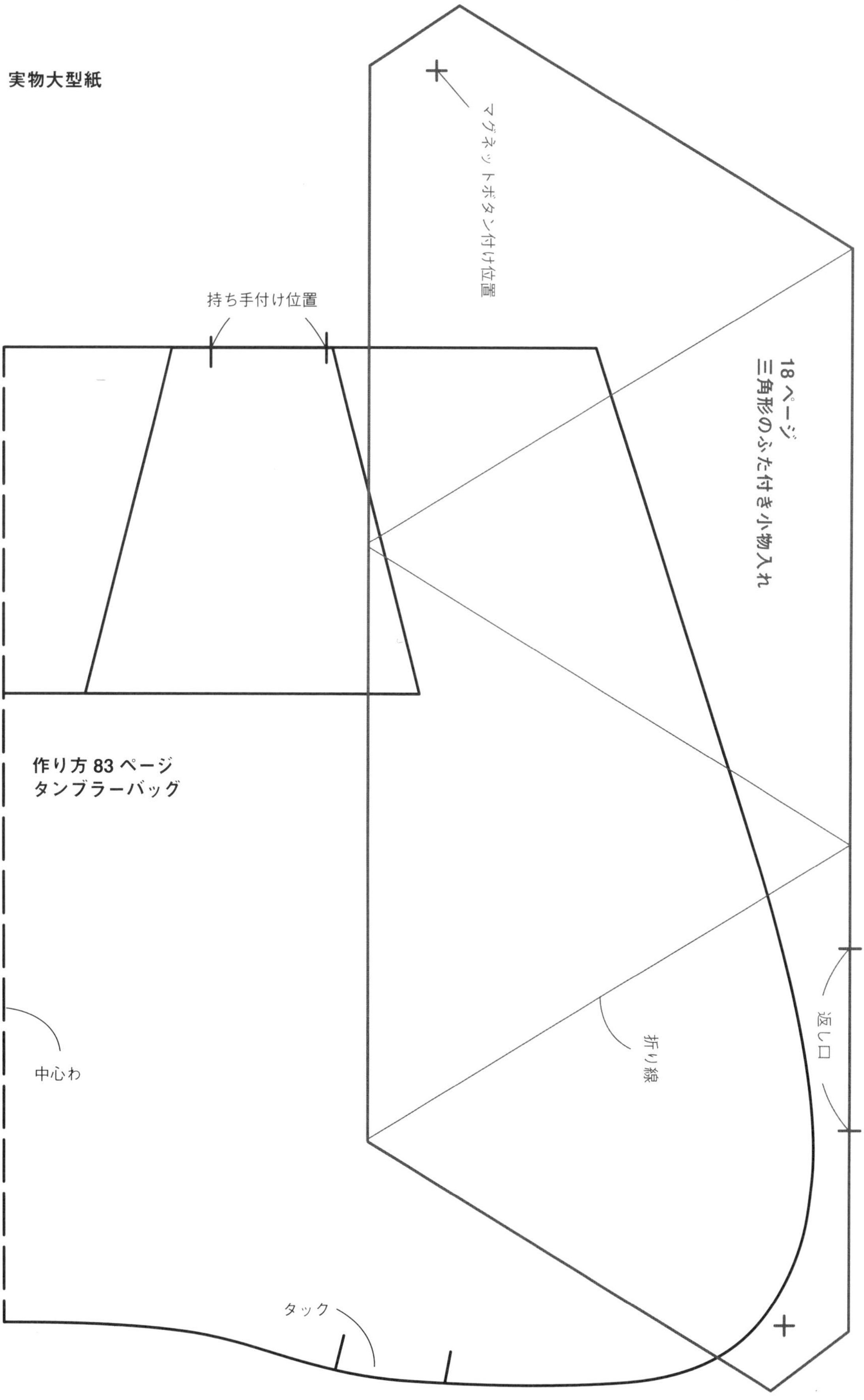

マグネットボタン付け位置
18ページ
三角形のふた付き小物入れ
持ち手付け位置
作り方83ページ
タンブラーバッグ
中心わ
返し口
折り線
タック